知识领航财富人生

舵手汇 www.duoshou108.com

投资交易学习社交平台

短线交易大师：工具和策略 II

【美】格雷格·卡普拉 著

蒋永强 译

山西出版传媒集团
山西人民出版社

图书在版编目(CIP)数据

短线交易大师:工具和策略. Ⅱ/(美)格雷格·卡普拉著;蒋永强译.—太原:山西人民出版社,2018.4

ISBN 978-7-203-10077-5

Ⅰ.①短… Ⅱ.①格… ②蒋… Ⅲ.①股票交易-基本知识 Ⅳ.①F830.91

中国版本图书馆 CIP 数据核字(2018)第 045547 号

短线交易大师:工具和策略 Ⅱ

著　　者:	(美)格雷格·卡普拉
译　　者:	蒋永强
责任编辑:	孙宇欣
复　　审:	贺　权
终　　审:	员荣亮
出 版 者:	山西出版传媒集团·山西人民出版社
地　　址:	太原市建设南路 21 号
邮　　编:	030012
发行营销:	0351-4922220　4955996　4956039　4922127(传真)
天猫官网:	http://sxrmcbs.tmall.com　电话:0351-4922159
E-mail:	sxskcb@163.com　发行部 sxskcb@126.com　总编室
网　　址:	www.sxskcb.com
经 销 者:	山西出版传媒集团·山西人民出版社
承 印 者:	三河市京兰印务有限公司
用纸规格:	710mm×1000mm　1/16
印　　张:	19.5
字　　数:	290 千字
印　　数:	1—5100 册
版　　次:	2018 年 5 月　第 1 版
印　　次:	2018 年 5 月　第 1 次印刷
书　　号:	978-7-203-10077-5
定　　价:	78.00 元

如有印装质量问题请与本社联系调换

"舵手证券图书" 开篇序

20世纪末，随着中国证券投资市场的兴起，我们怀揣梦想与激情，开创了"舵手证券图书"品牌，为中国投资者分享最有价值的投资思想与技术。

世界经济风云变幻，资本市场牛熊交替，我们始终秉承"一流作者创一流作品"的方针，与约翰威立、培生教育、麦格劳-希尔、哈里曼、哈珀珂林斯等世界著名出版机构合作，引进了一批畅销全球的金融投资著作，涵盖了股票、期货、外汇、基金等主要投资领域。

时光荏苒，初心不改，我们将一如既往地与您分享专业而丰富的投资类作品。我们以书会友，与天南海北的读者成为朋友，收获了信任、支持。许许多多投资者成为我们的老师、知己，给予我们真诚的赞许、批评、建议。更有一些资深人士由此成为我们的编辑、翻译、评审，这一切我们感念于心。

我们希望与每位投资者走得更近，希望在"知识领航财富人生"理念指引下，打造综合型投资交易学习社交平台——"舵手汇"（www.duoshou108.com），通过即时动态、视频直播、有声读书、电子图书、在线聊天、知识问答、活动报名、读书会、打赏提现等多项功能，服务会员的读书分享、实战交流以及知识变现。"舵手汇"不定期邀请作者、嘉宾与会员对话，为读者答疑解惑，分享最新交易技术与理念。在这里，您可以与华尔街投资大师亲密接触；在这里，您可以与全国最聪明的投资者交流切磋；在这里，您可以体验全球最新最全的投资技术课程。这里，必将因为有您而精彩！

前　言　旅程开启：

理解图表和价格运动的语言

　　二十二年就仿佛一辈子那么久远，而那个时候我连股票和债券之间的区别都不清楚。那时我经营着一份成功的生意，管理得还不错，不用操心它的日常运作，自有一班优秀的雇员在那里负责。随着我为生意上的盈利寻找投资方向，我开始逐渐对交易市场发生了兴趣。这种兴趣很快就变成了想要知道市场如何运作的一种嗜好，那些曾经在市场中频遭冷箭、屡屡受伤的人往往会养成这一嗜好。

　　想要学习和了解市场知识的意愿有时候就像瘾君子到处搜寻毒品那样强烈。如果你有同样的感觉——我希望如此，因为作为一个交易者，你必须具备从事该工作所必需的如饥似渴的学习热情——我相信，本书对很多关于技术性交易问题的回答都将超出你原来的想象。如果你曾经运用技术工具来做交易，那么这本书很可能会动摇你关于技术性交易的一些顽固信念。

　　当我开始我的探寻之路的时候，情况跟今天不可同日而语，很多市场信息都不知道。我们今天所定义的日内交易当时还没有这回事，而且十多年来一直如此。我们今天认为理所当然的许多事情，例如一张日 K 线图，那时根本不存在。你不能自己操作一单交易，交易必须由有执照的交易员来完成。那个时候唯一的学习方法是读书，但是这类书并不很多。在那些书中有些东西讲得挺有道理，但是它们无法让我赚到钱。

　　有一段时间我参加了一个教基本面分析的函授班。我觉得如果我了解了公司的基本面，并找到市盈率低的、被低估的公司，用这个方法做交易就不可能失败。然而我渐渐认识到一旦一个公司不行了，它就会经历一个向下走的过程，市盈率会越来越低。这些股票在过去的价格要高得多，而现在却似乎很"廉价"。这是第一个打击。

不知怎么回事，那时只是一种直觉，虽然我所知不多，但我意识到基本面分析并不是我所追寻的更快赢利的方式。然而，我也很清楚，我知识有限却又想快速赢利，这是一种危险的状况。换句话说，这对我的财务健全是一种威胁。市场的诱惑让我产生了那样的念头，所以我跟市场上的很多人之间并无不同。但是，我还算聪明，能够意识到其中的风险，不会让自己的钱打水漂。因此我将我的大部分积蓄购买了市政和企业债券。我对它们的基本认识是，持有优质债券直到到期就可以保证我拿回自己的钱，外加一定的赢利。如果一直持有到到期，债券投资是一种"相对安全"的投资，在到期之前，债券的价值会上下波动。因此这些所谓的安全投资也有可能损失金钱，如果你在到期之前卖掉的话。幸运的是，我的债券在那个时候获得了很好的增值，还得到了一些额外的收入。

我的长期债券投资和交易一直收益不错，这帮助我抵销了自己参与的避税计划所造成的损失。坦率地说，我当时对避税所知甚少，但是能够减免税收同时又有可能获得回报的说法听上去太诱人了。在这一块，我几乎损失了一切，过去的表现并不能保证将来的表现。它听上去好到令人难以相信，但是贪婪总会让人将一些销售说辞合理化。

贪婪是市场的助推力，通过一个热门的证券赚到钱是可能的。但是缺少你所投资领域的知识，或者没有为你的短期交易制订交易计划，那它就成了纯粹的掷骰子。作为一个市场上的新手，你有的时候会得手，有的时候会像我一样亏损。你可能会因为听了朋友的一个建议而成了赢家，也可能那个建议不管用。不管怎样，它们都不是你自己研究所得，所以你只是在赌博而已。

你得到信息的途径可以是来自你自己之外。然而，作为一个专业的投资者或交易者，你必须确保你已经做过功课，行动还是不行动的决定是由你来做出的。每个阅读此书的人都曾经有过——或者将会有，如果你刚开始进入市场——因为没有及时止损而看着价格做自由落体运动的经历。这个灾难可能会引发另一个大家熟知的心魔，那就是在损失的情况下继续买

前言

进以降低成本，企图追回损失。对市场新手来说，这可能导致个人财务上的自杀式破产。如果在高阶交易策略上没有一个深思熟虑的头寸管理，即便是那些经验老到的交易者也会落得如此下场。

如果你觉得我的意思是决不应该低价买进以降低成本，那倒也未必。可以这样做，但是这必须建立在提前做好的头寸管理策略之上，并需结合所交易证券的技术分析才行。市场上有很多亏钱的方式，但是所有"未经计算的损失"都是因为没有制订一个计划或没有在市场中执行计划的相应训练，或者在计划之外进行操作。关于这方面，我们还会在本书后面详细讲到。

我的思想从备受挫败的所谓"捡便宜货"开始发生转变，我开始留意自己所读到的其他一些思路。其中有一个思路是购买真正的强势股，那些已经处在上升途中的股票，而不是企图去抓住底部，很多时候底部并没有形成（或者当它们确实形成时，价格又很快会掉头向下）。在一般情况下，因为有很多人都已经讨厌再继续持有这些处于底部的股票，所以它们会多次向底部回探。每次价格上涨，股票的持有者就会乘势卖出。底部的形成需要时间，一个可持续的趋势往往会在多次回探低点后，在一次（很多时候在两次）强势从底部升起之后才能形成。在所有这些技术性交易的设定中，都含有对这些设定将带来多少收益的一些期许。捡便宜或者底部买入的模式都需要花费时间，有时候需要很长的时间，因此期望从中快速赢利并不现实。这听上去就像一个常识，但是当你试图搞清楚市场将如何运作的时候，它就成了一个谜。它曾经也是我的一个谜。

好吧，那为什么不买入那些正处于上升路径和已经启动的股票呢？你们中间有很多人很可能都知道这一技巧带来的结果，如果你已经尝试过这一方法，那你就更清楚了。我找到过那些活跃的强势股票，然而，在我买入的那一天，它们决定要调整，它们开始下跌。但是我会说：别担心，这就是你在买入强势股时常会发生的事情。从强势中下跌并不鲜见，但是我是否对它们可能下跌到哪里有一个计划？那将是一个追加买入的好时机，还是造成很多的损失以至于最初买入的理由不再成立？甚至在这些问题之前，我们还要问一下，一个强势股是否已经上升得太多太多？对我的发展阶段来说，我回答这些问题还为时过早，但对你来说，它们正是你需要考虑的好问题。这些问题都会在后面的章节全方位地讲到。

对我来说，买入强势股的唯一问题是当我知道它表现强劲的时候，我的入场势必已经晚了。接着它开始回撤，它总是在我进入一段时间后回撤到平均买入价之上，接着这只股票会继续下挫，直跌到我开始质疑它们是否还是强势股的那个点为止。不管是对是错，我还是为损失这么多钱深感痛苦。我从来没有真正设想过或者愿意接受交易失败的可能性。出于纯粹的绝望和对更大损失的恐惧，我会一卖了之。一周之后，我会查看这只股票，百分之百的时间（这个数据是我编造的，但是如果你曾经经历过，你会知道我所言不虚），这只股票早已坐上了火箭，一路上蹿——假如没有卖的话，不仅我损失的钱已经挽回，而且已经收益颇丰了。

我一路走来渐渐认识到，这些真正运行良好的股票并不是那些"专家们"建议买入的。有些股票甚至都没有市盈率，因为它们甚至都还没有任何盈利。等专家们推荐这些股票的时候，它们早已上涨了好几倍了。这是第二个沉重的打击。

通过这些经历，我渐渐学到了几件事情。首先，假如公众所熟知的公司基本面与其股票价格之间有相关性，那么就无需预测它，也没有办法从中获利了。我开始意识到，只是去看股票的实际走势要比去看人们说它们应该会怎么走要可靠得多。这对我是如梦初醒的一个重大时刻，也是我往正确方向迈出的重要一步。它是将我引向我今天所称的市场的"唯一真理"（这在本书中到处都有讲到）。

虽然这是往正确方向迈出的一步，但在我面前还是有很长的路要走，我渐渐走入股票的技术分析领域。在二十年前，当你成为一个技术交易者，那就等同于说你是一个技术指标交易者。道理很简单，更快的交易方式正在建立之中，而技术交易对大众而言还是相当新鲜的事情。

运用技术分析的股票交易者使用的程序和指标跟商品交易者使用的是一样的，计算机上的图表和指标对商品交易来说更为常见。在那个时候，这可不便宜。股票交易者可以购买图表书册，这些书册每周都会寄来。计算机正日益显示出其威力（相对而言），并承担了越来越多的事情。数据

前　言

贩子们正在使得价格信息可供下载。这是 286 电脑和 2400 波特调制解调器的时代。它很慢，跟今天相比，它就像技术交易的石器时代。对每一个人来说，它都很新鲜，当时市面上的信息不是很多。拥有像传说中银弹和圣杯这样的良方去预测价格是一件非常舒畅的事情。人们在经受过市场多次无情的吞噬之后，尤其热衷于此。

关于技术指标的争议也被很明确地提了出来。那些作者总是给出股票价格的图表，而他们所兜售的指标总是随着价格而几近完美地上移或下探。看上去总是那么精准，每一次向上的大幅上升都有一个由指标所预示和设定的绝佳底部。这是多么万无一失的情形啊，所以我开始用这些被过分吹嘘的技术指标进行交易。

一件好笑的事情发生了，它们并没有真正起作用。我说没有真正起作用是什么意思呢？对，它们有时候会奏效，但凡事都有奏效的时候。假如你设定在你的小狗洗澡的那天买入，那同样会有奏效的时候。但我不想以此作为交易的依据，而且，这些指标常常是马后炮，也就是说，当股票启动的时候，没错，指标也跟着启动了，但它不具备某些人所说的指示作用。假如它看上去确实具有指示作用，不少时候它又是错的。并且，有时候指标和股票上升了，但是随之就狠狠地下跌。似乎找不到区分这些运行方向是真实还是虚假的任何办法，在由价格引领看似最佳时机出现的时候，相应的指标却告诉我要等待，直到悔之已晚。那种指标引领价格的说法，等于是说尾巴摇狗，而不是狗摇尾巴。这只是幻觉。

我甚至还将这一切推向一个新的层面。我不仅尝试了那个时候所有可用的指标，还尝试了它们之间的不同组合。我的想法是，如果几个指标点同时指向同一个方向，那它就一定会奏效，但是没有。接着我又走向你们中很少有人走到过的层面：我写出自己的指标。我觉得这是一个好主意，那些指标之所以不奏效是因为还没有人拥有正确的公式。我已经知道很多不奏效的指标，所以我应该是写出完美指标的那个人。你可以猜到我花费数月所得到的结果。

看到这里，你们中可能有人会笑出声来。如果你笑了，那只能是因为你也曾经经历过这一过程。就是在这样的时刻，绝大多数本想击败市场的人偃旗息鼓了。他们出于挫败、亏损了很多钱或者只是丧失了跑赢市场的信心而退出了。

不错，我也感到挫败，亏掉了一些钱，但是我依然相信可以跑赢市场。始终在我脑子中转的一个想法就是市场是一个零和游戏。每一块我（以及那些像我一样的人）所亏损的美元，都有另外某个人赚到这个钱。这让我斗志昂扬。回头来看，信息的缺乏和我所经历的挫败都是我的盟友。通过厘清这许多不奏效的东西，我发现了一个隐藏的真相：那个有效的东西。那个有效的东西并不是某个单一的指标，也不是某个单一的程式，它也不能只用一段话就解释清楚。对图表语言的理解和对价格运行的理解才是真正有效的因素，它是关于价格确实以某一重复的方式运行的知识。虽然这些运行并不完美，但是在合理的解读下，它们是相当可靠的，足以让你赚到钱。虽然这一认识在当时对我就像一个重大的启示，但今天它几乎就是一个常识。当初要理解它必须花一点功夫，但是如今却似乎很容易。容易的部分在于：以完全同样的方式在任何分析周期下看待或解读任何图表，而没有诸如指标、趋势线、艾略特波浪、费波那契数列、布林线、江恩角度线、行星列阵等的主观性。这并不意味着每一个图表模式都是可交易的（这方面我们将在后面详细谈到），但对任何可交易证券的分析——我希望不久也能是你的分析——都将是清晰的，都是建立在一个前后一致的系统的分析方法之上的。如今，我是普瑞斯丁资产控股公司（Pristine Capital Holdings）的大股东和首席执行官。自从1994年后期以来，一直致力于帮助投资者和交易者找到市场的真理，用一种始终简单的和符合常识的价格阅读方式来发现这一真理。这并不总是那么容易的，但是它具有很强的可学性。

就像生活中的任何事情一样，没有什么是免费的，真正了不起的事情都值得为之付出辛勤工作。将这一点放在心里，我邀请你阅读本书并乐在其中。在本书结束的时候，你会明白，在技术分析方面只有一个真相。祝阅读愉快。

目　录

第一章　市场中主观没有立足之地：技术分析是客观标准

技术分析一项致命的危险是：交易者将主观意见带入了图表分析中。你大量的工作只是在证明自己的执着，而对客观真实的价格信息视而不见。卡普拉从第一章开始，就力图排除图表与思考过程中所有的主观分析。

专家综合征 ………………………………………………… 1
基本面分析的陷阱 ………………………………………… 2
技术指标：将主观性加入图表 …………………………… 5
一切都发生在过去 ………………………………………… 6
这依然仅仅是个人的看法 ………………………………… 6
客观地看待市场 …………………………………………… 9
市场分四个阶段 …………………………………………… 9
第一阶段：不确定时期 …………………………………… 10
第二阶段：上涨趋势 ……………………………………… 11
第三阶段：不确定性的介入 ……………………………… 12
第四阶段：向下趋势 ……………………………………… 13
观察趋势：上涨，下跌或者横盘 ………………………… 14
本章小结 …………………………………………………… 17

第二章　K线分析：运用K线语言从市场波动中获利

多数交易者对K线的理解是从"红三兵""乌云盖顶""穿

头破脚"等开始的，牢记这些概念有时候反而是一种障碍，误导你对价格行为做出机械式的反应。本章精妙地展示了单根和多根K线如何表达信息。本章提出的"变线"和"普锐斯丁买入卖出设定"会经常用到。

单根K线 ………………………………………………………	19
K线组合 ………………………………………………………	23
变线 …………………………………………………………	24
窄幅短线 ……………………………………………………	26
宽幅线 ………………………………………………………	28
形成下影线的K线 ……………………………………………	31
点评 …………………………………………………………	33
失败并不总是坏事 ……………………………………………	34
本章小结 ……………………………………………………	36

第三章 支撑与阻力：价格是王道

本书许多概念有独特的内涵，比如本章谈到的支撑和阻力。卡普拉是华尔街上拒绝画线的代表人物，所以这里没有任何趋势线、阻力线、斐波那契线或者通道。卡普拉的方法是利用价格运动和相对形态。本章介绍的"尖顶"和"簇拥"也会经常用到。

价格形态 ……………………………………………………	37
认清参照点 …………………………………………………	41
主要和次要两种形式的支撑位和阻力位 ……………………	45
支撑和阻力区域是如何形成的 ………………………………	52
本章小结 ……………………………………………………	63

第四章 正确运用移动平均线：价格运行的直观工具

移动平均线是一项常用技术工具，但是往往被滥用，其中之一是使用移动平均线寻找支撑和阻力，另一种是依靠移动平均线交叉来决定买卖。这往往会得到虚假和过时的信号。绝不可以将

目 录

移动平均线作为买卖信号，卡普拉的方法是以其确认趋势和寻找强势股。

一个很有价值的技术指标	65
合理地运用移动平均线	65
我们应该使用哪一根移动平均线？	67
20 期移动平均线	70
两线会合	71
作为聚焦区域的移动平均线	75
保持客观	77
运用移动平均线时的几个规则	82
其他需要考虑的问题	83
通过移动平均线找到强势股	86
本章小结	87

第五章　成交量：价格的承托

价量分析是短线交易的有力武器。如果说价格运动反映供求，那么成交量反映了供求关系的磁性有多大。富有逻辑性地运用成交量分析，能够确保一个交易机会是真实而有利可图的。本章还解析了常见的成交量分析错误，并且给出了两种最有效的成交量运用模式。

成交量的错觉	90
合理运用成交量	93
成交量的主要运用	95
几种成交量的外观	101
成交量与可交易性	106
本章小结	109

第六章　回调分析：运用回调分析继续你的行动

价格经过一段上行或下行后出现回调，这个回调会到什么程度，之后是继续原有趋势还是形成反转？本章的技术正是解决上述问题：包括对回调幅度、特殊回调、过度回调的分析，以及结合支撑和阻力的分析。

回调的概念 ·· 110
斐波那契数列 ·· 111
回调还是不回调 ·· 113
回调隐含着一个趋势 ·· 115
继续维护它的客观性 ·· 119
超过60%之后会怎样？ ·· 120
下跌趋势中的回调位 ·· 123
一个特殊的回调形态 ·· 124
横盘趋势中的回调位 ·· 126
超过100%之后又如何？ ······································· 126
回调在哪里结束？ ·· 128
更大的周期 ·· 130
本章小结 ·· 131

第七章 K线比对分析：每根K线都能告诉我们一些信息

K线比对技术是对每一根新出现的K线进行分析，讨论它跟现有价格形态的关系。K线比对分析可以提高交易时的胜算，还能在之后的交易管理中，为你保驾护航，研判你参与的趋势是将继续还是会反转，从而为你的持仓、止盈和止损提供技术信号。

客观性依然是我们的目标 ······································ 134
单根K线分析的简单回顾 ······································ 135
K线如何互动 ·· 137
其他几点考虑 ·· 145
本章小结 ·· 146

第八章　市场内部指标：检查市场运行的方向

技术分析、市场内部指标与互动分析，是理解市场的三大基石。本章讲解了最重要的几种市场内部指标，运用它们可以判别市场背后的趋势强弱程度。同时，本章对互动分析技术也有一定介绍。这些为技术分析的成功率提供了坚实支撑。

- 判别价格运行 ………………………………………… 150
- 什么时候做反向思维 ………………………………… 151
- 最偏爱的市场内部指标 ……………………………… 152
- 跳动指数（TICK）…………………………………… 152
- 交易者指数（TRIN）………………………………… 156
- 波动率指标（VIX）…………………………………… 162
- 看跌-看涨比率 ………………………………………… 165
- 对市场互动分析的一个简短概述 …………………… 167
- 本章小结 ……………………………………………… 169

第九章　相对强势：相对强势的定义

交易者要寻找的是相对强势比较明朗的股票，它会表现出某种自行其是的倾向，从而带来远高于市场平均的收益。相对强势分析可用以选择行业板块和强势股，是实战交易中的有力选股工具。

- 找出相对强势的不同种类 …………………………… 171
- 相对强势总是好事吗？……………………………… 177
- 上午有缺口现象的相对强势与相对弱势 …………… 181
- 行业分析中的相对强势 ……………………………… 183
- 相对强势与市场内部指标 …………………………… 184
- 本章小结 ……………………………………………… 185

第十章　趋势是你的朋友：只存在三个方向

虽然价格趋势无非三种：上涨、下跌、横盘，但是先人一步准确判别却并非易事。本章利用尖顶与 K 线比对，建立了一套可靠的趋势判别技术，其中剔除了主观指标与各种画线。其中，"趋势的质量"与"利落形态"是非常重要的概念。

  什么形成了趋势？ ·············· 188
  尖顶 ····················· 188
  一系列尖顶 ·················· 194
  一些具有指引作用的主观指标 ········ 197
  保持利落 ··················· 200
  反应检查 ··················· 204
  一个常识测试 ················· 209
  最后的几点想法 ················ 210
  本章小结 ··················· 211

第十一章 击中缺口：什么是缺口

  缺口在市场中提供了一个特别的交易机会，对波段交易者与日内交易者都很重要。卡普拉对缺口的定义有别于通常。初学者如不仔细观察，可能会在图表上错过某些缺口。本章的内容扩大了缺口技术的内涵，使其具有更大的分析威力，对日内交易者尤其如此。

  是什么形成了一个缺口？ ··········· 216
  关于缺口的幻觉 ················ 218
  缺口与日线图 ················· 219
  日内交易 ··················· 225
  本章小结 ··················· 229

第十二章 分析周期比对：多重分析周期的概念

  利用多重分析周期是增加交易胜算的最佳方式之一。本章包含两方面的内容，一是通过周期比对追随趋势，如从多重周期的冲突中寻找交易机会；二是周期下移，透视表象背后的事实，从而更好地观察当前的价格形态。

  哪一个分析周期 ·· 231
  运用多重分析周期的第一个目标 ······························ 234
  处理分析周期中的冲突 ·· 236
  一个强有力的概念 ··· 239
  微观趋势中的预警信号 ·· 241
  隐藏的形态 ··· 244
  本章小结 ·· 248

第十三章　让失败为你工作：识别形态何时失败

  并非所有高胜算形态都一定会成功。本章的重点是交易管理。当介入一个形态之后，如何检视趋势仍在按部就班进行？如何第一时间发现形态可能失败？如何设置保护性止损？如何退出一个失效的形态？本章展示了两个重要的新技术："可交易的悬空"与"对等运动"。

  是投资停止了，还是形态失败了？ ···························· 251
  当良好的形态失败的时候 ····································· 253
  利用可预知的失败 ··· 257
  意料之中（或者意料之外）的失败 ···························· 260
  本章小结 ·· 260

第十四章　管理好交易与头寸：缺失的一环

  在获得了一定的技术分析能力之后，做好交易的下一个重要环节就是交易管理。交易管理中的第一个主题就是如何管理好头寸，这里涉及几个不同的层次，本章将逐一展开讨论。同时需要注意的是，不要在交易一开始的时候过度管理。

  管理头寸——股份数 ·· 262
  冒多大的险 ··· 267
  管理好每天的资金 ··· 269

波段交易中的一些考虑 ················· 271

交易管理的基础概念 ················· 272

管理交易——跟趋势保持一致 ············· 275

管理交易——分析周期下移 ·············· 277

本章小结 ······················ 279

第十五章　一个典型的交易日：将策略整合进日常行为中

本章是全书技术思想和方法的一次综合训练，让交易者知道它们在短线交易实战中的每一天是如何运用的。当你来到这里，你离成为合格的交易者已经很近了。

开始你的一天 ···················· 281

计划你的交易，按计划做交易 ············· 283

收盘之后 ······················ 285

最大化赢利面，妥善处理亏损面 ············ 288

第十六章　在市场上真理只有一个：价格是王道

价格行为是市场的唯一真理。任何其他方法相对于价格而言都是第二位的。与其四处寻找秘籍，不如单刀直入，从价格行为中去发现客观交易的真谛，从进入市场的第一天起，放下所有的主观想法，以及主观性创造出来的各式工具。

价格是王 ······················ 289

第一章　市场中主观没有立足之地：

技术分析是客观标准

韦伯词典将"主观"定义为"被感知到的现实或隶属于现实的特性，而非独立于思维之外"。当我们想要从评论家那里获取一部电影如何如何好的意见时，我们期待的是一个主观的评论。当我们读到一个饭店的评述时，我们也是在获取一个主观的评价。我们可能看了一场电影、吃了一顿饭，获得了跟批评家不太一样的体验。我们倾向于追随那些跟我们的主观印象相符的评论家。

对一部电影和一顿晚餐来说，这样做并没有什么问题。但是市场却跟个人意见扯不上什么关系，主观性进入市场的方式多种多样。在交易者企图依赖市场中走红的专家的时候，在他们做决定的过程中试图运用基本面分析的时候，以及在他们运用图表上的技术指标的时候，主观性就进去了。虽然还有其他一些途径，但这三种是主观性进入的最大原因。下面我将说明你是如何掉入这些陷阱的，以及你如何才能避开这些陷阱。

专家综合征

人们放任主观性渗入交易的第一种普遍方式是在他们做出独立决定之前去听信别人的意见。人们有一种想要追随专家或权威的严重倾向。这些人之所以被追随常常无迹可循，有时候仅仅是因为他们说的东西"有点感觉"或者在某些方面跟我们的看法一致。不幸的是，在市场中所谓的感觉或常识往往不起作用。

如果你观察一下多年来那些名声大振的专家，你会发现他们中大多数人已经无人知晓了。今天可能有一些新的人名出现，明天他们可能就不在了。这些人跳出来，对市场摆出一个坚定的立场，于是他们出名了。例如，在20世纪90年代，你或许还记得（如果那时你身处市场）几个大名鼎鼎的人，他们在市场上行的时候竭力唱多。一段时间之后，他们因为这些"预言"而取得了名声，并持续唱多。当市场在2001年转向的时候，他们也丢弃了原有的观点，或者因为他们的观点而受到嘲笑。很少有专家在市场转向的时候还能维持自己的声誉。就像许多人随着他们的股票而情绪起伏那样，这些专家趁市场上行时获取声名，又随着市场崩溃而陨落。

有人预见到了市场的崩盘吗？有。问题是许多人是在崩盘之前八年就做了预测，因为这样的预测而获取的声名其实名不副实。在市场中，唱多和唱空的都有。有些人对了，有些人错了。那些持续预测正确的人几乎很难被发现，人们常常在当时认为他们的见解很愚蠢，因为他们跟大众的观点截然相反，即便那是当时正确的做法。他们已经找到了自己的方法或风格，并知道如何适当地运用它。市场上的新人通常很快就会发现电视上的"专家"并不能帮他们赚到钱。

经过了一段时间，许多人意识到最好的办法或许是去发展出自己的一套解读市场的系统、方法或风格。对那些决心依靠自己的交易者和投资者而言，主观性依然会通过两种方式渗入他们的研判中。第一种方式就是依赖于基本面而不是技术分析。虽然这一争论由来已久，但在我看来，毫无疑问，技术分析才是真正在市场中有用的研判手段。然而，即便交易者走的是技术路线，主观性依然会在运用技术指标的时候渗透进来。以下就是对交易者可能会面对的两个问题的讨论。

基本面分析的陷阱

自从第一次有人将公开市场上出售的某样东西的价格画成图表，关于基本面和技术分析之间的争论就没有停止过。基本面拥趸者声称技术分析是企图通过观察过去来预测未来。技术派则声称基本面派企图发现公司的价值，而这是做不到的，而且，即便你确定了它的价值，这也是无关紧要的。

基本面派查看公司的会计数字，他们查看像市盈率和账面价值这样的会计数字。他们也查看诸如管理、新产品的推出和近期的并购等事项，然后他们从所有这些信息出发去推断一个公司究竟应该值多少。从中他们可以计算出每股的价格，如果那个数字高于现有股票价格，他们就认为它被低估了，是买入的时机。

从某种角度看，倚重这些会计数字听上去是非常客观的一件事。但是这里有几个问题。首先，你怎么知道你看到的这些数字是值得信任的。回头看，安然公司曾经达到一百多美元一股的价格，在当时还被认为具有很高的基本面价值。问题在于那些可以查看的数字全都是谎言。它们是由会计师们和CEO们编造出来的。安然丑闻是一个单独的事件吗？绝非如此。Worldcom和许多其他公司都因为它们的会计数字被发现出了一点"小问题"而导致破产或者造成巨大的价格波动。

即便你不是那样多疑，跟任何一家公司的会计交谈一下，你就会重新认识会计数字。很多被准许的会计处理方式之间存在着巨大的差异。有些方式只是被准许，而有些方式则处在不断的争议中。因此一个公司的管理层可以就他们的利润和亏损发表完全不同的声明，就看他们依据的会计方法是如何处理那些主要数据的。基本面派常常将利润上多出一分钱的变化都会看成是一件大事，而会计方式上的不同选择就会产生相差一美元的结果。在某种程度上来讲，这变得很愚蠢。因此，运用一个公司的基本面数值评估一家公司是一种非常主观的方法。

除此之外，基本面分析还有一个更为根本的问题，使得其主观性更为严重。它假定，根据上一年或者上一季的数字，一个人就可以知晓一个公司的价值。但是分析者的一句话使得这一图景很快就会被乌云笼罩："那是去年，你应该看看他们今年可能会做些什么事情。"这样他们现在又通过猜测来年会发生什么事情，开始谈论如何增加他们客观分析得出的公司价值了。这就是为什么在20世纪90年代上百家公司的价格扶摇直上却没有任何收入，实际上对这些公司来说不存在任何数据能够支持其任何一个价格，更别说一个比当时价格更高的价值。但是对未来收入的承诺使得股票价格从一美元实实在在地涨到了几百美元，所依据的仅仅是未来某天的巨大收入。这听上去是否就像你做出的一个交易和投资决定？

关于基本面分析，还存在着另一个问题，那就是它根本没有用。许多公司显示被低估以及具有低市盈率常常是出于某种理由。便宜的往往会变得更加便宜，这是一种趋势，它们几乎不可能是一个好买卖。与此相同，那些看上去被高估的公司或股票其价格很少会掉下来，尽管分析师说它们应该掉下来，它们被高估也是有理由的。如果你曾经运用基本面数字做投资，你很可能早就发现了这些问题。基本面分析实际上完全是主观的，只不过它被隐藏在一个客观的面容之下。

虽然技术面分析师的数量已经有了大幅度的增长，但是大部分华尔街分析师运用的还是基本面分析。多年来，华尔街分析师对某一个股票或整个市场的见解对交易者和投资者实际上并没有多大帮助。看看图1.1，回顾2000年，当股票达到前所未有的高度时，每个人都对雅虎的股票爱不释手。林奇（Merrill Lynch）还将它称为他们最佳的选择。当价格下跌时，他们再次推荐购买，坚信这家公司伟大非凡，价格一定会回弹。随着价格在整整一年中持续下跌，华尔街的分析师继续建议抢购该股票。最后，当股票跌去90%的时候，林奇才将股票降级，不再敦促投资者购买。

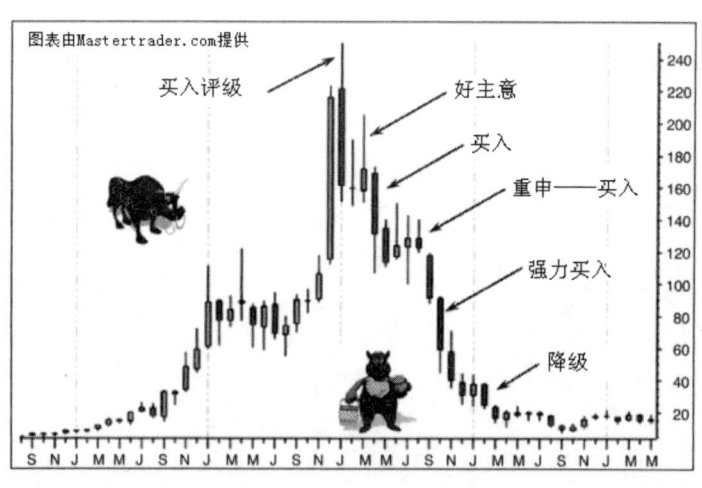

图1.1　分析家的买入推荐导致雅虎下跌100%

相反，技术分析只看一件事：这个公司或者股票实际上在以什么买卖。技术分析认为正在买卖的股票价格是最完美的价格，因为所有已知的数值，无论是过去的，还是对将来的预测，都被考虑到价格中了。成百上千的投资者和交易者都聚拢在这个价格的两侧，人们根据供需情况决定它的价格。这就是那个价格，这里不会出现争议。如果你是以这种方式思考股价，那么其他方法都显得毫无用处。

对于将来的价格，技术分析依靠的是模式识别。看到价格始终以某种方式出现，就表示对一个股票存在着持续的需求或供给。学习这些模式实际上就是学习技术分析的要点所在。那技术分析存在什么缺点吗？当然，否则基本面派和技术面派之间就不存在什么争议了。然而，所有的缺点实际上都是没有理解如何运用技术分析的一种表现。例如，技术分析发现模式是可预测的，但这并不意味着你看到的每一个模式都会是可预测的模式。另外一个例子是多重分析周期的概念。小模式存在于大模式之内，如果你不知道它们之间是如何相互影响的，那它就可能看上去成了一种偶然现象。我们随后将在本书中更详尽地讨论这些概念。在这一章中，最重要的是看清主观性是技术指标的错误运用。许多交易者依靠技术分析进行交易，但不幸的是，这些技术指标运用客观的图表，却将它们转化成了主观的工具。

技术指标：将主观性加入图表

"技术指标"这个术语指的是在图表上除了价格之外所有的东西，它们都是以价格为基础的。你可能知道其中的一些指标：移动平均线（MACD）、相对强弱指数（RSI）、随机指标、江恩角度线、艾略特波浪，还有很多很多。有些图表程序拥有超过200个指标，仅就这一点就可以看出这些指标的价值到底有多少。甚至移动平均线也是技术指标，虽然移动平均线具有某些实用的价值，但它们也经常被主观地加以运用而给交易者造成损失。

技术指标在本质上是主观的，有几个理由。它们都依赖于过去的价格。同时，虽然它们声称可以增加客观性，但是都有着如此之多的设定，以至于怎么去解读它们随着每个人的看法不同而不同。

一切都发生在过去

就像我刚才提到的那样，所有的技术指标都依赖于过去的价格并且经过一个数学公式的计算，这被认为可以帮助人们预测未来的动向。过去的价格早就在图表上展示在你面前，这是图表的客观部分。价格才是至关重要的，一旦你创造了价格的衍生概念，它就成了一个任人解读的概念。

有人说他们通过运用这些指标可以去除价格运动中的噪音。然而，正是这些噪音为我们提供了一些最有用的信息。我们将在后面详述这个话题。

在解读价格模式的时候总是存在着某种主观性。交易始终具有某种主观性。如果不是这样，所有人都知道了价格的走向，那样市场就不会存在了。我们作为交易者的工作就是将事情变得尽可能简单和客观，找到我们了解的模式。指标只是增加了一层神秘的面纱，并依靠其他人的设定来了解正在发生的事情。

这依然仅仅是个人的看法

指标差不多完全依赖于个人的看法或者每个人对不同指标的不同解读。多少年来已经有几百种不同的指标被演绎出来，而它们大多数都具有改变设定的选项，这使得选择无穷无尽。这一简单的真相告诉你，它们本身并不能告诉你在一只股票或市场中什么事情正在发生。多年来，投资者和分析师们已经发展出无数的方法来度量这个市场。事实上，你无须去度量或者揣测这个市场。答案就在价格之中，如果你知道如何聆听，它会告诉你它将要做什么。

主观的分析是建立在你认为将发生什么的基础之上的，价格是在真实世界中直接可以观察到的，它会告诉我们需要知道的信息。基于主观的度量而做出的决定将会形成我们在普瑞斯丁公司所说的"幻象交易"。这样的交易几乎都会走向失败。一只股票碰到了它的移动平均线,它可能下跌,也可能上行,概率是一样的。一只股票可能在某个时段内持续超卖,或许你早就观察到这些现象。

看一下图 1.2,在这根非常流行的震荡线 14 天相对强弱指标线上你可以清楚地看到背离现象。像这样的背离是在告诉交易者,震荡线在往下走,那么根据传统的技术分析,股票价格也会随之往下。但就像你在图上看到的那样,价格并没有往下。一个震荡线所能测度的只是价格变化的惯性慢了下来。这并不一定意味着价格会在短时间内改变方向。惯性会增强或变弱,但趋势会长时间保持不变。

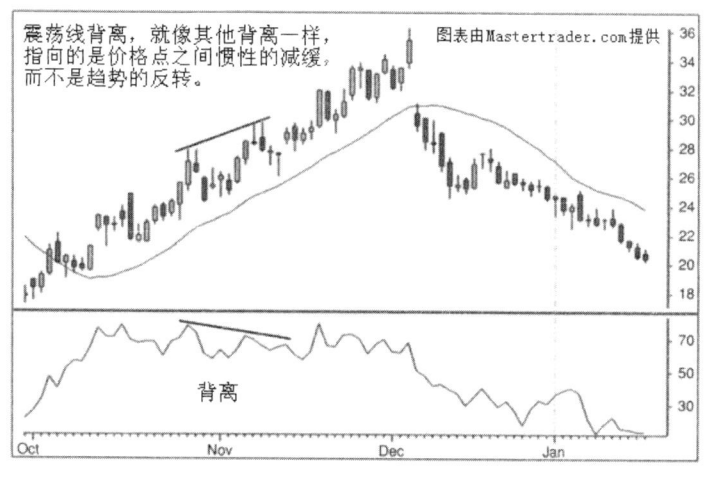

图 1.2 相对强弱背离常常没有特别的意义

就像我们在图 1.3 中看到的那样,对许多指标运用绝对数值也不会有什么用。在这个例子中,相对强弱指标从来没有达到那个预示股票被超卖后应该被买入的那个阶段。几个月内,价格还是一路往上。这使得交易者去尝试不同的设置,以便指标达到那个卖出和买入的阶段,在那里过去转向的价格被认为可以预测将来价格的转向。随着市场环境发生变化,或者在它被用到不同的股票上时,这个指标就不再跟这些设定相匹配。这往往会导致在设定和指标上进行不断的修改,以找到那个完美的指标。

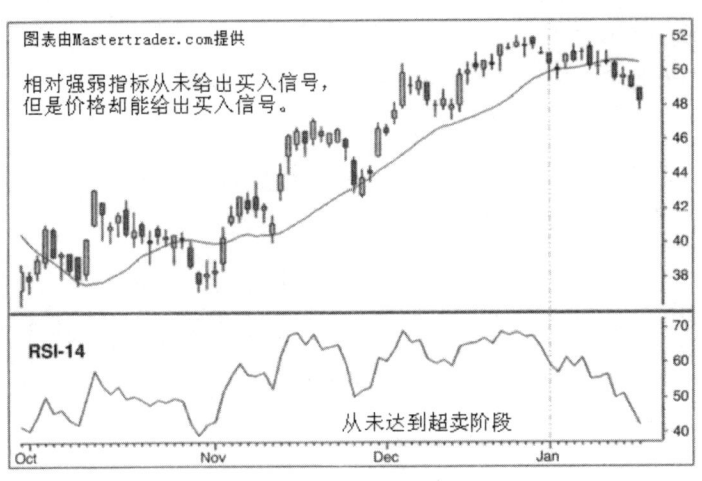

图1.3 大部分的价格运行都被相对强弱指标所错过

除非存在一个很强的趋势表现，否则运用震荡线只会引导交易者买在顶部而卖在底部。你在本书中学到的工具将向你展示如何专注于价格本身。无论你是一个运用5分钟线的日内交易者，还是一个运用周线的长期投资者，这都不重要，你所需要的一切信息都在价格K线身上。为什么要用其他东西？价格就是真相。

你可能已经注意到，类似的话题在价格与市场之间可以来回切换，同时适用于两者，这是有意为之。市场只不过是一些股票的总和。本书所教的东西对任何一个在公开市场能够以足够多的成交量买卖的东西都有效果。股票、期货、大宗商品——市场本身——它们都大同小异。

交易者所用的某些技术分析系统还会带来另一个问题，就是它可能会导致交易者百分之百地确信自己知晓接下来会发生什么。这些对技术分析的新人而言具有极大的杀伤力，它带给他们一种虚假的安全感。每个人都想要感到安全——知晓接下来会发生什么事情。这是人性，但这也是作为一个技术交易者或投资者迈向成功的主要障碍。像江恩角度线、周期分析和斐波那契回撤这些方法都声称可以对股票的运行提供精确的度量和预测。这给交易者制造了一个他们知道将会发生什么事情的信念，并因此而导致交易者犯下严重的错误。如果你的武断让你把赌注过度地压在某一次交易上，其结果将是灾难性的。以这种虚假的信心去操作也会让你在亏损的交易中时间拖得很长，而不是在市场告诉你赌注压错了的时候以较小损失及时退出。

客观地看待市场

想在交易和投资上获得成功，你需要培养自己的信心、耐心和纪律。多年来我发现，发展这些特质的关键恰恰在于身处一种不知道接下来会发生什么的状态中进行操作。这跟大多数建立在确定性基础上的技术分析技巧正好相反。你必须在市场的每日交易活动中去除掉建立在指标基础上的主观分析。为了做到这一点，我们需要学习一种系统性的客观看待市场的方法。

我们教交易者在看待市场时识别两个关键因素：

1. 一只股票总是处在四个阶段中的一个：我们将这些阶段简单地命名为阶段一、二、三和四。所有的股票、市场，以及其他任何事物都总是处在四个阶段的其中之一，这就是我所认为的交易和投资的第一条基本真理。认识这一点会让你始终站在正确的一边，并让你知道在一个股票变得难以预测的时候，何时是最佳的时机抛开它。这是我们的方法的一个基本概念，我会在全书中不断地重申这一条。

2. 这些阶段总是以相同的次序到来。一旦我们知道一只股票处在什么阶段，我们都会有非常具体的策略来运作这只股票，并且这一过程可以保证我们交易的客观性。

市场分四个阶段

每一个阶段都有一个操作股票的正确方式，有一个方向，还有一定的操作策略以最大化我们所在阶段的运行幅度。一旦你知道所在的阶段，你就会知道如何交易这只股票，以及对这只股票运用什么样的策略，它会告诉你何时进入那个位置，简单，客观，清楚。80%的亏损都是因为违背股票所在阶段的操作规律。

那么是不是每一次了解一只股票处在什么阶段都很容易呢？当然不是。从事后诸葛亮的角度看，当然都很容易。在当时的真实处境下，它有时候很容易，有时候则更富有挑战性。你永远也不可能在技术分析中消除主观性，你必须接受它。但你还必须控制它，减少它，同时也理解它。

你必须牢记以下的信条：当你很难说出一只股票处在什么阶段的时候，作为交易者，你有权放弃这只股票。等待一只更好的股票，或者一个更好的时机。

重新读一遍上面这段话：在我看来，这是交易的关键考量之一。

那些学会找出一只股票或者一个市场进入什么样的周期并依此卖出或买入的交易者和投资者才是真正的赢家。你会想在第二阶段的初期买入，在它进入第三阶段之前卖出。再说一遍，无论你是一个日内交易者还是一个长期的投资者，都适用这一规律。那些做出情绪化的反应或者依赖于主观指标的交易者和投资者往往是亏损者。这些人不可避免地会在第二阶段的末期即狂热的顶峰时期买入，并在恐慌阶段的末期，当反弹和反转的一切希望都破灭的时候卖出。

第一阶段：不确定时期

在第一阶段，股票处在一种我称之为不确定的状态。没有人真正关心这只股票，这只股票在某个幅度内上下波动。通常成交量也很低，因为人们对它都不感兴趣。它们的振幅往往也很小，这同样是因为人们对它不感兴趣。第一阶段总会经历一个卖出的时期，而且通常这些卖出足以将试图买入更多的多头趋势逆转过来。他们伤痕累累，手头没钱了，也不再对这只股票有任何兴趣了。其他的多头或许正在窥探，或许不久就会下手买入，但是在目前，没人对它感兴趣，因为这只股票表现很弱，而且也没人知道它会跌得多深。其间有很多次失败的向上突破和向下探底，因为多头和空头都无法找到追随者，人们对它提不起足够的兴趣。向上突破总是失败，因为在下跌的漫长过程中手握股票的所有交易者都会在回升的时候卖出股票以降低损失。

第二阶段：上涨趋势

经过足够长的一段时间之后，那些卖家中的许多人退出或者放弃了，不再在回升的时候卖出股票了。突然之间，股票在反弹的时候不再遇到阻力而下行，而是保持住了良好的势头。多头环顾四周，发现空头所剩无几。这种状况吸引了其他的多头，并形成了雪球效应。当卖出发生的时候，也只是老的多头从新的多头那里获利了结而已，而且股票也不再像以前那样下探得很低。更多多头加入其中，跟前面一波上升浪相比，下一波的上升浪达到了一个新的高度。如果这一过程得以持续，早期的多头就会随着股票屡创新高而获利颇丰。这一状况转化成了事实上的上升趋势，并吸引到了更多的多头入场。此时就是第二阶段，买入股票的时段；多头，上升趋势，此时的情绪是贪婪的。开始的时候，这就是推高价格的动力，第二阶段的开头是交易者应该好好把握的最有效时机。请参看图1.4。

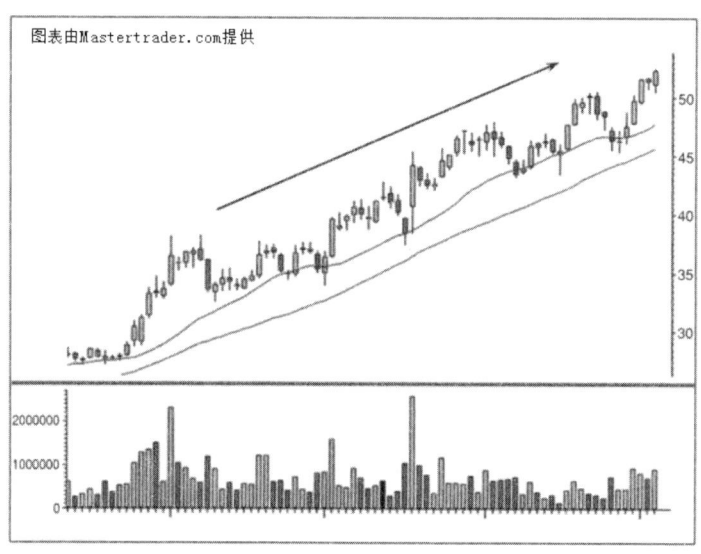

图1.4 第二阶段的威力

第三阶段：不确定性的介入

即便在第二阶段持续了一段时间之后，股价还是可以继续走高。除非你有可靠的证据，否则决不要预估趋势将要终结。在这个市场上我们的胜算之一就是来自趋势的力量。在某些时刻，看似聪明的买入渐渐转变成非理性的狂热行为。然而，有时候在一个合理的运行之后，交易者获利了结，新的多头也不再那么容易找到。这个股票或市场在向上突破的时候不能够找到足够的买家，它们就开始下跌。同样，当形势看上去很弱，那些错过上升浪的潜在买家将下探和下跌看成是买入机会，那样就形成了支撑。这个股票或市场步履蹒跚地开始了横盘宽幅震荡，多空双方不得不开始争战，直到分出胜负。这是一个犹疑不决的时期，此时价格呈现横盘走势（如图1.5），而对此没有了解的交易者却想要向上和向下的突破，他们损失了金钱，却对其中的原因一无所知。

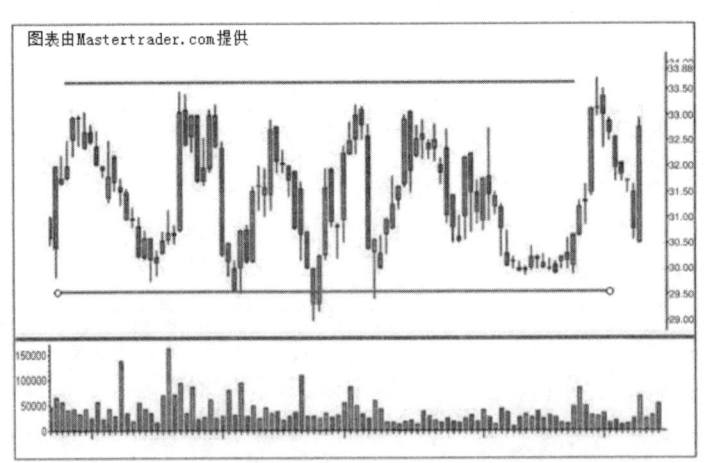

图1.5　第三阶段的不确定性造成的宽幅震荡模式

第四阶段：向下趋势

这一模式可能会稳定下来，价格会走得更高，持续原先第二阶段的走势。这被认为是第二阶段的一个停顿，并且是可辨识的，我们将在稍后更详尽地探讨这两个类型的底部。但是有时候力量的平衡发生了改变，突然之间，在某一个下跌过程中失去了买家的支撑，价格一直往下掉。依赖于那个底部而持有股票的多头现在明白他们正在丢失城池，并开始撤退。再一次地，雪球又开始滚动了，卖出引发了更多的卖出。回升的高度低于上一次的回升，而下跌却越跌越深。恐惧，好消息变成坏消息，这些都是第四阶段（见图 1.6）的标志。

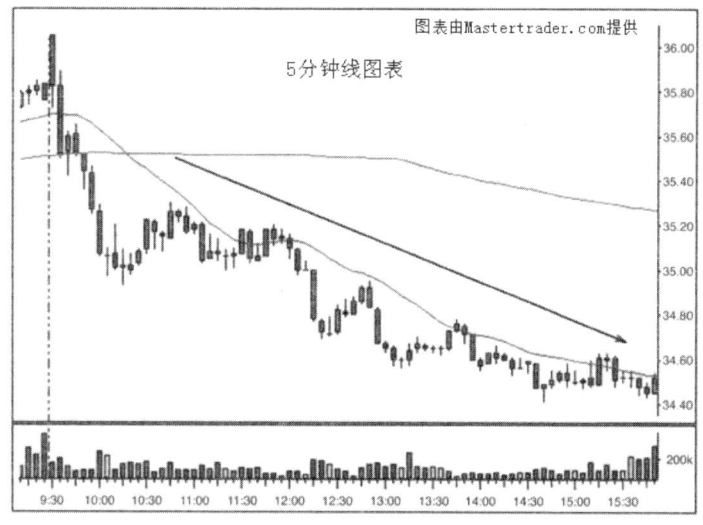

图 1.6　第四阶段：空头控制局面

随着恐惧的积聚，卖盘不断增加，还引发了更多的卖盘。这推动价格走向一个很低的点位，以至那些发誓不会卖出的持有者也因为无法忍受痛苦而开始卖出，声称将永远不再碰股票。在某个点位上，所有那些想要卖出的卖家都已经卖出了。卖盘都被甩光了，价格停止了下跌。此时找不到什么买家，因为损失的痛苦使得以前的多头远离这只股票，同时急速的下跌也让新的买家望而生畏。因此，股票开始横盘波动，而且无人关注。我们又回到了犹疑不决的状态之中；我们又回到了第一阶段。

这一过程在任何一个分析周期内都会有同样的表现。你可以在每天的日内交易图表上看到它，你同样可以在日线和周线图表上看到它。

观察趋势：上涨，下跌或者横盘

我们的第二个真理是，在整个过程中，一只股票的表现只能是三种情况中的一种：上涨，下跌或者横盘。当一只股票横盘的时候，它可以以一种可靠的模式运行，或者它也可以以一种无序的不可捉摸的方式运行。

股票在上升趋势（第二阶段）中上涨，此时价格在高处形成更高的高位，在低处形成更高的低位。股票在下跌趋势（第四阶段）中下行，此时价格在高处形成更低的高位，在低处形成更低的低位。横盘的价格模式则是运行在一系列大致相同的高位和低位之间，这就需要稍微不同的交易策略。了解所处的状况是在市场中持续赚钱的关键。只要我们知道在某一个时点一只股票或市场处在哪个阶段和趋势中，我们就能够开始运用价格所告诉我们的信息，去找到价格运行的大概率方向。

我们用于定位所在阶段和解读价格的最主要的工具之一，就是普瑞斯丁买入设定和普瑞斯丁卖出设定。就像你在图1.7中看到的那样，我运用K线图来解读股票或者指数的价格。要在大多数图表上分析一切正常的价格运行，除非这些图表运用K线图，否则它们在我眼里就毫无用处。我会在第二章中更详尽地解释这么做的原因。

现在让我们来看看这张图表正在告诉我们的是什么。从整体来看，这只股票处在多头占据优势的第二阶段，向上运行于更高的高位和更高的低位。最近的图样显示，它已经连续向下运行了几根K线，但还没有突破第二阶段的模式。一旦我们看到价格反向运行，只要我们确认这只股票依然处在上涨趋势中，或者处在第二阶段的早期，这个时候就是买入的时机。我们将这一反向K线称为"防守反转"（changing of the guard，简称COG）。

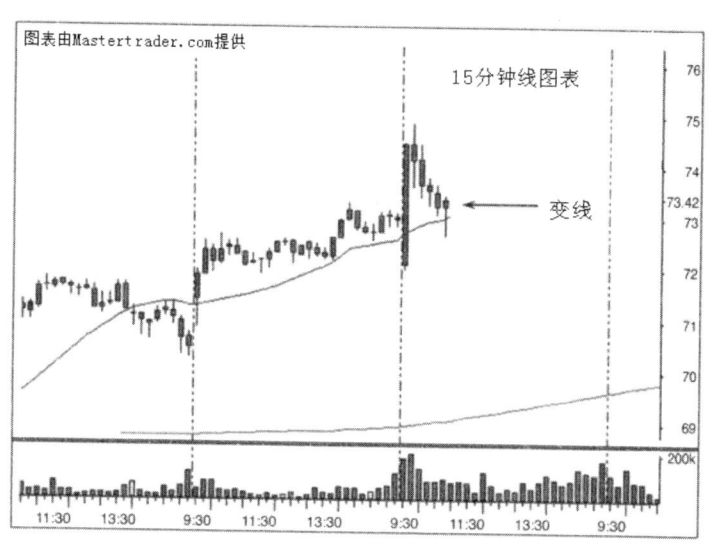

图1.7 一根防卫性K线的多头变化告诉我们第二阶段的上涨趋势或将重现

在图1.8中我们可以看到卖出设定（Sell Setup，简称PSS）正好相反。从全图看，这只股票处在空头占优势的第四阶段，向下运行到更低的高位和更低的低位。而最近的图样显示，股票正在连续几根K线上扬，但还没有突破第四阶段。如果我们将价格运行看成一条线，无疑它是一条向上的线。而当价格反转向下的时候，正是卖出的时机。

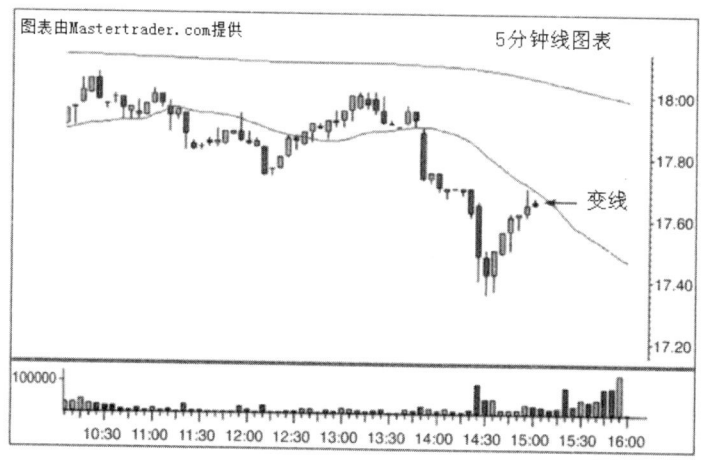

图1.8 防卫K线的空头转变形成了卖出设定点

这些设定可以运用在任何分析周期内,它们可以被运用于建立短期的波动性交易或者计划长期的股票买入。运用某一特定的K线图,你很容易就辨认出这一模式。一般而言,一旦看到反转,我们就能很快地发现我们是对的还是错的,并且能够在大部分时间里针对市场所告诉我们的信息做出反应。一般而言,这一设定会在价格因为获利了结而反向运行的时候发生,并且这其中的买入或卖出活动是在重新确认其内在趋势。因为我们早就知道,我们不能确切地了解正在发生什么样的情况,所以一旦我们想要介入交易,我们可以让价格告诉我们该怎么做。关于普瑞斯丁买入或卖出设定,有几件美妙的事情或许你已经注意到了。首先,我们是在基本趋势的方向上交易的。其次,我们并不追高,我们在其回撤的最大值那里介入。这一点也引来了下一件美妙之事,即无论价格目标是多少,我们都获得了更大的一个运行空间。同时我们也占据了一个可以很快止损的位置,因为,如果我们是对的,那么进入时的K线应该是趋势的确认,如果它没有保持住,我们会快速退出。

看一下图1.9。这只股票在高点开盘,并在10点30分的时候开始了上涨趋势。接着,在11点15分,我们得到了一个防卫性买入设定的时机。在其上涨动力受阻和股票转弱之后,我们撤出,设定另一个买入信号,在结束的时候走得更高。这个运行模式是非常精确的,也很容易辨识出来。

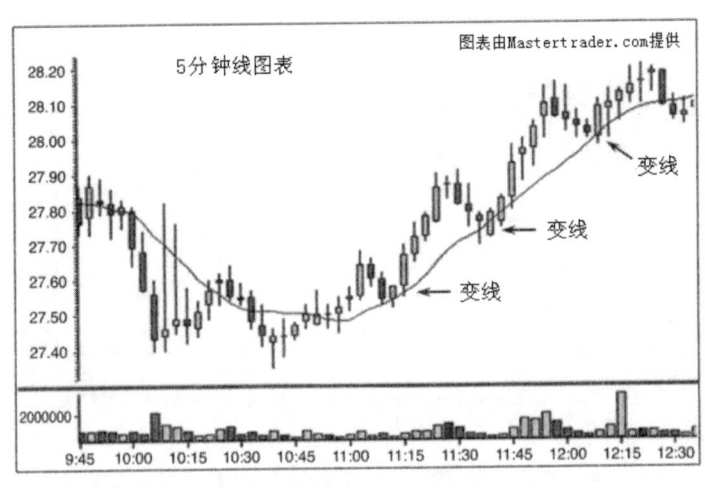

图1.9　上涨趋势不时被多头K线的防卫性变化所打断

一旦我们剔除了情绪性思维和主观分析，我们就能够开始去解读市场在说什么。价格就是真理，它就是我们决定下一步采取什么样的交易或投资行动所需要了解的一切。当我们能够运用价格本身的时候，我们就无须依赖于指数和其他一些价格的变量。世间不存在什么基本面或者技术面指标可以让你对接下来会发生什么拥有绝对的确定性。运用本书中你将学到的这些工具，你可以让胜算更多地偏向你这边，但是你必须愿意依据可能性而不是绝对的确定性来做交易。这会让你对发生的事情做出适当的反应并从中获利。

本章小结

每一天和每一周所形成的价格形态是衡量价格波动中实际正在发生的一切的真正客观的指标。当股票正在被买入或卖出的时候，它们通常会发展出一些很有特点的、可以学习和辨识的形态。依赖于甚至顾虑于任何我们之前讨论过的主观概念都只是梦幻一场，因为它们并不包含有真理。

我们将在这一认识的基础上深入挖掘更为丰富的内容。我已经向你介绍了价格运行的四个阶段。现在我们会更加具体，从形成图表的单个的K线开始，去看看组成这些趋势的基本单位。

第二章　K线分析：

运用K线语言从市场波动中获利

在我刚开始学习技术分析的时候，K线图很少被提起和用到。可以找到的少数几本技术分析的书籍都是条形图表，展示一些诸如上升楔形、旗帜形、头部和肩部、顶部和底部，以及其他一些我们今天在很多书中都可以找到的形态图。我使用的第一个图表软件程序甚至都没有K线图，你想象得到吗？这在今天看来简直不可思议。后来，我找到了一个更先进的程序，可以在我的数据库中按照特定的条件进行扫描和搜索，这在当时是一个巨大的进步，而且它还有K线。然而，那时的数据提供商并不提供开盘价格。可以看到的价格只有最高价、最低价和收盘价，你手头的K线的信息是不完整的。多年前，如果你想要拥有自己的图表，你必须从一个供应商那里购买数据，并通过一个每秒传输2400波特的调制解调器下载到你的电脑，然后用DOS命令将数据复制到图表程序中的一个文件中。当然，这还是在你下载完多年来的历史数据之后的事情。下载这些历史数据需要一整个夜晚的时间。没错，就是整个夜晚！在当时速度算很快的一台286电脑上下载当天的数据并接着扫描几百只股票需要花费一个小时的时间，这在今天只需要几秒钟。

股票的图表化处理可以说是从石器时代走过来的，而我所使用的还是当时所能获取的最高端的科技。大多数对观看价格图表感兴趣的交易者或投资者都会购买有着数百张每日图表的图表书册。当然，那些都是一个星期或者更早之前的图表，并且还都是条形图表。我相信这样的服务在今天已经不复存在了，因为今天任何一只股票的图表在互联网上都有免费提供。知道这些会让我们对今天的高科技更为珍惜。

一旦我找到一家提供开盘价格的数据供应商，我就又开始了下载数百只股票数据的活动。在具备 K 线的有利条件下，价格形态开始产生新的意义。信息变得更为清楚，并能够被更快地看到。以我的观点，这是使用 K 线图而不是条形图的真正好处。你可以更加容易和迅速地定位到你所寻找的画面。也就是说，不要钻进当天的 K 线而无法自拔，K 线图的运用并不能保证你能在市场中赚到钱。在它们身上并不存在什么神奇的魔法。它们只是我们使之组合起来形成我们的方法的工具之一。但同时我也会向你展示一种更为简单也更具启发性的方法，使你能够带着一个交易者的理念来运用 K 线。

K 线分析将成为我们把握市场脉动的一个基础。我们运用 K 线是因为它们能让我们洞察到交易者的想法和其他人对未来价格的期待。每一根 K 线都会告诉我们交易者在过去是如何行动的，现在正在怎么做以及他们对将来有着怎样的期待。对我们而言，它可以让我们形成对股票或者市场最可能往哪个方向走的洞察。

单根 K 线

让我们从 K 线的基础讲起。你或许了解一部分知识，但许多交易者并不清楚这些内容，甚至对一些最为基本的知识也不甚了了。K 线给我们提供了 K 线所代表的那个分析周期内的所有信息。记住，K 线可以代表任何一段时间，从一分钟或更短的时间，直到一个星期或一年。就像我之前讲过的那样，这一信息也可以在条形图表中看到，但不容易辨认，而且对轻松辨识走势形态也没有多大帮助。

K 线包括四种信息：那一时间段的开盘价、收盘价以及该时间段的最高价和最低价。你可以在图 2.1 中查看这些信息。

开盘价和收盘价是很重要的信息，它们决定了这是一根"阳线"还是"阴线"。如果收盘价高于开盘价，两者之间的空间就用绿色（美国用绿色代表阳线，红色代表阴线，正好跟国内相反，请读者留意——译者注）填充。它被认为是一根阳线或者绿线（在本书中灰色代表绿色的阳线），因为多头使得收盘价高于开盘价。在这段时间内多头赢得了战斗。

图表由Mastertrader.com提供

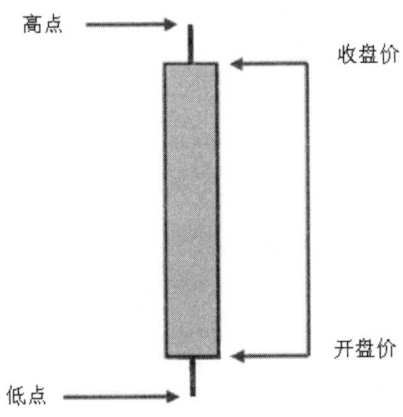

图2.1 包含四项基本信息的K线

这段时间的高点可以在蜡烛的顶部看到，低点可以在蜡烛的底部看到。我将它们称为影线，用什么术语并不重要。影线就是在开盘价和收盘价形成的柱体之上或之下的部分。在这个例子中，上影线是收盘价和最高点之间的部分，下影线是开盘价和最低点之间的部分。

同样地，如果开盘价高于收盘价，那么开盘价和收盘价之间用红色填充（本书中以黑色代表红色的阴线），见图2.2。

它被认为是一根阴线，因为空头使得收盘价低于开盘价。空头在这段时间内赢得了战斗。这段时间的高点在上影线的顶部，低点在下影线的底部。

你可以将一根K线的开盘价看成是一个去探索卖家和买家之间的供需关系的起点。在最高价的地方市场或股票开始遭遇阻力，使得价格无法再往上走。供给开始超越了需求，价格跌了下去。在最低价的地方，买家开始进入，使得价格不会进一步下跌。开盘价和收盘价之间的柱体告诉我们谁在这段时间内赢得了供需争夺战。

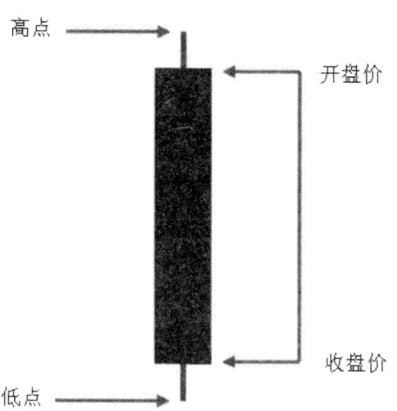

图表由Mastertrader.com提供

图 2.2 当收盘价低于开盘价 K 线变成红色（阴线）

虽然这是一根基本的 K 线，但是在最高价、最低价、开盘价和收盘价之间的不同构成却可以告诉我们很多价格的信息。而这还只是一根简单的 K 线！

图 2.3 向我们展示了各种不同的 K 线。它们具有各不相同的开盘价、收盘价、最高价和最低价。从单根的 K 线身上，你将逐渐认出前面讲到的几种形态。让我们看一下第一根 K 线，它被叫作宽幅阳线。它的开盘价非常接近低点，收盘价则非常接近高点，两根影线都很短。通常它上下的幅度也会很大。这是一根大阳线，很多时候单单这一根 K 线就可以告诉我们很多东西。我们从中可以了解到，这段时间内多头完全控制了局面。我们随后会明白这根 K 线很有意义，它告诉我们一波新的行情正在开始，或者一波旧的行情正在远去。

让我们来看一下第四根 K 线。这是一根光头阳线，这也是一根大阳线。它包含了很多信息，被认为比第一根阳线更具阳性。多空双方发生了一场争夺战，最终多方获胜。这里的重点在于谁在最后收盘的时候处在主导和控制的地位。你也会逐渐了解到，这根 K 线如果跟其他 K 线结合起来看，其中的含义就更加丰富了。

图表由Mastertrader.com提供

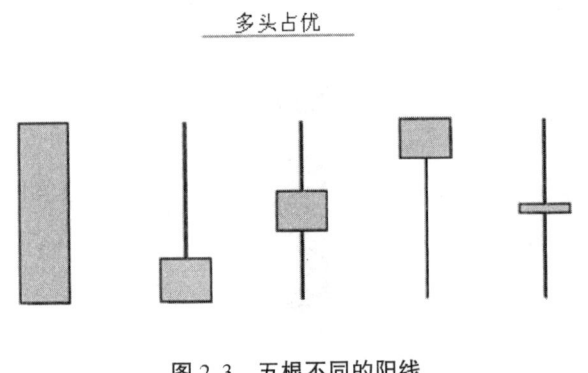

图 2.3　五根不同的阳线

图表由Mastertrader.com提供

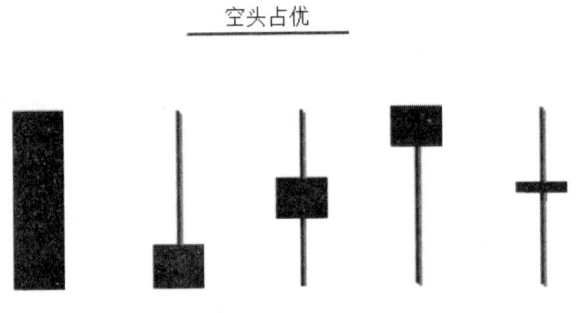

图 2.4　五根不同的阴线

现在让我们观察一下第三根 K 线。这是仅次于大阳线的一根阳线。多头在部分时间中处于控制地位（下影线），空头也在部分时间中处于控制地位（上影线）。最后多头险胜，以绿线而告终。第五根也就是最后一根是一根中性的 K 线。它同时具有上影线和下影线，收盘价非常接近于开盘价，这根线被称作十字星。虽然这根 K 线是中性的，但在跟其他 K 线结合起来考虑的时候，它同样可以让我们获知有效的信息。

最后剩下第二根 K 线。它是绿色的（记住在本书中绿色是用灰色来表示的），但它同样有一根长长的上影线。如果你一路跟随着我们的思路，那你或许早就猜出这根 K 线也是稍许偏阳的。没错，它的收盘价确实高于开盘价，但是记住，我们对谁获得了最终主导地位最为关注。在某个时段中，这根 K 线有点类似于我们讲到的第一根大阳 K 线，随后空头将它一路往下带到了接近最低点的地方。虽然他们没有将它带到低于开盘价的点位，但是那个惯性是往下的。

同样地，在图 2.4 中可以看到相同形态的阴线表现，关于多头占优的 K 线图的评述正好也适用于空头占优的 K 线图。第一根 K 线是大阴线，是宽幅度的长阴线。或许只有第二根 K 线才能比它更代表空头占优，第二根 K 线是有着长长的上影线的阴线。第三根 K 线是普通的阴线，第五根是十字星，跟之前的十字星是等同的。第四根虽然是阴线，但可以证明更倾向于阳性，因为多头处于控制地位，将长阴线的大部分转变成了影线。在某一特定的分析周期内，每一根 K 线都可以告诉我们有关供需关系的一些状况。无论你是一个运用 5 分钟 K 线图的日内交易者，还是一个研究周线图的长期投资者，它们都适用于同样的原则。它们是放之四海皆准的道理。形成有迹可循价格运行形态的 K 线给了我们一探价格走向的洞见。一旦你学会辨识这些形态，你就会熟悉这些我所谓的 K 线语言。不消多久，你就能够看懂 K 线正在叙述一个怎样的故事，我希望你将它看成是一个身处其中的故事。一旦你懂得了 K 线，技术分析对你就有了崭新的意义。这些形态或故事会不断重演，而你就会本能地觉察到下一阶段将会怎样。如果下一个 K 线形态出现在你面前，你就会看到故事的结局，这故事就好像发生在过去那样，你就能从中获利。

K 线组合

一根 K 线可以说明一些问题，两根 K 线更能说明问题，一组 K 线包含的信息就更多了。有很多交易策略或理念是在一根 K 线上孕育而成的，有很多是在两根 K 线上孕育而成的，还有很多是来自于一组 K 线及其所形成的各种形态。简单地说，我们寻找的是那些我们能够理解的价格形态重复发生的情况，你没有必要了解所有的价格形态便能赚钱。事实上，很多时候交易者对价格的形态产生了混乱不一的看法，这是一个信号，它叫我们坐到旁观席上，等待更多信息的出现。

不论是一个基本的防护变化还是其他有着炫目名称的形态，类似穿头破脚形态、黄昏之星、乌云盖顶以及其他一些神秘的形态，都无关紧要，重要的是这些形态作为工具能够帮助我们判断别人是怎样想和怎样做的，以及未来价格的走向是怎样的。以这种方式来看待K线分析可以将你的理解水平和交易水平提升到一个全新的档次。

当谈到K线图表的时候，我们常常听到一些带有神秘意味的名字。它们听上去就好像许多年之前K线发明发展起来的日本那么神秘。这些形态的名字无奇不有，比如上吊线、插入线、锤头线、射击之星和十字星，至少有50多个不同的名字用于描述和识别不同的K线形态。我们喜欢让事情变得简单一点。用一两个词语来表示大量的信息确实有助于交流，讲到K线，为一根或多根K线起多个名字是没有必要的。

K线及其形态的名字对我们交易者来说并不重要，所以没有必要将时间浪费在记住这些名字上面。这样做并不能让我们赚到钱。重要的是K线包含的信息，在那个时刻它跟前面一根K线的关系，它的趋势、支撑和阻力。

变　线

让我们讨论几个多K线形态吧。第一个我们要讨论的就是变线。在连续三根或三根以上相同颜色的K线之后出现相反颜色的一根K线，它就是一根变线（changing of the guard，简称COG），见图2.5。例如，在三根阴线之后出现一根阳线，它就是一根多头变线。前面也可以不止三根阴线，随后的那根阳线就是变线。情况倒过来，就是一根空头变线。这一形态预示了一种高概率的反转（从三根或更多根K线到变线的反转），至少在短期形态来说是这样。

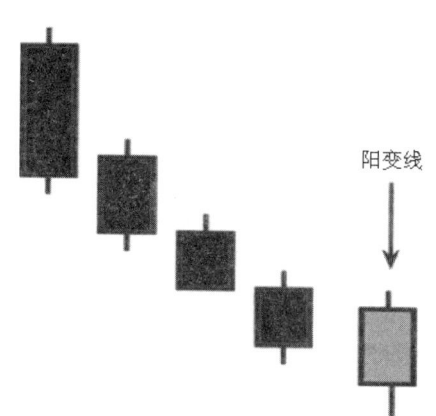

图 2.5 多头变线必定是跟随在至少三根阴线之后

虽然图片上的那个形态只是变线的一种，我们没有罗列所有的变线，但是它们的形态都是一样的。我们要去看的是那根变线是如何渗透和接近于前面一根 K 线的。不同的变线形态有着几十种不同的名称，但它们告诉我们的是同样的东西。我们不需要为它们搞很多名称，而只需要了解变线渗透得有多深。事实上根据反转的潜在可能性，它们可以被分成三类。让我们分别来看一下这三种类型，见图 2.6。

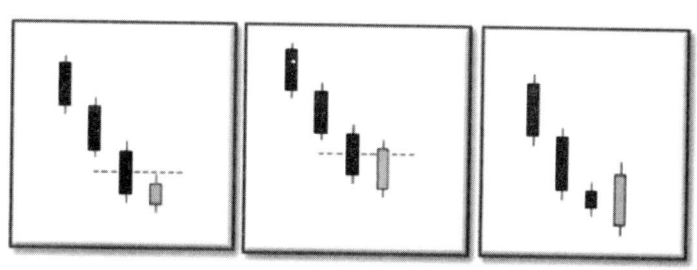

图 2.6 三种不同渗透度的变线

注意三种不同情况的区别。在第一个例子中，变线的渗透没有超过前面一根 K 线实体的一半。在第二个例子中，渗透超过了一半。第三个也是最具反转性的 K 线渗透超过了前面一根 K 线的全部实体。

对前面 K 线的渗透程度是我们所寻找的有用信息。回忆一下我们之前用 K 线来衡量现有市场供需关系的内容。阳线渗透进前面的 K 线越深，我们就了解得越清楚。如果它几乎没有碰到或者只是轻微探入前面那根 K 线，那么供给或许在下降，但我们还没有足够的信息来判定其中有足够多的需求会将价格推高。如果它爬到前面 K 线的一半实体那么高，我们就可以知道大部分的供给都有需求来支撑。等到下一根 K 线跳高开盘，我们就可以确定需求已经重新夺回了价格的控制权。当一根 K 线超过前面 K 线实体的全部的时候，需求就超过了供给，价格将会走高。所有这些 K 线形式都拥有你所知道的一些名称，但最后一根是最为常见的，这个形式也被赋予了好几个名字，例如空头陷阱、多头 180 度大反转和多头包线等。再说一次，只要你明白这个可见形态所具有的效应，你尽可以按照自己的喜好来称呼它。它很简单，也符合常识。

很明显，空头变线正好相反。价格跌得越低于前面的 K 线，卖出的信号就越强。对于空头变线，我们要去看的是需求在减弱，供给重返市场并将压低价格。如果你回忆图 2.3 和图 2.4，上面有五根阳线和五根阴线，它们中的任何一根都可以成为一根变线。上面的任何一根阳线如果跟随在三根或三根以上阴线后面，它就成了一根变线。留意一下，最强的变线是第一根长阳线和第四根光头阳线。

窄幅短线

同样地，针对我所指的窄幅线这一分类，也存在着许多不同的名称。一根最高价和最低价之间的幅度小于前面一根 K 线的窄幅线（narrow range bar，简称 NRB）告诉我们的是它的惯性正在减缓。我们在图 2.3 和 2.4 中可以看到窄幅线。重申一下，一根单一的窄幅线本身并不能看出什么信息来，但是如果它跟随在至少三根同样方向的 K 线之后，我们就可以在其形态中解读到更多信息，即惯性的减缓。我们常常需要区分窄幅线与开盘价和收盘价差距很小的窄体线（narrow body，简称 NB）。你可以在图中直观地看到它们的区别。

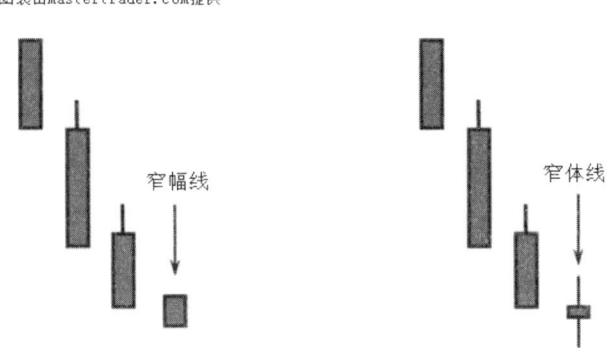

图 2.7　窄幅线和窄体线

窄体线包括了一根广为人知的叫作十字星的 K 线，它有着上影线和下影线，但是没有实体部分（开盘价和收盘价是一样的）或者实体部分很窄。图 2.7 中的窄体线就是一根十字线。

当我们寻找潜在的反转之时，有一件必须去看的事情就是窄幅线和窄体线。就像你在图 2.8 中看到的那样，这是一系列一根比一根更窄的 K 线。这些跟在一系列相同方向 K 线后面的单根 K 线是最有效力的。

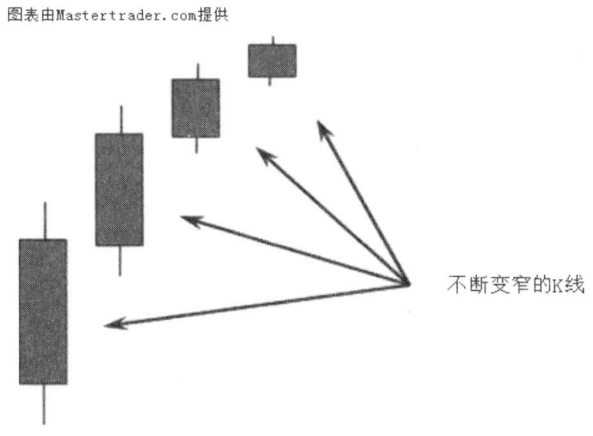

图 2.8　惯性在减缓的阳线

这一状况存在着几种不同的变形，但是其中的信息总是一样的。价格趋势的惯性在减慢。很明显，无论在任何时间点上趋势是上涨还是下跌，道理都是一样的。一根窄幅线告诉我们惯性在减缓，那反转就更有可能。我们必须让下一根 K 线形成之后才能获知接下来将发生什么。虽然此时反转的可能性更高了，但是下一根线可能恰恰会发出原有趋势会持续的信号。我们必须等待 K 线的形成并向我们传达市场的信息。

那么为什么这是有用的呢？就像我们随后将会看到的那样，如果这根 K 线形式是在一个我们因为其他原因而关注的图表领域里发生的，那么惯性的减缓或许包含着更多的意义。我们将在本书后面更详尽地讲到这方面的内容。

宽幅线

宽幅线（wide range bar，简称 WRB）你早就在前面看到过。图 2.3 和 2.4 显示出第一根 K 线是大阳线或大阴线。它们几乎全部是绿色或者红色的，它们的影线很短。它们也比一般的 K 线大。最好的宽幅线应该要比你看到的一系列 K 线的平均宽幅至少大 50%。就像我们讨论过的那样，宽幅线本身就说明了一些问题，它是大阳线或者大阴线。但当它跟其他 K 线结合起来时，它可以向我们展示出 K 线中最具影响力的形态。根据在价格形态中所处位置的不同，它们可以说明两件事情。在价格低波动和整固的延伸阶段之后出现宽幅线通常会驱使价格向着宽幅线方向继续往前走。图 2.9 展示了一个犹豫之后出现宽幅线的例子。

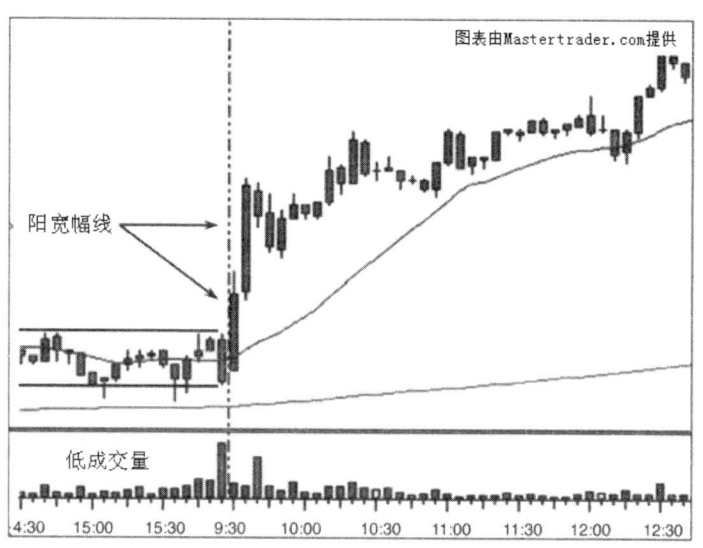

图 2.9 宽幅线激发出新的动向

当这种情况发生的时候,我们留意到这是一根很有可能引发一轮新的走势的 K 线。一段时间的犹豫、潜伏或横盘整理(我们在前面讨论过的第一或第三阶段)之后,当价格运行从旧的区域被一根宽幅线突破的时候,它可能就会转入一轮新的上涨或下跌趋势。将这 K 线看成是买盘(需求)压倒了卖盘(供给)。在这场战斗中,买家击垮了卖家,而且他们决意要继续这么做。在极端的例子中,一段延伸了的下跌走势可以被一根宽幅阳线给反转过来。此时这根宽幅阳线的作用就等同于变线。它将成为一根非常强有力的变线,可以将下跌趋势改变为上涨趋势。图 2.10 展示了其中一个例子。反之,在向上运行之后的一根宽幅阴线同样如此。当这样的 K 线组合发生的时候,我们将它称为可以启动新走势的宽幅线。

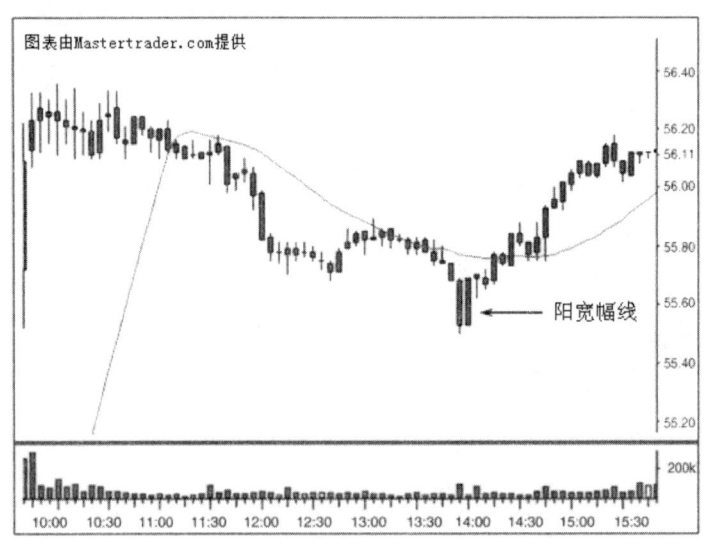

图 2.10 宽幅大阳线形成了一根强有力的变线

在其他情况下,当宽幅线出现在向同一方向运行的几根 K 线后面的时候,宽幅线传递给我们的则是另一个信息。在连续几根阳线之后形成了一根宽幅阳线,这种情况是股票上涨将会结束的信号。当价格涨得越来越高的时候,交易者越来越意识到价格真的在不断上涨。我之所以说它真的在上涨,因为交易者总是对价格是否会继续往上走表示怀疑,即便是已经拥有这只股票的交易者也持有这样的怀疑。那些没有买入的交易者则希望价格停止上涨并准备在回撤时买入。当价格不断上涨到令人大跌眼镜的时候,那些拥有股票的人不再怀疑价格会涨得更高,此时卖盘也变得更少。那些不能搭上这轮行情的人变得越来越紧张和焦虑,都无法再继续忍受下去了。他们不再能够承受被落在后面,决意要登上这支火箭,知道它会涨得更高!他们不管价格多高,只要有人卖出他们就买入,吃掉了市面上剩余的多头,在那样一个分析周期内形成了一根宽幅线。形态是对趋势的情绪和期待的反映。你是否曾经在一波行情的低点或高点卖出过股票?如果你对自己的交易做过记录,你会发现这些介入点多半是在宽幅线上。图 2.11 说明了一根终结行情的宽幅线。

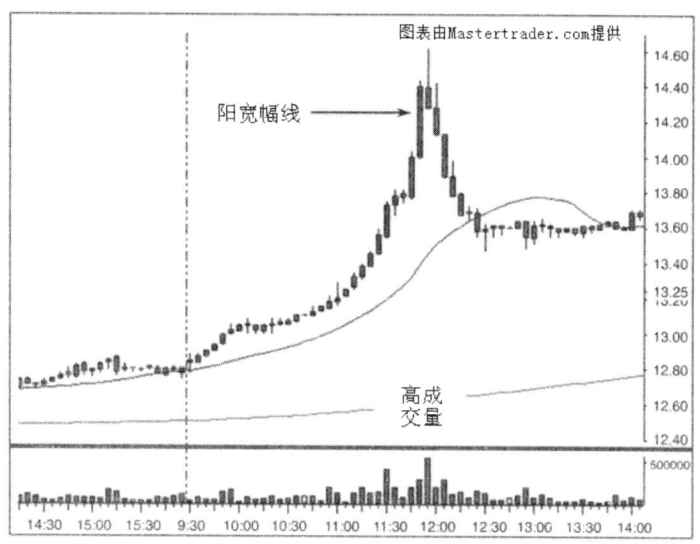

图 2.11 终结目前行情的宽幅线

请注意：结束一波上涨行情并不总是意味着开始下跌。记住，还有第三种趋势存在，那就是横盘。一根终结上行走势的多头宽幅线会转化成横盘还是下跌走势还要看周边形态以及其他分析周期的情况，这些我们会在后面的章节中更具体地讲到。

形成下影线的 K 线

现在让我们来看看在同一方向运行之后出现的带下影线（有一根尾巴）的 K 线。这些是我最喜欢的 K 线，我会在后面向你介绍一种我称之为黄金 K 线的下影线形态。我们在图 2.3 和图 2.4 中已经见到过上影线和下影线。一根上影线 K 线（简称 TT）是指收盘价低于整个 K 线一半位置的 K 线。这告诉我们，在那个时间段内供给开始超过需求。在那个分析周期内，经过最初的一段上行之后，卖盘大举进入，将价格压低到整个区间的一半位置以下。这里就产生了一个转变，买卖双方的力量发生了转化。

就像在这个区域的其他 K 线一样，这根 K 线也有其自身的含义，但是当它出现在其他 K 线形成的某个形态下的时候，它包含的意义就更丰富了，就像之前讨论的变线一样，我们想要看到的形态是三根或三根以上的 K 线在同一个方向上运行，这个时候一根上影线提示趋势会发生反转。例如，在三根阳线之后出现一根上影线，这表明最近的趋势将会发生逆转。见图 2.12。

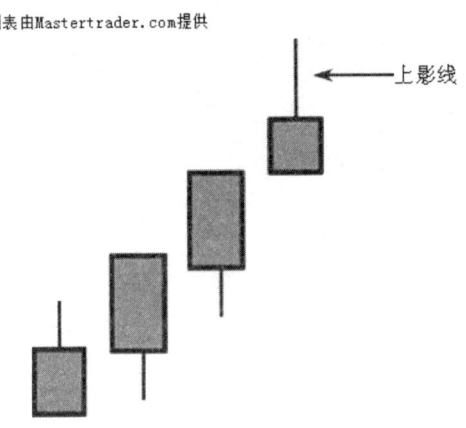

图 2.12　三根或三根以上阳线之后出现一根上影线

如图 2.13 所示，长下影线与长上影线的情形正好相反。价格在 K 线中点以上收住。如果它出现在三根或三根以上阴线之后，这表明价格开始向下运行且延续了原有的趋势，但买盘开始在价格下跌过程中介入。长下影线告诉我们，需求开始渐渐吸纳供给，价格可能会往上走得更高。

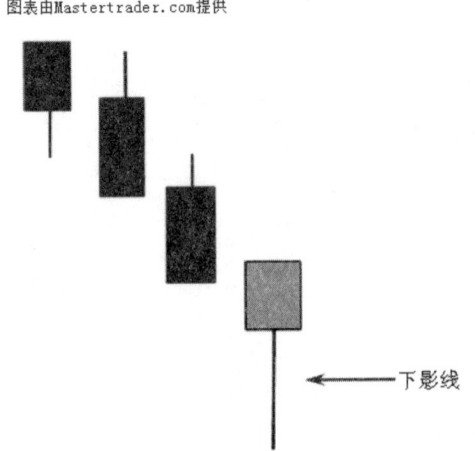

图 2.13　长下影线出现在三根或三根以上阴线之后

关于两种类型的长影线需要记住的很重要的一点是，那些振幅大于前面 K 线的长影线其发出的信号是最显著的。长上影线或长下影线的振幅越大，在原有趋势上发生的逆转就越富有戏剧性。记住，在多根 K 线同向运行之后出现一根宽幅 K 线表明该运行方向很可能会终止。宽幅的长影线也是一根宽幅 K 线，它告诉我们供需惯性已经发生变化，且很可能发生趋势上的反转。而一根窄幅的长影线可能只是原有趋势的一个短暂休整，并不是一个介入交易的信号。

点　　评

宽幅的概念对我们曾讲到过的所有形态都有效。总而言之请记住，当我们在寻找买入或卖出信号时，相对于前面那根 K 线幅度更大的 K 线，其信号就越强烈。无论它是变线、宽幅线，还是长下影线，道理都是一样的（从定义上说，这一概念并不适用于窄幅线）。我们想要看到供需关系发生变化的具体证据。对变线来说，我想要看到这根变线穿透到之前 K 线至少 50% 的位置，那样我才会对价格逆转产生足够的信心。对长下影线来说，我想要看到其影线部分占到整根 K 线的 50% 以上，而且整根 K 线越长越好。对一根宽幅线而言，我想要看到它至少是 K 线平均幅度的两倍以上。当这种情形发生的时候，这根化身为变线的宽幅线就很可能会逆转原有的趋势。上述例证请参看图 2.14。

图表由 Mastertrader.com 提供

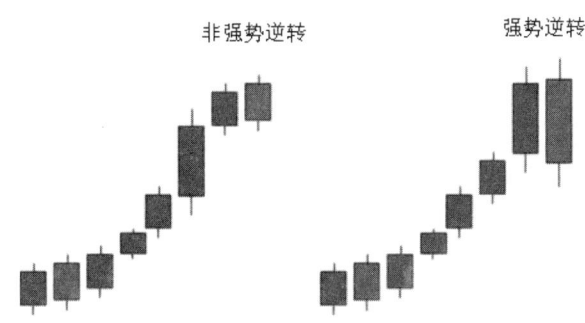

图 2.14　当变线成为宽幅线时更可能发生价格逆转

失败并不总是坏事

合理运用技术分析，第一重要的就是要明白事情并不总是按照我们所理解的那样来发展。要明白，任何事情都可能发生，且要将重心放在正在发生的事情上，而不是你认为将要发生的事情上，始终关注当下，专注于合理解读价格形态。某个你所了解并正在观察的价格形态会创造出某个态势。这个态势是逐渐成形，还是显示出失败的迹象？有些形态会因为股市波动的本性而没有被走出来。我们所寻找的是概率，而不是保证。市场上不存在什么保证，我等待高概率的形态出现并在它们展开的过程中管理好它们。

因为我们知道它们是低概率形态，所以有些形态破势了。这回避了是否真正存在失败的问题，但重点在于许多交易者即便在常常是错误的情况下依然紧盯不放。运用主观性指标（就像在第一章中讨论的那样），参照几种常见形态，没有全面认识全景和大局，这些都使得许多交易者继续指望那些让他们亏损的形态。价格形态必须放在其他概念的背景下加以考虑，否则那些形态只能成为亏损的快速通道。我们希望教会交易者发现那些最终破势的形态（这对我们而言甚至都称不上是失败），并从中获益。当我们走进破势的形态的时候，我们就开始学会了如何从中获益。

在图 2.15 中，我们看到一张发生在多头变线之后的普瑞斯丁买入设定（PBS）。我们说它破势了，因为这个形态引导我们在变线之后买入，但随后它就跌到应该停止下跌的低点之下，或者，这一演变是注定会破掉的，因为它只是一个低概率的设定？在这个例子中，通过查看上图有限的几根 K 线我们还不能做出判断。我们知道它不是一根有效的变线，这或许就是问题根源的一部分原因，但是我们毕竟还看不到全景。

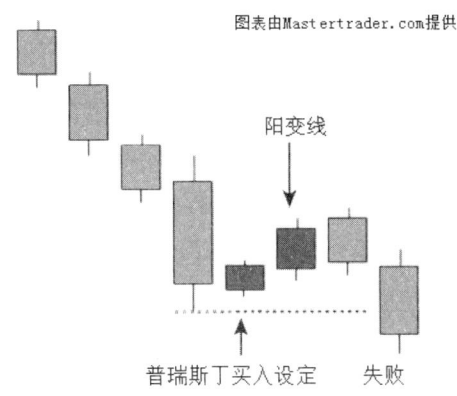

图 2.15 一个失败的形态

那么什么样的例子属于看到全景？趋势是我们在技术分析中最可依靠的几件事情之一。让我们来说说上面的例子，大趋势是向下的。虽然在某些形势下可能它会进入某些买入设定，但我知道它奏效的可能性比较低。事实上，我可以在预期形态破势的情况下实际在那个位置买入。这是一个我所了解并加以运用的很好的例子。它说明了运用一个在更小的分析周期下的形态破势来确认更大分析周期下的趋势。另外，在普瑞斯丁买入设定的位置上我手头的该股票可能早就所剩无几了。当然，我也会有所担心，因为该形态表明那个时候买家正在进入并可能推高价格。然而，该买入设定的破势会确认我的想法和我是如何客观地监看交易的。

允许每根K线在其分析周期下走完全程是非常关键的，不要在一根K线完成之前就假设它会以某个形态结束，K线的变化非常之快。例如，在日K线中，一天大多数时间内它是阳线并不意味着在当天收盘的时候它还是一根阳线。多年前，我好几次在1点的时候进入一个波动交易（持有几天），因为那时成形的日K线正好是我所期待的。然而在4点交易结束的时候，这根K线跟它在1点的时候完全不一样了。你怎么管理一个你本就不该进入的交易呢？当然不能，这就是我的观点。这个道理同样适用于从分钟线到周线的任何分析周期的K线上。在时间周期还未结束的时候K线是不完整的。我们想要听到的是市场正在告诉我们的信息，而不是我们想要的或期望的信息。

本章小结

运用传统的K线分析，所有这些概念都有一些不同的名称。但是如果你学会忽视那些名称，并聚焦于K线形态所告诉你的信息，你就开始了解市场的语言，而不是仅仅收集一堆相互孤立的形态和名称。其中包含什么信息？是供给（卖家）还是需求（买家）处在控制地位？K线幅度是在扩张还是在收缩？幅度的扩张（宽幅线）是否在开启或终结一个运行趋势？在多大可能性上，供需关系会发生改变（有效反转或长影线），运行动能会趋向另一个方向？所有这些信息我们都可以在本章讨论过的基本K线形态上面找到。

谈到K线或K线形态的时候，我多次说过"在那个分析周期内"这样的话，我之所以这样说是因为改变分析周期也会改变K线和K线形态。这里存在着某些混淆，我们将在后面的章节中对此进行更多讨论。

至此我们已经了解了单根和多根K线是如何告诉我们关于价格的很多信息，下面我们将聚焦于在K线跑入前面的K线区域时价格会做出怎样的反应。这就是支撑和阻力的概念，也是我们接下来的议题。

第三章 支撑与阻力：

价格是王道

现在就给本章做个标记。这是你会在将来无数次重读的一章。本章讲到的关于支撑与阻力水平的概念是理解价格运动的关键之一。一旦你理解了这些观念，你就会明白为何价格在一个形态中快速运行但却不会形成一个样貌相似的形态。

价格形态

形态告诉我们过去发生了什么以及将来可能会发生什么。形态辨识的背后是这样一种理念：形态反映的是其他投资者和交易者的分析和想法。这些想法和情绪形成了形态，既然情绪和人性是共通的，所有的交易市场都会形成相似的形态。无论你交易的是股票或商品，是货币或债券，形态对它们都是通用的。一旦我们辨识到一个形态，我们就必须将它放到支撑和阻力的更大时间尺度的图形或结构中观察。当我们再次看到那个形态或图形的时候，在很大程度上其结果会是相似的。

在第一章的时候，我们就力图将图表和思考过程中的所有形式的主观分析排除出去。支撑和阻力分析的参照点必须建立在事实的基础上，而不是建立在能够讨取我们喜好的分析工具之上。同样，在任何类型的市场和股市的技术分析中，价格始终代表着真相，并且是唯一真正重要的。

许多交易者使用诸如移动平均线、斐波那契线、扇形图、周转线、江恩线以及相对简单的趋势线这样的分析工具去寻找市场中的支撑和阻力位，我过去有好几年都在运用这些工具，因为别人也都在用，认为这就是找到支撑和阻力位的方法。然而，我发现它们在本质上是完全主观的。我会对自己是否运用了合适的移动平均线或者我是否在正确的点位之间画的趋势线产生疑问。画法不同，就会画出不同的趋势线。

斐波那契线或斐波那契位也是如此。因此我就想到一个有趣的问题，它更增加了运用这些工具的不确定性。如果趋势线或者斐波那契位是从不同的点上画出来的，这是否会改变支撑和阻力位所在的位置？例如，如果这些线是从收盘价格而不是从最高点或最低点上画出来的，这些线就会处在不同的位置上。跟画斐波那契线位有关的另一个概念是在它们从多个最高点和最低点那里画出来的时候所发生的情况，请看图3.1。这会导致有些斐波那契线相互重叠。从理论上讲，这被认为是支撑位或阻力位的更为显著而可靠的参考点。有时候它是有效的，但很多时候它又是无效的。

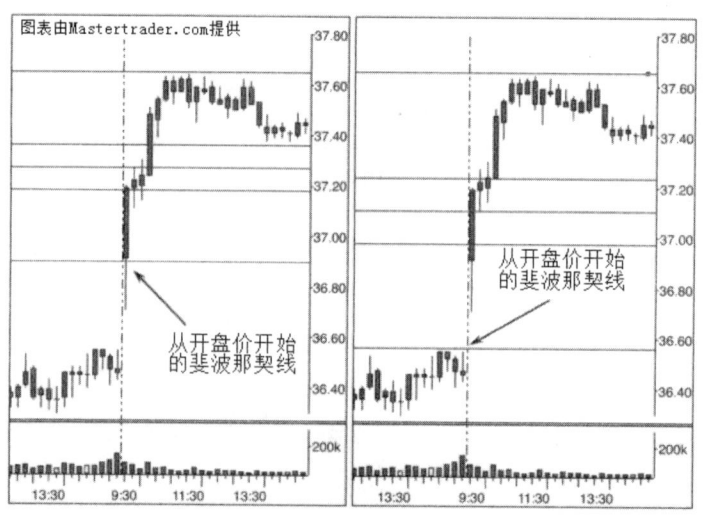

图3.1　斐波那契线的主观性

这种类型的技术分析没有一致性，并且在同时使用移动平均线的时候同样如此。这一类移动平均线也会改变所谓的支撑位或阻力位的位置。通过运用简单线对比指数线，20日线对比50日线和200日线等六个不同分析周期内的平均线，我们可以看到不同的支撑位，请参看图3.2。

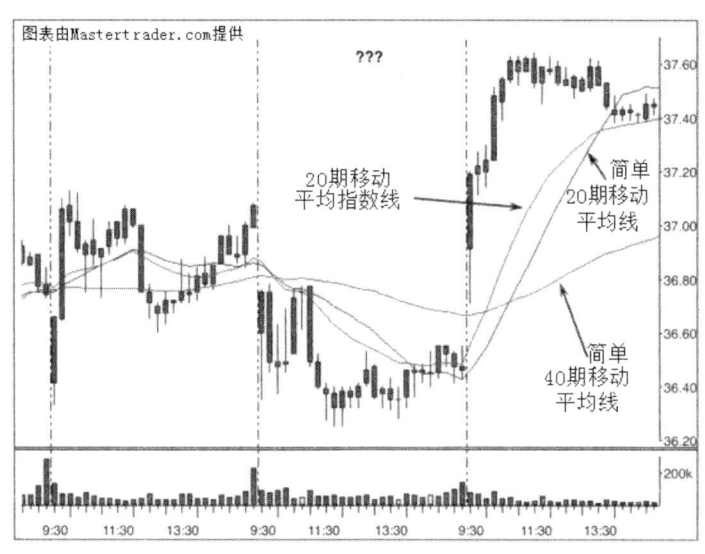

图 3.2 哪一根是正确的移动平均线？

使用这些主观工具只会将使用者从一种不确定引向另一种不确定。当价格达到这些点位时，它们或许会或许不会对基于这些工具的支撑和阻力位做出反应。当它们确实做出反应的时候，它通常又只是一个自说自话的预测。要知道很多技术分析只不过是一种自说自话的预测。如果有足够多的人相信这个点位，即便它并不是根据实际价格点而得到的，它也会短暂地影响到价格。在其他时候，因为没有足够的买盘或卖盘，在这些工具提示的点位上价格运行并不足以改变方向，尤其是在一个强势的价格趋势下更是如此。当价格真正走到一个真实的支撑位上或其附近的时候，自说自话的预测就变得最有说服力。它成了驱动真正的价格运行的催化剂。就作为交易者和投资者的我们而言，关键在于去读懂市场正在告诉我们的是什么，以及当现有价格达到实际的支撑位和阻力位的时候又会发生什么事情。解读价格运动中唯一真正重要的事情就是实际的价格。当价格徘徊或者反转的时候就形成了支撑位和阻力位，这些点位是我们在技术分析中将会看到的最为重要的事情。那是因为，这些区域是交易者踏入和退出的实际价格，并且，当价格回归到那些区域中的时候，总会对交易者和投资者产生这样或那样的影响。

在你读完本书之前，我希望我能够说服你相信，上面提及的那些分析工具并不是必要的。如果你没有像大多数人那样去使用它们——他们认为这些工具是定位支撑位和阻力位必须要用到的——那么你就会对价格运行理解得更清晰，也更少神秘性。此时你可能会问自己，为什么只需看一下图表就能看到支撑位和阻力位，而所有人却都使用这些工具去查看它们？总之，人们相信市场是复杂的，所以通过运用深奥的或有版权保护的技术分析才可以显示出分析过程本身相应的复杂性。只需用常识代替复杂，你就可以在自己的交易中碰到很多恍然大悟的时刻。

很多时候我会用"需求和供给"来取代"支撑和阻力"。需求和供给对于我们所查看的图表而言提供了一个更有意义也更精确的说明。支撑是需求将增加（买单设定）以及一个下行趋势或将在需求超过供给时反转的参照点。阻力是供给将增加（卖单设定）以及一个向上趋势或将会在供给超过需求时反转的参照点。我们毫无怀疑地了解到，买盘和卖盘会在之前的价格支撑和阻力位区域出现，至少也会在那个时段内出现片刻。我们不清楚的是多少，但我们会在后面讲到这个。这些区域代表着一个真金白银换手的地方，其中不会有主观的成分。就像我之前说的并还将在本书中多次提及的那样，技术分析提供的真相只能建立在价格之上。

事实上的支撑位和阻力位只能在价格中找到。前面的低点是真实的支撑位，前面的高点一旦被突破也能成为真实的支撑位。前面的高点是真实的阻力，前面的低点一旦下探破位也可以成为真实的阻力位。这些听上去感觉挺混乱的，我们一会就会讲到这个话题。实际上它是主要支撑位和次要阻力位之间的区别（见图3.3）。实际上的支撑和阻力位也可能是一系列形成顶部或底部的K线，一个被填补的空缺也是一个真正的点位。我讲的是价格K线所组成的结构或形态，它们形成了叫作支撑位和阻力位的参照点。

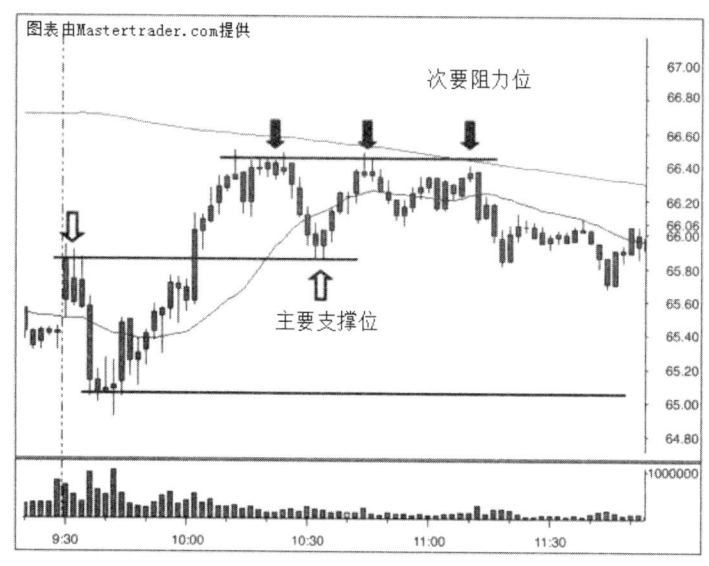

图 3.3 依赖于价格的次要阻力位和主要支撑位

所有其他被使用到的工具,无论是趋势线、价格包围、斐波那契位还是移动平均线,它们在本质上都是主观的,并在支撑位和阻力位方面常常提供误导你的信息。它们之所以被使用就好像市场的运行有什么神秘之处,必须使用它们才行。这样的思想就是导致这么多人寻找独一无二的圣杯或终极指标的根源。没有比在市场中寻找终极确定性更过分的要求了。接受现实,或者另谋高就吧,我的朋友。市场不是为那些寻找终极确定性的人准备的。我们必须遵循那些指引我们看到事情发生概率而不是事情必将发生的规则。让我们继续在这样的规则下前进吧。

认清参照点

要系统地一步一步地建立查看支撑和阻力位的程序,我们的第一个参照点是我们所研判的时间段之前那根 K 线,前面那根 K 线的低点是需求的第一个参照点,高点是供给第一个的参照点。让我们更仔细地了解一下这个概念。请看图 3.4 中的两套 K 线。

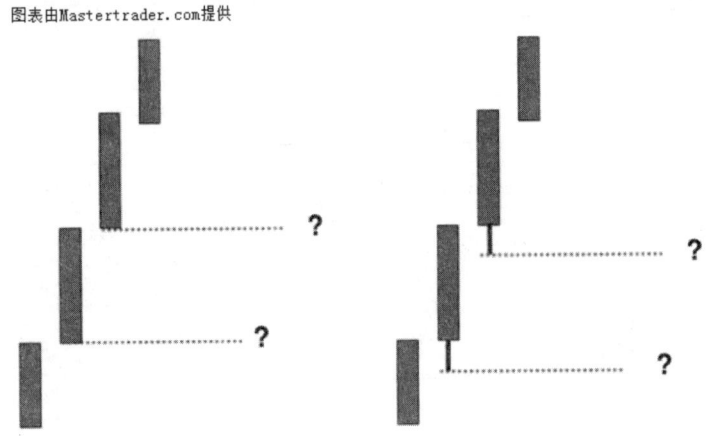

图 3.4　K 线中支撑位在哪个位置？

前面那根 K 线的高点和低点总是会提供一定的支撑和阻力，即便它是一个自说自话的预测，也会有这样的效果。究竟多少则依赖于实际的形态。注意图 3.4 中两对 K 线之间什么也没发生。让我们假设这些是日内 K 线，就当是 5 分钟 K 线好了。一根 K 线收尾的时候，时钟正好落在十二点上，下一个滴答声开始了一根新的 K 线。在这个区域是否存在真实的买盘或买盘呢？没有。如果这是一根 4 分钟 K 线，这个区域甚至连存在都不存在。它之所以存在只是因为我们人为地开始了一根新的 K 线。

作为旁注，我们可以说这是日 K 线图表与其他 K 线图表很少见的不同点之一。日 K 线的底部和顶部有着更大的支撑和阻力意味，这只因为市场在两根 K 线之间是关闭着的。在低于日 K 线的分析周期内，这一点都不成立。市场的这个关闭形成了空缺的区域，在每天的高点和低点上形成了一定的支撑和阻力。

那么，日内 K 线又该怎么去处理呢？是否前面一根 K 线的支撑和阻力只是一根自说自话的预测呢？不是。看一下图 3.4 中右侧的一队 K 线。看到区别了吗？这些有着下影线的 K 线就是区别所在。这些 K 线在时钟落在十二点的时候并没有在低点。价格下跌了，然后又升上去了，留下了一根下影线。前面 K 线的收盘价并不十分相关，相关的是下影线。新 K 线什么时候开始并不重要。那根下影线表明曾经有一场争夺战,有一方胜出。当那个区域被重新探访到的时候,在前面一根 K 线的低点找到支撑位的机会就大多了。注意,那个形成影线的反转也会在更小的分析周期内作为某种反转而出现。

我们的第二个参照点是所谓的尖顶。我们所称的尖顶就是由一系列 K 线所组成的 V 形或倒 V 形中的转角处。图 3.5 提供了一些例子。

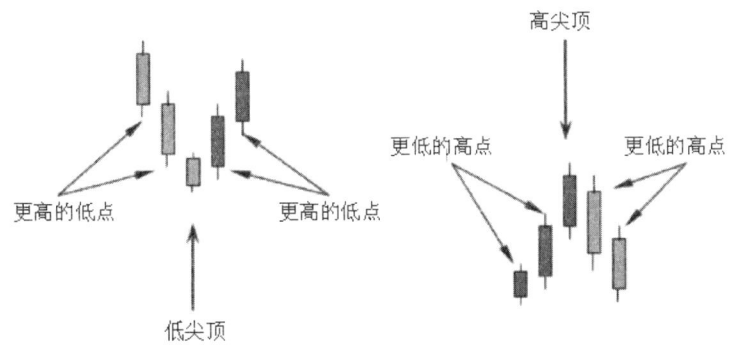

图 3.5　基本的高尖顶和低尖顶

此时,我们不用操心一个尖顶的强度如何。我们只需看清,在一系列 K 线中,有一根是处在低点,左右各有两根 K 线的低点都要比它高,且右边的 K 线已经完成,那么这就是一个低尖顶。相反则是一个高尖顶,我们需要左右各有两根更低高点的 K 线,且右边的两根更低的高点已经完成。就像你猜测的那样,两边有着更多以降序或升序排列的 K 线,那么这个尖顶的强度就越大。同时,这个 V 形越陡越长,则尖顶的强度越大。同样,就像你意识到的那样,如果右边只有一根具有更高低点和更高高点的 K 线,这种情况就是一个强度较弱的低尖顶。反之则是一种强度较弱的高尖顶。

对尖顶的理解成为技术分析和"普瑞斯丁方法"的一个重要组成部分。尖顶可以告诉我们什么时候存在一个趋势,那是什么样的趋势以及它的强度如何。它们还告诉我们何时趋势在减弱、消失或者改变。你还可以将它们用于对设定、延长或缩短逗留时间的位置。它们也可以被用于设定目标价位。

不像那些主观性很强的指标，尖顶包含有实际买盘和卖盘之间的争夺战。它们就是运行中的价格的案例，它们就是终极真相。没人会在一个价格反转的区域骗人，那就是实际发生的事情。来自买卖换手的价格就在你选定的分析周期内展示在你的图表上，它们不能被操纵。没人会欺骗或者猜测多头是否会失去控制，它就在图表上。这就像观看一个战场，眼看着前线在推进或后退：战斗发生了，有赢家，也有输家。

注意，不同的分析周期之间存在着某种联系。在一个更小的分析周期内的尖顶会在更大的分析周期内表现为一根影线。图 3.6 就是一个例子。

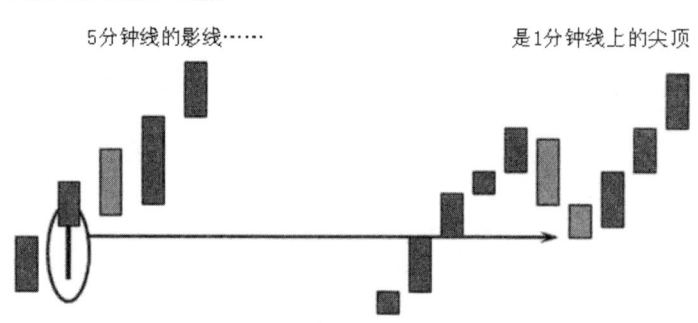

图 3.6 一根影线可能包含有更小分析周期内的一个尖顶

我们的第三个供需参照点是一簇 K 线。在上行趋势中，大多数 K 线都会比前面的 K 线有着更高的价格。当开盘价、收盘价、高点和低点开始横盘或者跳上跳下的时候，就会形成一簇或者一团 K 线。先不考虑接下来会发生什么，这一簇就形成了将来供给与需求的参照点。

有时候一簇 K 线可能会反转价格，在更大的分析周期内表现为一个尖顶。你可以在图 3.7 中看到这样的例子。如果价格簇拥在一处但处在跟之前的价格同一方向上，这个点位就会在被再次试探的时候变成次要支撑位或阻力位的一种形式。你可以在图 3.8 中看到这种情况。如果价格在簇拥形态之后开始向上运行，那它就会成为需求的参照点，而不是尖顶低点的参照点。这些簇拥形态常常是在强趋势市场中形成，这也可以用来作为趋势分析的一种方法。当上行趋势中形成了簇拥，并且价格持续位于簇拥位置之上，这就表明趋势依旧很强劲。

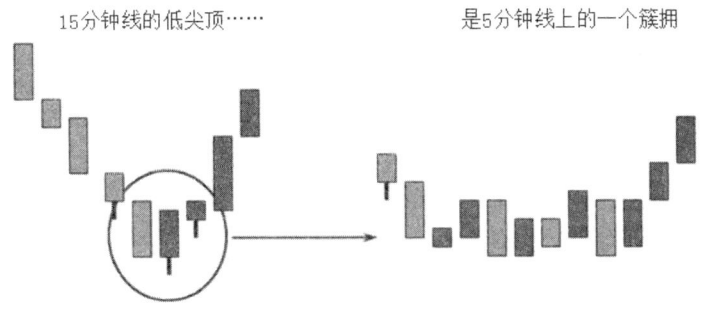

图 3.7　一个尖顶可能包含有较小分析周期上的簇拥

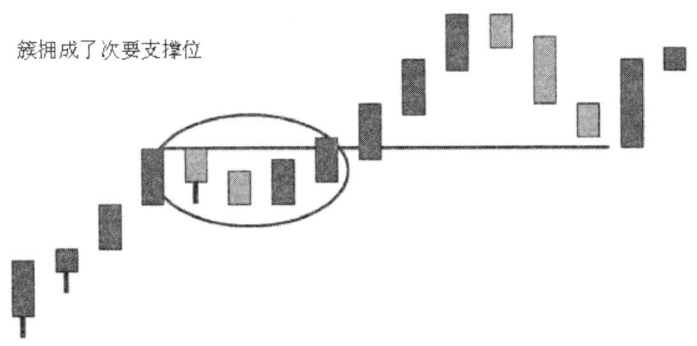

图 3.8　簇拥成了次要支撑位

主要和次要两种形式的支撑位和阻力位

让我们通过几个例子来看看实际的价格支撑位和阻力位是怎样的。我将支撑区和阻力区分为两种形式：一种是主要的，一种是次要的。它们之间的区别在于：次要支撑位的破位并不会改变趋势；相反，主要支撑位的破位则会改变趋势。为了避免其中夹带任何主观性，我们必须给这个概念一个清晰的定义。就技术分析而言，总有一些地方是黑白分明、毫不含糊的，而有些地方则是灰色模糊的。支撑和阻力位属于前者，我们可以将它界定得很清楚。

我们这里讨论的一切都同时适用于上升趋势和下行趋势。为了简便起见，我现在只在上升趋势中讨论这一概念。在上升趋势中，我们通常将主要支撑位描述成一个对之前价位具有记忆效应的指示点，在这个点上价格将反向运行来维持现有的价位。所有的主要支撑位都有一个共性：如果它被破位了，上升趋势就结束了，这是它定义中的应有之义。

主要支撑位最常见的形式就是，之前一系列的低位都在前面的价格试探中保持在一个相同的区域。你可以将这种情况看作是筑底。它可以是一个坚固而持久的底部，也可以是一个松松垮垮的底部，价位几次跌落到相同的水准并在那里得到支撑。图 3.9 就是这样一个例子。我们通常想要看到价位有两次在那里得到支撑，那样它就成了一个主要的支撑区域。如果没有这个前提，在一个下行趋势中的任何反弹都将会被视作主要支撑位，但事实上它并不是。

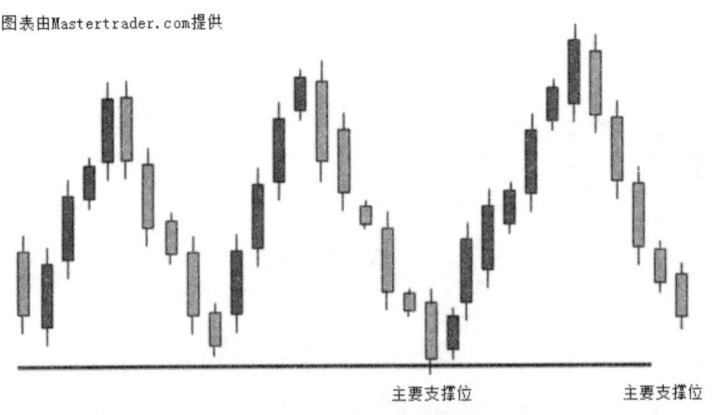

图 3.9　两次以上重探之前的低点是主要支撑的最常见形式

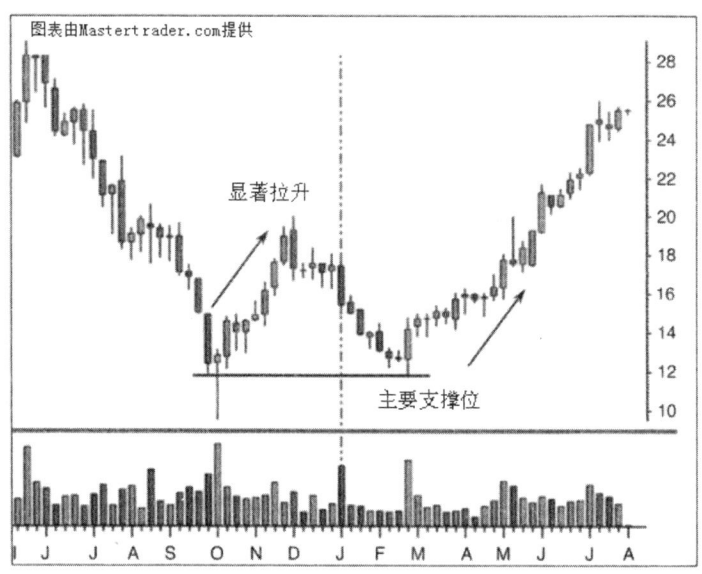

图 3.10 之前显著拉升的起点可能是主要支撑位的一种形式

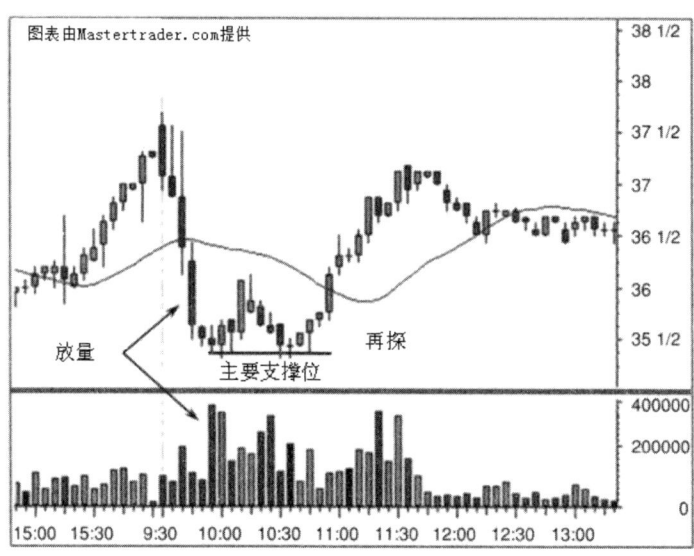

图 3.11 放量反转也可能是再次探访时的主要支撑位

其次，我们经常会看到价格从某个区域开始形成一个相当显著的回升。如果这个回升力度很大，在图表上看一目了然，那么这个区域就会产生记忆效应,因此,它就可以被视为主要支撑位。这样的回升也可能发生在下行趋势中,如果是这样的话,它必须具备足够的力度来打破下行趋势。例子可看图 3.10。

任何时候,当一个下行趋势弹尽粮绝、接近尾声的时候,那个低点也可以被视为一个主要支撑位,即便那个反弹并没有打破下行趋势。这跟前面一种情况非常类似,可参见图 3.11。

我们所要做的就是找出那些可能构成主要支撑位的形态。这样做的意义就在于:这些形态可以告诉我们在什么区域买家开始大步踏进,需求大过供给,买家在那个价位上可能又会产生充足的需求。当价格运行到那里的时候,一个反弹就将发生。如果我们可以抓住那个有价值的买入点,一个反弹就足以形成一笔赚钱的交易。

最后,也可能是最为常见的,主要支撑位也可以被定义为在一个上行趋势中爬向更高高点的尖顶。我们将此处标注为主要支撑位是因为,如果那里破位了,趋势就不再往上走了。请参看图 3.12。

图 3.12　前面上行趋势中的尖顶也是主要支撑位的一种形式

但是这一类主要支撑位还是有所不同的。它之所以是主要支撑位,因为它是之前价格停留的所在。如果它被破位,趋势就不再往上。然而,当那个形态处在一个强力趋势下的时候,并且价格运行到主要支撑位,那么它背后的趋势就是负面的,因为最强力的趋势是不会回归到这个位置的。记住,一个上行趋势需要一个更高的尖顶高点和更高的尖顶低点。当我们一路退回到之前的低点,它或许确实是一个主要支撑位,但趋势的强度就成了一个问题。为此,我们需要对它进行非常仔细的观察,以了解这只股票或这个市场对于将来的价格走向想要告诉我们一些什么。

记住,为简洁起见,我们始终以上行趋势中的主要支撑位作为讨论的对象,但是这些讨论对下行趋势中的阻力位(见图3.13)同样有效。在前面这个例子中的主要阻力位是之前尖顶的高点,它超过了前面一个更低尖顶的低点。重复一遍,它之所以被冠以"主要"两字,是因为如果它被破位了,趋势就不再向下。

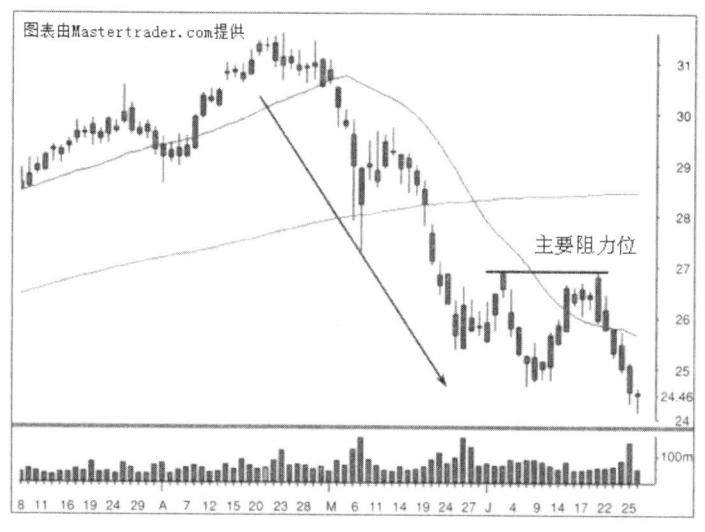

图3.13　在下行趋势中前面的尖顶是主要阻力位的一种形式

主要支撑位(和阻力位)的概念很容易搞懂。在主要支撑位的例子中,支撑区域是很关键的,因为它具有记忆效应。买家获得了回报,所以他们会在相同位置再次买入以期得到回报。但请注意,只有在之前有多个支撑位区域的例子中我们才能说主要支撑位是一个可以延续趋势的可靠区域。在那个例子中，趋势成了横盘趋势。在上行趋势中的主要支撑位是可以参与的，但是就定义本身而言，价格跌落到前面的支撑位对上行趋势来说是一项挑战。作为对向上急拉及其酝酿区域的一次重新试探，主要支撑位或许是向上运行的一个新起点，但是价格在下跌以便筑底。换句话说，价格上升或下跌的那种方式表明之前的下行趋势或许已经结束。

另一方面，在强力趋势下的次要支撑位恰恰是价格黏附和逗留的地方。次要支撑位被定义为阻力位被向上打破并且价格随后撤回到此前的那个区域。次要支撑的例子可以参看图 3.14。

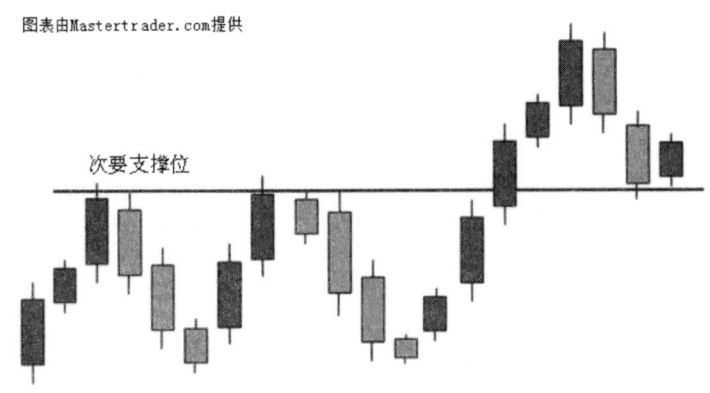

图 3.14　次要支撑

那个被打破的阻力区域可以是一个艰难的或巨大的阻力区域，或者，最常见的就是它存在于之前上行趋势中的高点位置。这样一个阻力区域其实是之前的尖顶阻力位，也是人们指望能够突破的地方。什么原因呢？因为在上行趋势中人们期望它制造更高的尖顶高点。一旦突破，回撤时价格坐落到了原来的高点上，这就是人们所知的次要支撑。请到图 3.15 中查看次要支撑位在一个典型的上行趋势中是如何反应的。

记住，这同样也适用于次要阻力位。一旦之前的低点在一个下行趋势中被突破，随后上升回到之前的低点，这个点位就是次要阻力位，它起到了延续下行趋势的作用。只要给予下行行情（熊市）足够的表现时间，图 3.16 就是下行趋势中次要阻力位的一个例子。

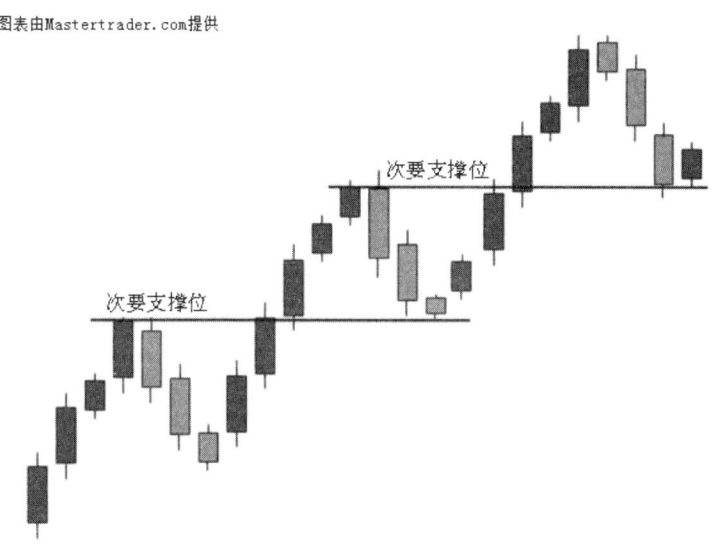

图 3.15　上行趋势依赖于次要支撑位

现在我们来谈一些看似令人疑惑的情况。被突破的阻力位越强大，一旦突破，次要阻力位的支撑力度也就越大。例如，就像我们在接下来的几分钟内将会了解的那样，某些顶部会形成很强的阻力区域。它们被认为可以将价格控制在大顶之下，通常事实也是如此。然而，如果价格突破了那个阻力区域，这个股票或市场就是在传递给我们一些信息。当价格拉回到最初的阻力区域时，那里就成了一个强有力的支撑区域。这个区域就是我们所谓的次要支撑点。图 3.17 就是一个例子，在强力的阻力区域之下的价格一旦突破，回撤的时候就成了次要支撑位以支持新的上升行情。

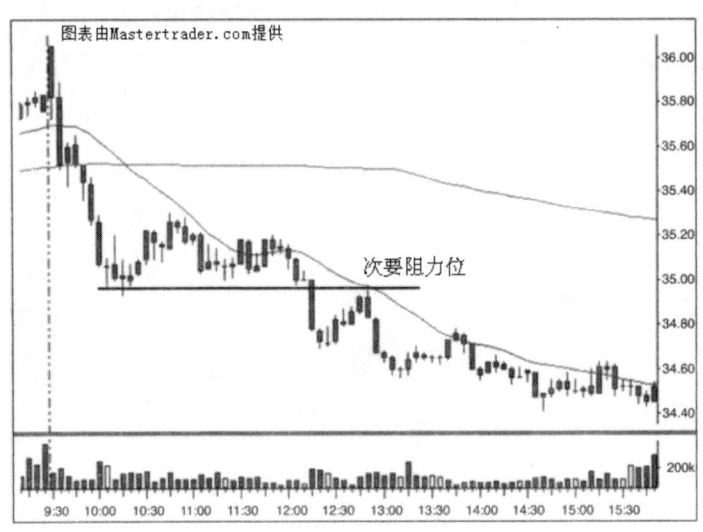

图 3.16　下行趋势中的次要阻力位

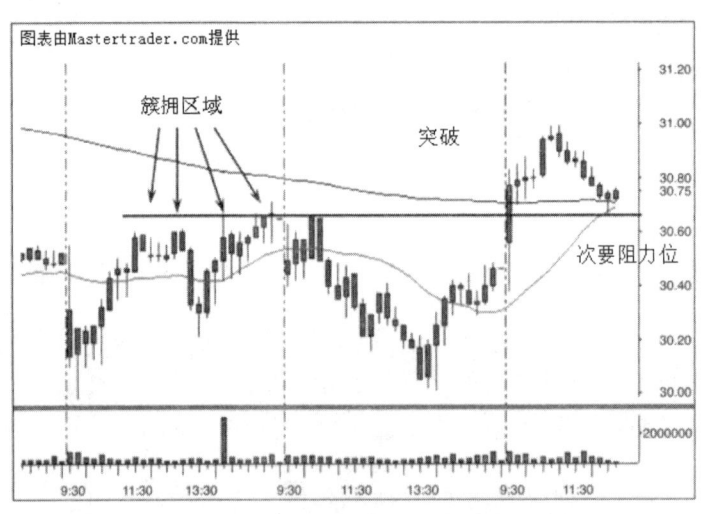

图 3.17　阻力越大，一旦突破，成就的支撑位就越好

支撑和阻力区域是如何形成的

一旦支撑位被打破，它就变成了阻力位，而当阻力位被打破，它就变成了支撑位，起到阻止价格进一步下跌的作用。这就是次要支撑位和阻力

位背后的理念，它也得到了人们的广泛认同。就像许多被广泛接受的技术分析概念一样，这个概念也能够（也确实经常会）变成一个自我证明的概念，这就是我们会运用它的原因。但是如果没有很好地加以理解，它也可能成为一种误导。为了保持客观，也为了对支撑位和阻力位取得最为合理的理解，我们使用的参照点都是在 K 线图中跟当前价格相连最近的左侧部分，而不是舍近求远。而这个次要支撑位的概念，就像你看到的那样，将关注点放在了最近的左侧之外的价格位置上。

要理解阻力位如何变成支撑位的，我们只需追随交易者在之前的参照点上的作为。当价格到了那个阻力区域（之前的高点）的时候，交易者开始在那个区域卖出。随着供给增长，在需求还未能超过供给并将价格推向新的高点之前，很多时候我们可以看到价格在之前高点的那些重合的 K 线或者窄幅 K 线处停滞不前。这个位置很明显就是卖家用以踏入的参照位置。还有一些时候，当需求十分强劲时，价格就会表现为一路走高，一举将之前的高点推向新高，或者势如破竹，就像之前的高点并不存在似的。我之所以说"表现得"，是因为大部分时间下都会有停滞和黏着现象，但这只能通过在更小的分析周期内进行 X 光透视才能看到。

将次要支撑以及离开就近区域的价格作为参照，可以为我们提供买家在什么位置可能大举进入的信息。我在这里所做的说明会让你对为何这个主观的概念确实能够产生效果有一个清晰的了解。

我经常被问到这样的问题：我们有必要在左侧多远的位置去查看参照点？你只需看向左侧，直到你看到某种形式的拥堵或者一个之前的转折点。任何在此之前的东西都太远了，且早就已经被作为一个参照点而被使用过了。图 3.18 给出了这样一个例子。

我们需要了解为什么价格会在需求水平和供给水平之间运行，这是技术分析和价格运行的根本基础。当价格回到之前需求出现的点位的时候，交易者会在创造这个价格点的支撑位出价等候。出价是一种消极的购买方式。当价格下降到之前的支撑参照点时，交易者开始出价，期待价格发生逆转。如果那些出价买盘（需求）超过了一直在出价价位上卖出的积极卖家所提供的卖盘，反转就形成了。一旦逆转发生，那些一直在等待逆转和支撑位得到反转 K 线确认的交易者就会变成积极买家（这意味着他们会以对方提供的价格直接买入）。还有，那些一直希望成交的出价者现在必须做出选择，决定什么时候他们应该以市场价直接买入，以及什么时候应该提高出价。当价格接近之前供给赢得优势的阻力位时，交易者就会在那个价格水平上挂单卖出（消极卖家）。如果他们的挂单超过了一直在推高价格的需求，价格就会停滞，并随之发生逆转。如果需求强过供给，价格就会升到一个更高的点位。这就是在不同的分析周期内卖盘和买盘之间始终在上演的潮起潮落过程。

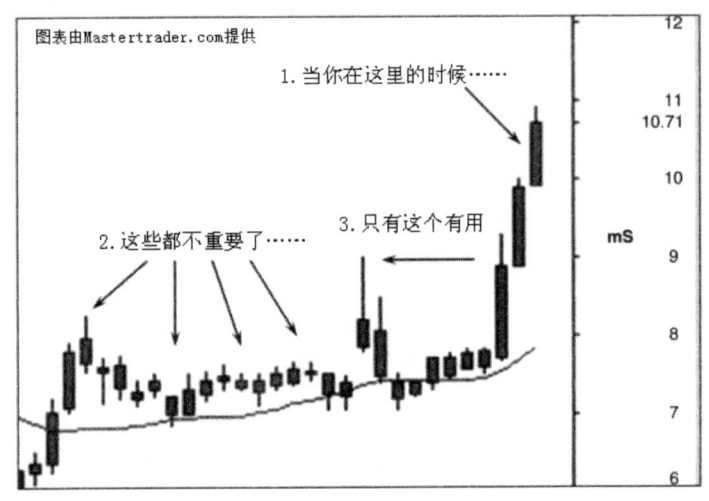

图 3.18　只有左侧就近的那些价格 K 线才管用

我们需要寻找那些可以告诉我们价格是在逆转还是在原有的方向上继续运行的价格形态和模式。价格不是在之前形成的支撑位和阻力位参照点之间运行，就是在接近目标位的时候随着供需关系改变而改变。我的目的就是教你去评估和运用这些在形态形成时有关价格走向的信息。当价格出现缺口时，价格就很可能会沿着趋势方向迅速前行。很简单，价格缺口表示支撑位或阻力位对价格运行几乎产生不了什么影响。记住，技术分析很大程度上就是一个自证的预言，即交易者和投资者都看着同样的参照点进行买卖。当他们没有什么理由可以把它当作参照点而加以运用的时候，价格有着很高的概率会一路迅速前行，到达或趋近下一个参照点。

当市场上连续出现多个参照点的时候，价格就很可能变得震荡，在供给和需求进入市场的价格点位之间运行。

当价格在空缺内横盘运行时，说明它将会创造新的支撑和阻力区域。当从这些新的供求点位上发生向上或向下突破的时候，我们就能够有把握了解下一个参照点是否离得很远。

你可能还记得起来，我们关于供给和需求的第一个参照点可以是 K 线的高点和低点，虽然有些情况下它们是非常狭小的一个区域。接下来的一个供需参照点是尖顶，根据尖顶的强度，它可以形成相当有影响力的支撑和阻力区域。随后我们又谈到了这些点位以某种方式联合起来是如何形成次要或主要的支撑和阻力区域。下面让我们更深入地了解一下形成次要和主要支撑和阻力位的几类形态。有一类颇有意义的阻力位类型来自我们所称的圆形形态。例如，在一个上行趋势中，有一根或几根 K 线将价格带到一个新的高点，接着又往下运行后开始横盘，最终价格回落到该形态的起始点。一旦价格突破圆形形态开始形成时的点位并且下方形成一个价格缺口，那么价格就很可能会下跌到前面的参照点那里。例子请参看图 3.19。

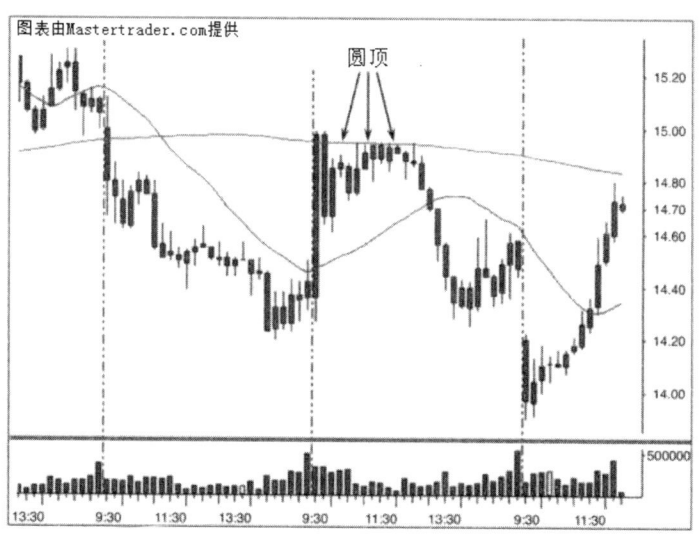

图 3.19　圆顶——强势阻力区域的一个例子

从某种意义上说，一个圆顶是跟 V 形顶部接近的一种形式。换句话说，当一个上升来到之前 K 线的高点时，就会遭遇到某些阻力。当我们碰到一个纯粹的尖顶，比如一个纯粹的倒 V 形，那就会遭遇到更大的阻力。然而，当之前的那个高点是一个圆顶时，阻力甚至会更大。

想要理解为什么圆顶要比尖顶更具阻力，我们必须了解造就这个圆顶背后的心理过程。随着价格的上涨，买家信心十足并处于控制地位。一旦价位进入一个新的水平，即便左侧没有什么阻力，买家还是会变得不再那么强势，相反，宁愿等待价格回撤的时候再次进入。然而，上涨趋势中的强势力量不愿意回撤。它们会横盘几根 K 线，从中再次攀升到一个更高的价位。最初的横盘运行表明，虽然那些买家不再那么强势，卖家也不再强势。随着时间推移，事情变得越来越清楚，价格没有回抽，要么以现价进入要么突破现价，关注它的人必须做一个选择。

如果价格确实发生了突破，那么其背后一定有一个原因。买家再次变得强势，超过了将价格维持在一个底部的供给。但是这一次，价格回到了那个底部，而那些在筑底过程中买入的人就很痛苦，以时价卖出。价格的回抽引来了一些买盘，但是还不足以将价格推高到底部的最高处。这一过程不断重复，价格也从之前创造的高点那里慢慢背离。

跟常规的 V 形尖顶相比，这个区域成为一个更具意义的阻力位的原因在于：当价格形成一个常规的尖顶高点和回撤的时候，它表明卖家是强势的，买家对那个回撤几乎没什么兴趣。这留下了一块相对较小的供给区域，这给长期交易者提供了买入机会。如果价格处在上涨行情中，买家应该会在回撤的时候强势进入，将市面上的供给吸收掉。如果情况果真如此，一个尖顶的低点就会迅速形成，市场对此会心领神会。买家应该很容易地推高价格超过 V 形高点，一个强势的上涨行情会形成一个比一个高的尖顶低点和尖顶高点。在圆顶中，存在着那么几个买家企图推高的例子，但都没成功。许多长期持有者希望价格会走得更高。当价格走低的时候，他们经历了足够的痛苦（损失），所以他们对于靠近他们买入点位的卖出机会是持欢迎态度的。这造成了一股持续的卖出洪流，这是新买家必须要顶住的一股抛压。

这一形态有时候也会以方顶的形式出现。道理是一样的，但是在这个形态中，后期存在有一个突破的企图，形成了右上方的一个转角。这可能会带来额外的卖盘，因为买家认为这一次的突破会真的发生，而结果没有发生，在震惊之余，他们会大量卖出。你可以在图 3.20 看到这一形态。

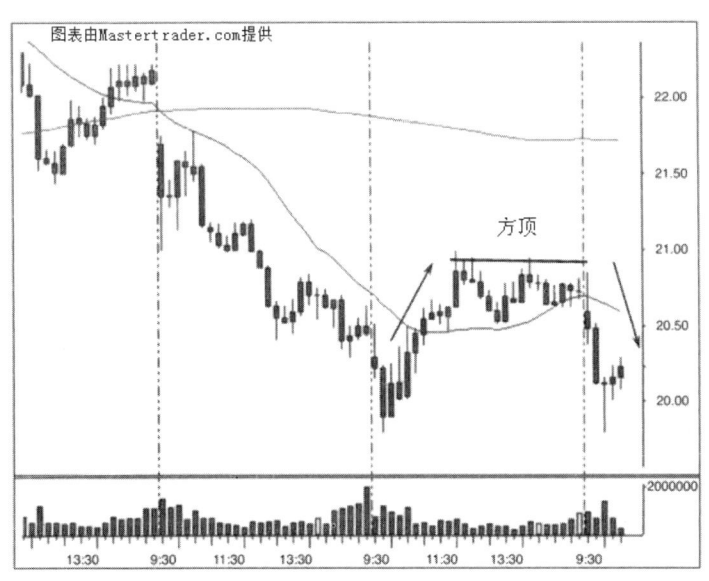

图 3.20　强势阻力区域的另外一个例子：方顶

有时候价格往上涨，后来又停了下来，开始横盘。这会形成一系列具有类似开盘价和收盘价的 K 线。我们把它称为簇拥，见图 3.21，其中有几个开盘和收盘的一簇 K 线，表明这是上行趋势中的一个停顿，这个簇拥是短期的供给机会。当这个区域被超越，价格从簇拥区域走出去的时候，需求就重新获得了控制地位。

簇拥跟圆顶或方顶不同，因为它不像后者那样，一再遭遇到突破上的失败。通常，其中有一根 K 线会以长上影线的形式出现，随后跟着的几根 K 线就待在上影线的下面。如果它是一个新的突破，在价格超过簇拥阶段并没有往下跌的情况下，它的趋势就被确认了。

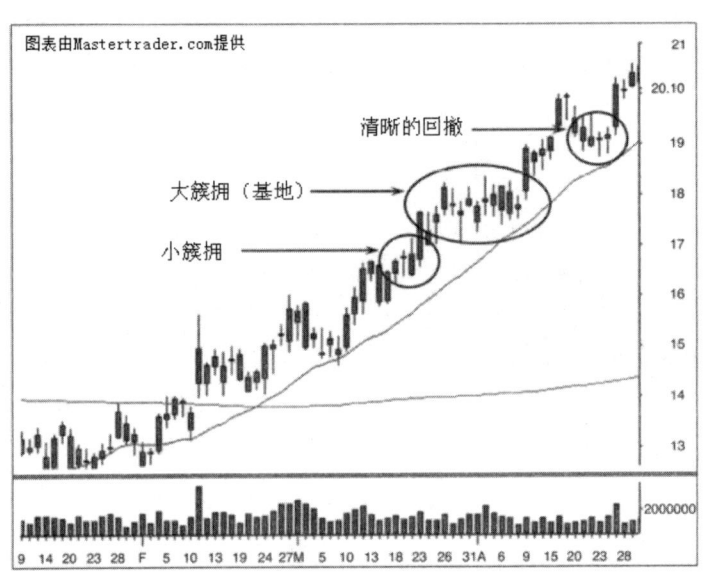

图 3.21　簇拥可以成为短期的供给机会

让我们来看看如何在市场中找到供给和需求区域以及那些点位可能有多强势。我们在看图 3.22 时，可以看到价格迅速跌落制造了一个价格缺口。一旦反转奠定了其地位，就什么也不能阻止价格向上运行了，直到获利盘开始止赢。然后需求减缓了下来，供给踏入市场，形成一个 V 形顶部。这告诉我们，交易者正在获利出局。

一旦价格回抽到宽幅 K 线的顶部位置（在那里价格有所整固），卖家进入了，将价格推高。这就形成了一个 V 形底部，价格升回到了之前 V 形顶部的某些阻力区域。这个时候，价格没有回落，而是在随后的几根 K 线进行横盘整固。交易者和投资者没有抛弃筹码，他们乐得继续持有。一旦需求重新进入，市场价格就会突破阻力区域，走得更高。

我们可以看到图 3.23 在靠近顶部的位置有突破发生过，但最终未能走高。想一想是什么形成了这根 K 线，需求（买家）大于供给（卖家）。价格在 K 线的高点收盘，这意味着价格应该会走高。它们确实形成了一个新高，但接着就在下一根 K 线那里败下阵来，形成一根阴线。这个过程就是圆顶的形成过程。多根 K 线显示，价格达到新高后又下跌了。市场试图在此进行整固，但价格还是跌到了更低的位置。

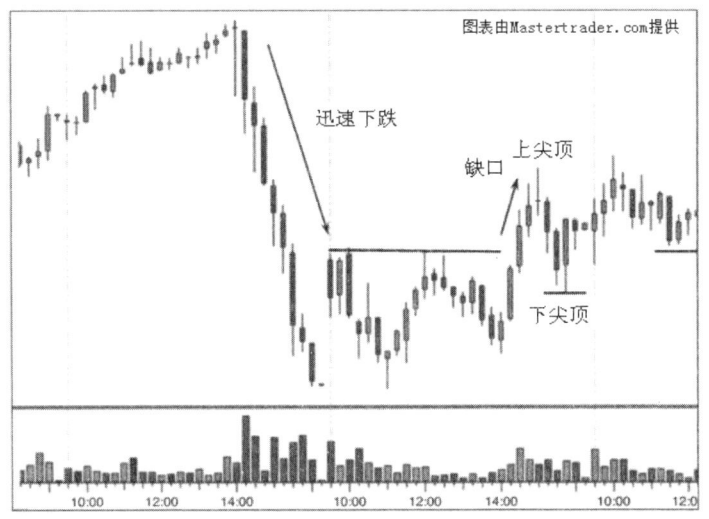

图3.22　一旦艰难的阻力区域被突破，一个缺口可以让价格迅速上扬

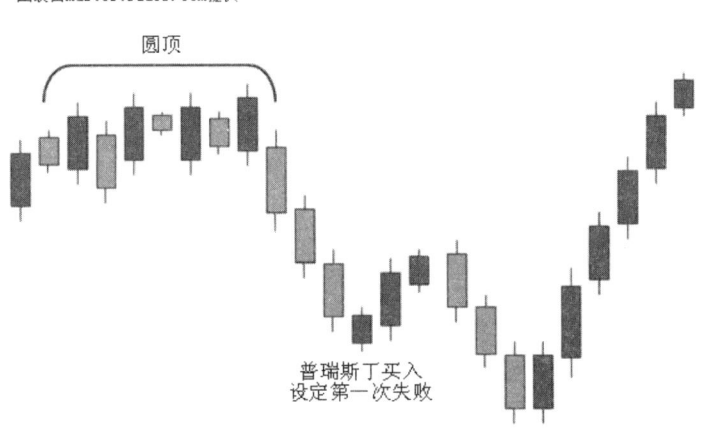

图3.23　圆顶可能会造成接下来的普瑞斯丁买入设定失效

这样的一个阻力位要比其他阻力位更具深远的意义。随着价格回抽，它们形成了第一个普瑞斯丁买入设定。这里就是我们将所学到的关于支撑位和阻力位的知识投入运用来赚钱的所在。一个普瑞斯丁买入设定形成之后，它可能会失败。许多交易者没有认识到这一点，他们看到一个形态失

败了，只是认为它就是失败了。圆顶之后的第一个买入设定常常是一个低概率的设定。就像我在之前讲到的那样，在其后面的第一波上行走势中会有卖家出现。

有最佳机会去克服现有供给并将价格推升到更强势的圆顶之上的是第二个普瑞斯丁设定。理由是，这个更远的校正会将价格推到离圆顶更远的地方，且在校正期间更多在高点买入的人会退出。你看，之前的支撑位和阻力位的参照点就是这样逐渐失去其参照意义的，每一个企图攻击支撑位的供给都被吸收了。

我们必须在技术分析中加上一点常识。例如，在2000年之后发生的熊市中，价格下跌了好几年，至今价格还是低于纳斯达克市场当年的那些价位。有一天价格会重新回到那样一个水平。我们难道认为许多年前发生的事情真的跟阻力位参照点有关吗？我觉得没有关系。它只会对购买至今一直持有的那些人产生影响，因此这个影响微不足道。过去的时间越久，人们受到的影响也就越小。然而，对于那些纯粹以学术观点而不是以交易者的常识来看待和指导技术分析的人来说，过去跟现在具有同等的重要性。越多的交易者在近期持有股份（这会在价格形态上反映出来），参照点的相关度就越高，最重要的是当前正在发生的状况。

关键在于了解在哪里可以预判卖家和买家会进入市场。我们看图3.23中靠近右边的地方，在那里价格已经以下影线的形式形成低位。这些下影线是一些没有导向下跌轨道的下探。随着需求进入市场，价格就上升了。当价格回撤到下影线集中的区域，我们可以预判买家将进入市场。如果买家曾经有过在那个位置踏入并控制局面的情况，那么我们预期他们将会再次这么做。如果这一新加入的需求足够强劲，它就会将价格推向之前的高点。随着价格靠近这些点位，我们会看到供给又开始回到这只股票中来。

在这个价位或者靠近这个价位上买入的交易者是亏损的。他们以为价格会走高，但却没有应验。价格回升了，如果升到了接近拉平亏损的位置，他们就会急于卖掉。

此时价格开始整固，形成了一个新的形态。需求吸收了供给，市场走出横盘格局。在这个形态形成的时候，我所要寻找的就是供给不足以将价格推回到主要支撑位的证据。我喜欢看到在整固阶段的几根下影线 K 线，它表明价格无法被推向下跌通道。下影线 K 线告诉我，买家正借着供给增加而价格下探之时踏入市场，以及越来越强的需求让供给节节后退，这些都会在形态中看出来。下影线 K 线是对它们自身的小幅修正，当它们形成时，我们必须引起注意。它们告诉我们，更大量的买家正在将钱投入其中，这里不存在什么主观的成分，都是真实情况的反映。

当价格运行到整固区域之上的时候，需求就超过了供给。我们在图中看到一根下影线 K 线已经形成了。在这根 K 线完成之前的某个时点上，它是一根大阴线，那时影线还未形成。但是随之买家涌现了出来，同时也不存在追随下跌走势的卖盘。随后的这根窄幅 K 线在顶部完成，表明需求处于控制地位，价格正在走高。

同样道理，我们也可以在之前高点区域看看是否有卖家涌现。当我们在簇拥形态中开始看到上影线 K 线的时候，我们知道需求还不足以压过不断出现的供给。当价格运行到簇拥区域下面的时候，供应就超量了，我们可以判定价格将会走低。见图 3.24。

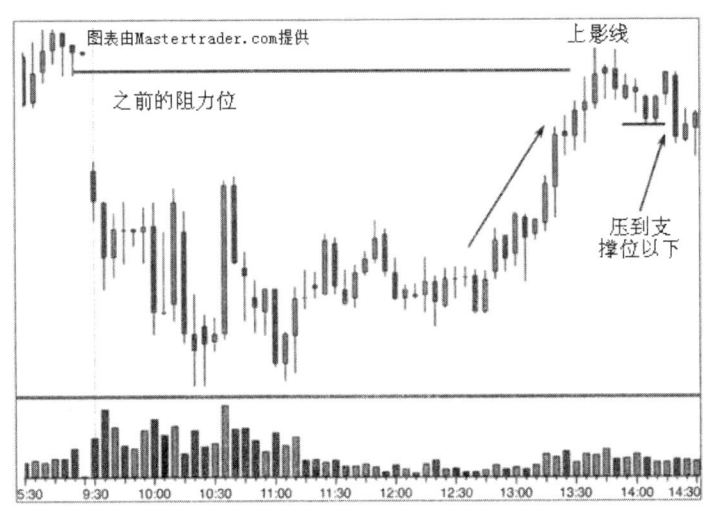

图 3.24　之前的高点拖累了价格，原有趋势被打破，价格随之走低

当我们在处理市场中供需形态问题的时候，必须记住几件重要的事情。我们始终要问自己的一个问题是，在某一只个股或市场中这个支撑位

和阻力位的强度到底如何？不论在什么样的分析周期内，我们必须要问自己，这个支撑位或阻力位是三根 K 线组成的 V 形形态呢，还是由更多根 K 线组成的圆顶或圆底？支撑位和阻力位之间分开得有多远？是否存在着足够的、值得交易的潜在盈利？换句话说，是否存在着交易的空间？震荡市形成的支撑位和阻力位太靠近了，其中并没有获取盈利的真正机会。

现在我们已经对一些形态有所了解，因此，第一章我所讨论过的一些内容现在或许也变得更为清晰了，请允许我在此稍做提示：注意我们所察看的一切都关乎价格信息。真实的价格，真正的买家，真正的卖家，以及他们是如何反应的。许多投资者和交易者喜欢用趋势线来确定支撑位、阻力位和价格趋势。就像我们所讨论过的那样，这些都是一些非常主观的工具。如果你一定要用它，记得要始终要看住左侧，这样你才能看清跟价格关联的是什么。

如果有足够多的人运用像趋势线这样的技术工具并相信它，他们会基于这样的信念而对市场做出反应。例如，在标普 500 日线上画出的一根趋势线所引发的反应要比在一只股票上画出的趋势线更大，因为多得多的人更倾向于在一个市场 K 线上（相比一只股票上）画趋势线。有时候如果价格正好处在一个支撑区域，那样一种基于趋势线的反应会为带来足够多的买家起到催化作用，从而引发真实的价格运行。如果情况并非如此，那么你所做的只是在连接一个又一个点，从中投射出一根线条，心里想着这根线会成为支撑位或阻力位。这些主观的设想实在是很荒谬的想法。从不同的点上画线能改变支撑位和阻力位出现的位置吗？我说过，这是一个荒谬的想法。当它不能奏效时，这些信念就会发生动摇，信心也会丧失。在我们进行分析或者在了解我们为什么做一些事情的时候，我们需要某种一致性。就我们这个议题来说，就是要在某一个点位上买入或卖出。长期看，在一张图的点与点之间画线并不能给我们带来那个一致性。当然，如果你画上足够多的线条，就像许多运用这些工具的人所做的那样，你的线条终究会捕捉到一个反转。如果你想要了解价格为什么像那样做出一个转向，你只要看左侧，看清价格的参照点在哪里。实际上就是那么简单。

本章小结

确认支撑位和阻力位是交易最为重要的一个内容。我们不需要诸如趋势线、平均线或回调位这样的主观工具来推断市场的这些点位在哪里。我们只需要向左看就可以看到它们在哪里，无须带专利的指标或点位。很简单，价格会告诉我们哪里是我们需要聚焦的参照点。那些形成当前K线的供给或需求会告诉我们谁处于控制地位以及它们之间的关系是否可能发生改变。

现在让我们开始看看其他一些技术工具，当将它们跟支撑位和阻力位结合起来使用的时候，它们可以帮助我们对那些区域的判断更有把握。接下来我们开始讲移动平均线。

第四章 正确运用移动平均线：

价格运行的直观工具

在我介绍移动平均线之前，先让我们来看一下目前我们所持的立场是什么。我已经指出，对技术分析来说价格是真正的王道。我们也讨论过，许多交易者喜欢使用的各种技术指标都是主观的，事实上没有很大的用处。除此之外，在任何图表上我喜欢看到的只有三样东西，我放到我的图表上的也只有这三样东西：

·价格：我的图表被一幅很大的价格形态图所占据着，我们在第三章中已经对此进行过讨论。

·成交量：我将成交量放在图表的下方。这一点我们将在第五章中加以讨论。

·移动平均线：在价格形态之上我会在图表上另外加上两到三根移动平均线，这一点我们将在本章讨论。

就技术而言，移动平均线是一个技术指标（没有嘲讽之意）。所以，移动平均线是我"不用技术指标"方针的一个例外。然而，当你看到我们是如何运用移动平均线的，你就会明白为什么它是一个例外，为什么它只被用于价格运行的直观辅助而不是一个指标。简而言之，我将它作为一个工具来运用，以加快我的分析，虽然我不用它依然可以做出同样的分析。就像你随后将会看到的那样，我们使用移动平均线的理由跟大多数交易者并不相同。

一个很有价值的技术指标

移动平均线是现有技术指标中得到最广泛使用和探讨的工具之一。只要听一听财经新闻频道，或者打开任何一天的报纸，上面都会有关于市场或某一只股票如何高于或低于移动平均线的议论（见图4.1）。

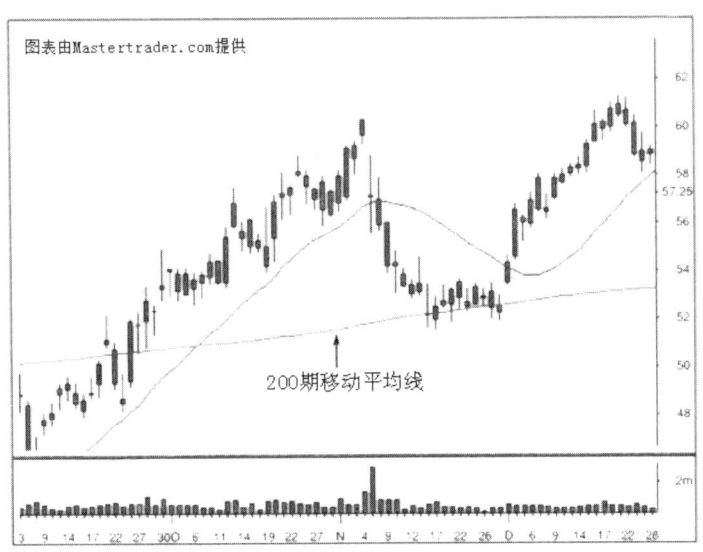

图 4.1 位于 200 期移动平均线之上的日 K 线

真相是，当我们正确地运用移动平均线时，它可以成为最有价值的技术衡量手段之一。然而，评估移动平均线的传统方法太过主观。更为重要的是，大多数交易者使用移动平均线的目的是有问题的。他们将移动平均线用于寻找支撑位和阻力位。就像我们在第三章中讨论的那样，这样的支撑位和阻力位是非常主观的。这也就是对于技术分析只有基本了解（也经常是有问题的了解）的交易者会感到挫败的原因。

合理地运用移动平均线

无论何时谈起移动平均线，一个交易新手嘴里讲出的第一件事往往是

"移动平均线交叉"。重申一遍,这不仅是价格走向的一个主观指标,而且还是一个差不多始终派不上用处的指标。等待移动平均线交叉并不是一种正确的理念。根据你所使用的移动平均线的不同而不同,它们可能会给出过早的和虚假的信号,或者,这个信号来得太晚,以至于它的唯一好处就是对已有走势的确认,详见图4.2。交易者随后就试图调整这两条移动平均线以适应现有的价格形态,这是技术分析中最大的败笔之一。试图根据过往去调整任何一个技术指标的参数,甚至去改变移动平均线,以适应当前状况,这样做只是对现有的价格形态有效。接下来的价格形态,无论它是一只股票还是一个期货合约,都将不得不再次做出调整,因此也就使得你整个的调整实际上并没有什么价值。这种反向推演的做法对稳定的事物才有用,比如对寻找电脑软件如何运行就比较有用,但对像价格运行这样的动态过程却无能为力。

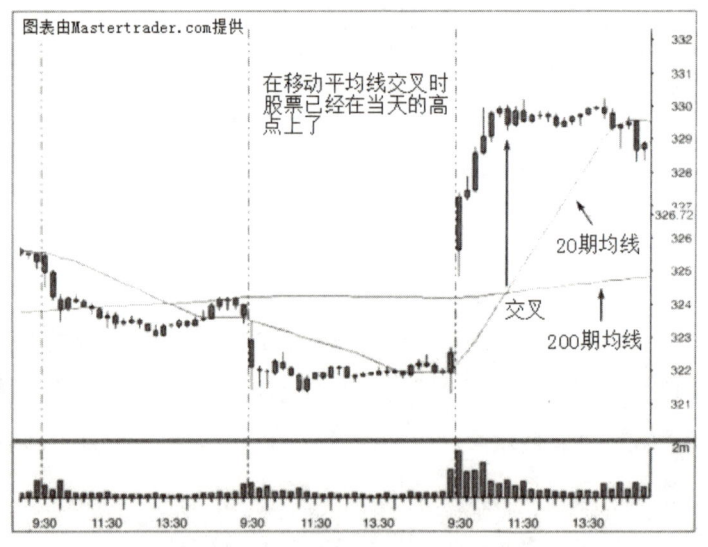

图4.2 移动平均线交叉常常在价格形态中出现得很晚

这是金科玉律,决不可将移动平均线作为购买信号来看待。光是因为价格触到了移动平均线或者跟它有交叉并不能确认这是一个购买信号,移动平均线交叉也不是购买信号。移动平均线单靠自身从来就无法给出精确的买入信号。那移动平均线有什么与众不同之处，能够成为我们价格图表上除了价格之外的两项内容之一呢？答案是，移动平均线在趋势分析中是一个很好的指引。用我们这样的方法去运用这一工具可以使你对某一分析周期下市场可能的动作有一个清晰的方向。让我们来仔细看一下。

我们应该使用哪一根移动平均线？

让我们先来看看选取哪一根移动平均线才是合适的。当我们开始研究移动平均线的时候，第一个碰到的问题就是我们应该查看哪一个分析周期，采用哪一根移动平均线。交易者在他们的页面上或许有着各种各样的移动平均线，有些甚至囊括了 8、10、20、40、50 和 200 时段的平均线。答案或许会让你吃惊，但它很可能说到点上了。答案是，这个问题无关紧要。

如果你尝试过运用移动平均线来寻找进场的实际支撑，你很可能早就发现市场中不存在什么始终有效的神奇数字或者点位。既然我们只是将移动平均线作为趋势分析的一个向导来看待，那么具体采用哪一根移动平均线并不重要。我们所寻找的是真实价格和移动平均线之间的相互关系，有时候我们还会看两根移动平均线之间的关系。就像他人用 31 期均线跟价格进行对比那样，如果你将价格跟 7 期均线进行对比，同样可以看清和感觉到（来自对价格运行长期研究之后获得的那种感觉）某一趋势，那就很好。既然我们必须选择一根或两根 K 线来使用，我喜欢选取大多数人都会使用的均线，而不是大多数人都不太理会的那些均线。为什么呢？因为当一根均线确实作为实际的支撑位而运行时，那就得归因于这个基于自证预言的主观方法本身，即，因为大家都相信这根均线所传递的某种信息。最后在共力的作用下恰恰验证了大家的预期。如果那个预言（预期）具有某种实际效应，我就想看看其他交易者是如何研判的。从某种意义上讲，我们这些看着同样均线的交易者会像一个团体那样合力应验"均线位置是价格反转点"的信念。

只要想一想我们有那么多的移动平均线可以选择，你就会认同我的观点，它实际上无法确认支撑位和阻力位，也是相当主观的。最常用的移动平均线就是最可靠的参照点，不要认为运用其他交易者不太会运用的均线会更好，这是一个误区。说到技术分析工具，我们确实需要使用大多数人都使用的那些。

基于这个原因，图表上最出众的一根移动平均线，也是我在自己的每一张图表上都要观察的，就是 20 期均线。它是分析大部分趋势的一根完美均线，它的反应恰到好处而又快速。经统计，大多数长期持续的趋势最终通常会折返到一个跟最近的 20 期均线非常靠近的区域。这意味着，在一个良好的趋势中折返到 20 期均线的价格从统计角度讲存在着一个大得多的机会，会从该区域启动。如果足够多的交易者也在参看这根移动平均线，作为一个自证预言，该均线就可能有助于推动价格运行。在如图 4.3 的优美的趋势中，价格往往会持续呼应 20 期均线。

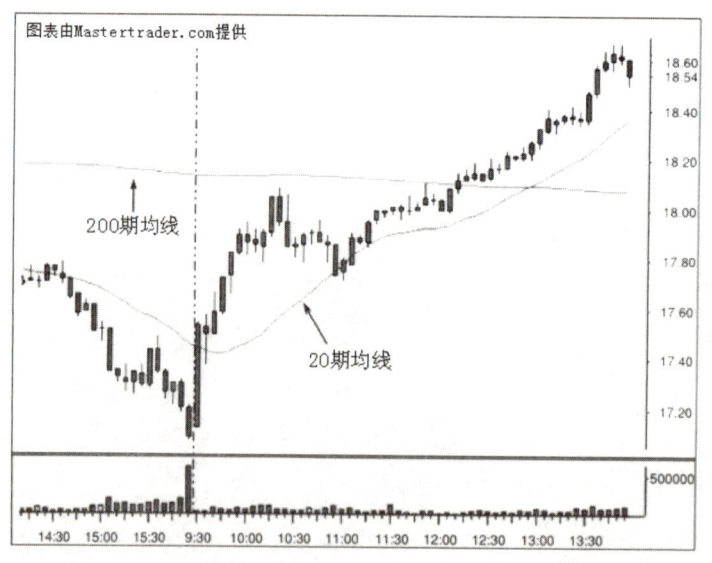

图 4.3 在良好的趋势中，价格往往会持续呼应 20 期均线

就像我随后将证明的那样，在靠近第一根移动平均线的地方加上另一根均线也是一个大有裨益的做法。为此，我喜欢用 40 期移动平均线。多年

来，许多交易者一直使用50期均线，就像我之前说过的那样，这同样是很好的。我会用40期均线，但如果你喜欢50期均线，那也没什么问题。40期均线很少或者没有自证预言的效应。但是，它在协助检验20期均线方面却大有作用，因为它追随20期均线追得很近，为我们提供了一个可见的辅助手段以迅速地捕捉到延展的形态。我们接下来会看看它是如何起到这个作用的。另外，40期均线等同于周线图表中的8期均线。因此，当20期均线的趋势往上，40期均线平行于20期均线，趋势也是往上的，那就是在告诉我们日线和周线的走向是一致的。在波动交易中，这样一幅图景能够将更大的把握放到我们这一边。

在我的日线图表中的第三根移动平均线是200期均线。这根移动平均线几乎完全建立在自证预言之上，也是一根被交易圈普遍认同的均线。在你收听CNBC（Consumer News and Business Channel，消费者新闻与商业频道）时，不用多久，你就会听到200期均线被人提及。200期均线不像20期和40期那样是决定趋势的移动平均线，价格一般不是在200期均线上面就是在它下面。

那么除此之外的其他一些移动平均线呢？你可能想要参看的100期或者其他一些移动平均线跟我们讨论过的其他任何一个技术指标一样，都是同一类型的。我提到的三根移动平均线，或者任何其他你喜欢使用的相似均线就足以完成使命了。增加多余的移动平均线就好比在你的图表上加入更多的"意大利面条"一样不中用。如果你愿意，你始终都可以用某一根移动平均线取代另一根，这都没问题。在较大的分析周期内，20期和40期均线就像双人驾座，运转得很好。然而，在一些快速变化的问题上，以及在一个更小的分析周期内，例如在15分钟线以下的图表中，你可能需要用8期或10期均线来取代40期均线。这使得移动平均线能够在一些快速变化的情况下更精确地追随价格变动。这是可选的，如果你选择这么做，它就应该将40期均线取代掉，这样在任何时间里你都永远不用参看超过三根的移动平均线。记住，像20期和40期这样的较小的均线才是探测趋势的移动平均线。200期均线永远就是一条画在沙子上的线条，并不可靠。另一个经常被问到的问题就是要用哪一类的移动平均线，我用的是简单移动平均线。有些人喜欢用指数移动平均线或加权移动平均线，这些均线在界定一个趋势或支撑位和阻力位的问题上并不会更加精确。那些如此相信的人是掉入了一个指标陷阱，他们相信某个指标能够比另一个更好地界定价格走向。这个信念常常会导致对"灵丹妙药"（包你在每一笔交易中都赚钱）的无止境追求。均线时间单位的长短不存在什么对错之争，有些人企图卖给你所谓的优化均线，不要掉入他们的陷阱。在市场交易环境中，你会一再地想要为下一只股票或下一个变动进行优化的，那样就无休无止了。

重申一下，既然我们只是将移动平均线用于帮助我们加快对趋势的分析，那么移动平均线时间单位的具体长度或者类型就都不太重要了。你只需习惯于它们的表现和熟悉它们给你的感觉就行了。因为所有其他类型的移动平均线都倾向于增加分析的层面，所以只需保留简单移动平均线就可以了——它是不掺杂质的价格体现。

20期移动平均线

让我们谈谈20期移动平均线。我在每一个分析周期内都使用20期移动平均线，也就是说，日线图表，周线图表，一直到一分钟线的所有日内图表。沿着20期均线做交易有着最高的成功概率。如果20期均线往上走，在合理的设定条件出现时，股票就很可能继续走高。如果20期均线往下走，我就会等待卖出设定条件的出现。当价格高于20期均线，我就在低点买入。如果价格低于20期均线，我就寻找机会在价格上扬时卖出。

如果你正在做笔记，以下这条公理你应该马上用黄色记号标出来。它就是：你应该永远顺着20期移动平均线的方向做交易。我发现，做到这一点，仅仅做到这一件事情就可以将普通交易者80%的亏损交易剔除出去。无论是对一个未受训练的交易者，还是对一个自认知道得更多的懂行交易者都是如此：80%的亏损交易都来自逆势而行。虽然对于趋势我们还会做详尽得多的分析，但是此时光是认同这一点就可以帮助所有交易者：当你逆着20期移动平均线反方向做交易，你就很可能进入了一个亏损交易。

两线会合

除了移动平均线的方向之外，我还要观察两根移动均线的会合情况。这也是将40期均线保留在20期均线旁边的原因。当价格处于靠近20期均线的位置，并且在20期均线平行于40期均线没有加速迹象的时候，这种情况通常都是趋势明朗的表现。你可以参看图4.4这个例子。价格可能偶尔会加速并偏离20期均线，但随之就回到20期均线附近，保持那样一种形态。

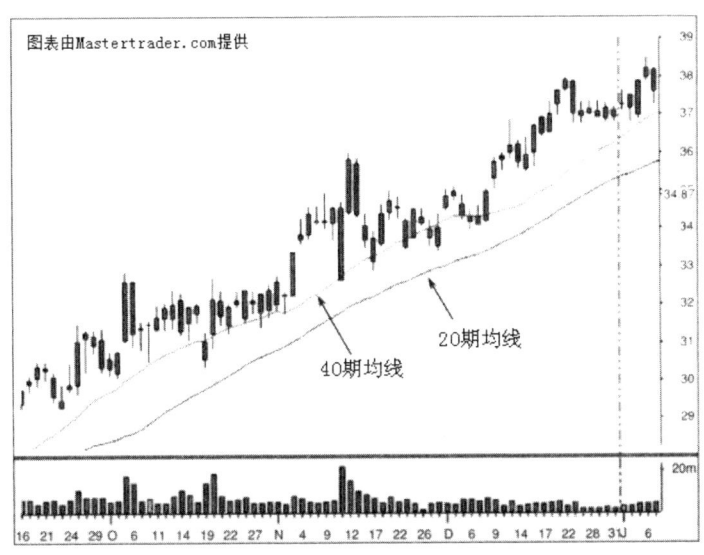

图4.4　平行的移动平均线表明趋势明朗

然而，当价格加速远离20期均线，20期均线加速远离40期均线的时候，价格的反抽就不再是买入的时机了。这也是两条移动平均线的比对中最主要的一个运用。我们寻找的是两条像轨道一样的移动平均线，只要这种情况出现，趋势就很可能会稳稳地持续。当两根均线之间的差距越来越大，这个形态加速到某一个点上，在接下来的一次价格回撤之后就不再保持良性的运行。这些道理同样适用于 20 期均线和 8 期均线之间的关系，只不过它们可以运用于更小的分析周期内和变速更快的问题上。上述这个理念很简单，但也很有力。

现在让我们来看看第三根移动平均线，以及我们如何运用它来更好地把握趋势。200 期移动平均线相对要平缓得多，不像我们使用的其他移动平均线跟价格靠得那么近。因为它是 200 期均线，所以反应比较慢。在它所在的分析周期内，一旦一个新的收盘价产生，那么 200 期之前的那个收盘价就被去掉了，现有的价格加上去得出一个平均数。这意味着 200 期均线的斜率和方向的改变将会是缓慢的。因为这个原因，价格线路往往不是长期在它上面，就是长期在它下面，具体请参看图 4.5。

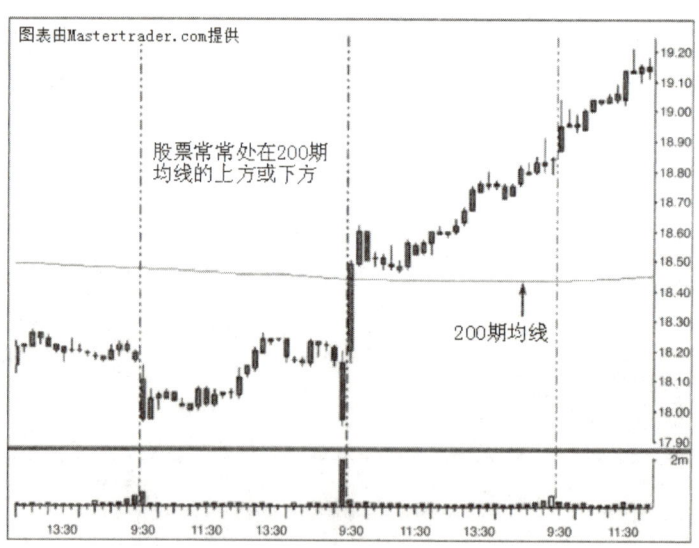

图 4.5　200 期均线更像一块岩石

很自然地，就像你可能猜到的那样，在 200 期均线上面的价格是最牛气的。这是第一条规则。如果我们想在上行的 20 期均线之上做一只股票的多头交易，那我们会更乐于在一根平缓的、微微上行的 200 期均线之上来做这个多头。同样地，如果我们在做空一只股票，我们就会想在它处于不断下行的 20 期均线之下，且价格形态处在水平或稍有下行的 200 期均线下面的时候卖空股票。请看图 4.6，这里有一个趋势交易的甜蜜拐点。

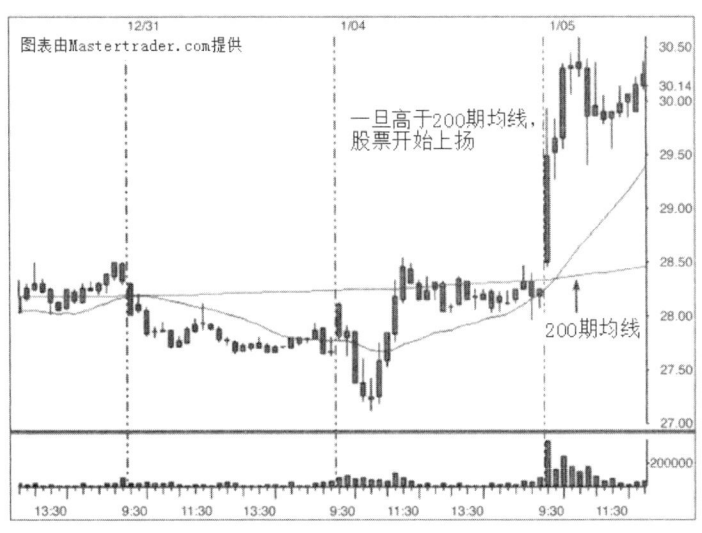

图 4.6　在 200 期均线之上一轮新的趋势启动了

然而，关于价格、短期移动平均线和 200 期均线之间的关系，我们还有很多可以学习的。记住在我讨论趋势结束的可能性的时候，是因为价格加速离开移动平均线还是因为 20 期均线和 200 期均线开始分道扬镳？有些时候很难说清是趋势真的结束了还是只不过是价格在急剧上扬或下跌。获得另外一个信息的方法就是看看 200 期均线的整个形态是如何延展的。换句话说，虽然在价格处于 20 期均线之上且其形态也处在 200 期均线之上的时候开始做长期交易是有利的，但是在某些时点上，一个在 200 期均线之上的延展形态可能会丧失其原有的势头而掉头折返。同样地，加速 20 期均线偏离 40 期均线的价格急剧下挫（那是在 20 期均线低于并加速偏离 200 期均线的情况下发生的）或许会引发急剧反转。根据更大的价格整体形态，这些反转可能是短暂的，也可能是长期的。

这类反转见图 4.7。

价格没有犹豫地往一个方向走得越快，它们跟移动平均线的偏离就越远，两根移动平均线之间的偏离也会越远。这是观察价格惯性增强以及价格折返或回调的概率的一种简单而客观的方法。

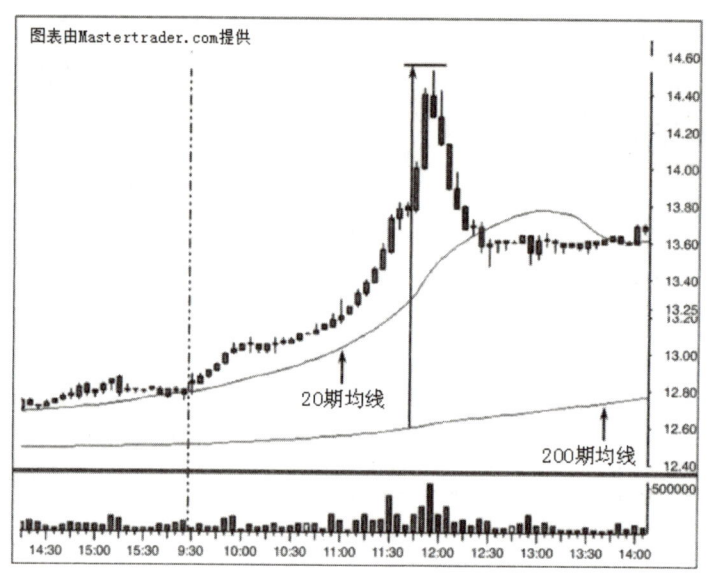

图 4.7　价格加速偏离 200 期均线

我们一直在讨论的一切都围绕着如何运用移动平均线找到最佳的趋势。移动平均线的另一个用处是在移动平均线方向的基本趋势护驾之下找到价格克服短期下挫并开始反转的集中区域。换句话说，另一种看待移动平均线分析的方式就是看价格什么时候下跌到一根上行的均线那里。这是一个提示：在基本的趋势走向下，价格可能会上扬。它不是要你马上做出行动，而是一个信号，叫你注意观察那些构成购买预设的 K 线。同样的情形也发生在价格上涨到一根下行 20 期均线那里的时候，尤其是在有几根 K 线连续徘徊于均线附近的时候。这个时候价格很可能会沿着均线原有的趋势折返，你可以将它们看作是向上突破或向下突破的举动。图 4.8 就展示了这样的一个例子。

图 4.8 就在 20 期均线那个位置发生了一次突破

作为聚焦区域的移动平均线

还记得我们在第二章中讲到的 K 线形式吗？我们讲到了作为单根 K 线形式的多头变线和普瑞斯丁买入设定。此刻我想要让你了解的是这样一个价值不可限量的概念：我们想要这些多头 K 线形式在价格抵抗更大的趋势而回撤到移动平均线区域的时候出现。换句话说，一个出现在价格回撤到 20 期均线位置而形成的普瑞斯丁买入设定将赋予你很高胜算概率的交易，详见图 4.9。

当价格向均线位置运行时，我们想要寻找的就是我称之为聚焦点的区域。如果我们有一只股票，价格在均线附近整固并有一根 K 线在高点收盘，这就是一个趋势即将恢复、价格即将走高的信号。理由很简单，跟所查看的分析周期有关。例如，如果你使用一张 5 分钟图表，且买盘（需求）在增长，那个买盘不会因为你想要画出一根新的 K 线而停止。它应该会持续，新的 K 线应该在前面 K 线收盘的地方开始。相反，如果价格在低点上或在低点附近收盘，我们就必须引起注意，说明供求关系可能会发生改变。

图 4.9 多头 K 线形式在 20 期均线的上行趋势中出现

我们知道，其他许多交易者也使用移动平均线的突破机会，所以我们必须注意观察那些重要的变化。有时候有足够多的交易者都在跌破时卖出，造成价格跌得更低。这可以成为另一个自证预言，但它是需要加以注意的一个自证预言。当跌破的情况发生时，通过观察左侧来加以确认，看看价格是否打破了一个关键的支撑点，而不仅仅只是打破那根主观的均线。当这种情况发生时，我们知道供求关系已经发生了改变，我们需要改变对这只股票的原有认识。我们可以在图 4.10 中看到上述情形，其中的价格不仅打破了均线，而且也打破了一个主要的支撑区域。

恰当地运用移动平均线，它可以为我们及时地提供很多信息。通过检查价格与简单移动平均线之间的关系，我们可以确定某一只特定股票是否在某一个给定的时间内被超卖或超买。我们可以在股票价格中找到潜在的支撑位和阻力位，我们还可以通过它们去了解在一个市场或一只股票中某一个特定的趋势有多强或多弱。因为我们知道这么多的交易者也在观察移动平均线，我们知道在价格接近这些水平时就有可能发生反转，我们可以找到可交易的 K 线形态。这就是我说移动平均线是我们拥有的最有用的工具之一的原因。

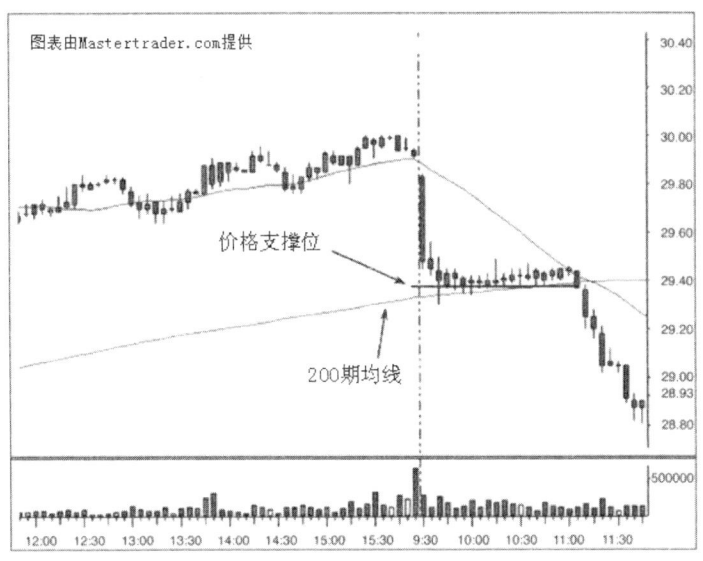

图4.10 价格不仅打破了均线，也打破了主要的支撑区域

保持客观

一旦你开始了解移动平均线之间的这种关系，你就可以消除在你的图表上放上其他技术指标的需要和欲望了。许多技术指标，比如 MACD（MACD 是一种技术分析工具，由 Gerald Appel 于 19 世纪 70 年代提出，由一快及一慢指数移动平均之间的差计算出来——译注），都只不过是比较两条移动平均线之间的关系并勾勒出其间的差异而已。没有什么比直接对图表上的移动平均线做对比并观察它们的表现更好的比较方式了。比起看着另外一个看似能告诉你何时发生了超卖和超买的指标，这样一个直观关系会使你对超卖和超买的真正含义有一个更为清晰的了解。不要让多余的信息把你的图表搞得杂乱无章。就技术分析而言，更少就是更多（Less is more）。你需要解释的东西越多，你做决定的困难就变得越大。

让我再次提醒你，我们要设法避免的是主观的分析。当我们说一只股票被超卖了，我们就在自己的头脑中树立起一个信念说股票必定会走高，但那是不对的。如果我们依赖于主观指标，我们就掉进了让我们亏损或丧失机会的传统陷阱。一个被超卖的股票或市场更是如此，在每一个熊市里都会出现这种现象。如果我们依据纯粹主观的信息而行动，我们很可能就会损失钱财。我们不想买一只股票，而它毫无表现，甚至更差，一头扎进更深的超卖中。通过运用移动平均线以及价格支撑位和阻力位，我们拥有着比那些依赖于传统指数手段的交易者大得多的优势。就像在图4.11中看到的那样，流行的指标或许看上去很亮丽，但它给不了更多的信息，并且会产生误导。增加色彩鲜艳的指标可以让你成为一个"图表艺术家"，给你朋友留下深刻的印象，但它们不会让你赚到什么钱。

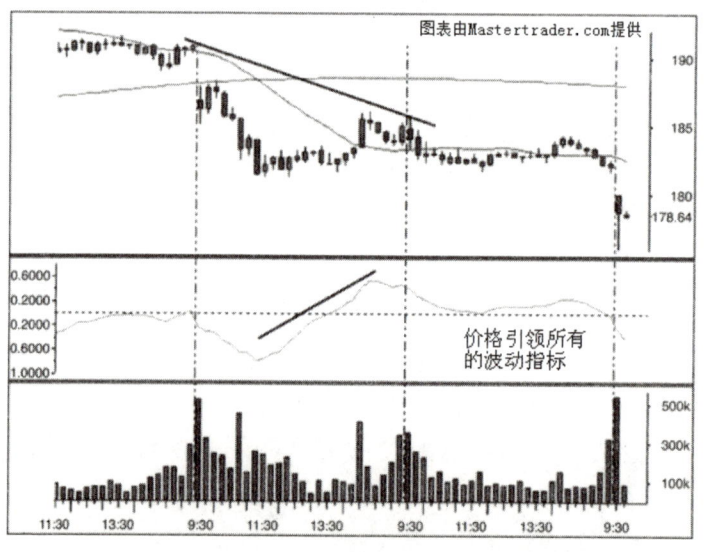

图4.11　一根MACD线并不能给出有用的其他信息

　　移动平均线也可以告诉我们关于市场运行惯性的一些事情。当我们看到价格跌到远远低于20期均线的位置时，我们就知道这是股市中比较强劲的下挫。然而，当这根均线赶上了价格并且新的运行使得它们之间的距离缩短，我们就知道这个惯性在减缓。如果你在一个价格新低之后看到一个变线形态，且价格跟K线的距离比之前的那次要更近，我们就知道那里存在着一个价格上的惯性交叉，供求关系正在发生改变。买盘将近期的供给都吸收掉了，并且准备将价格推得更高。请参见图4.12中的一个例子。你可以看到，随着股票打破支撑，它很快就远离20期均线，在价格与移动平均线之间留下一段大大的距离（见箭头1）。随着供给被吸收，新的卖盘并没有将价格推离移动平均线更远（见箭头2），最终我们期待需求会在下一个走势中将下跌趋势反转过来（见箭头3）。

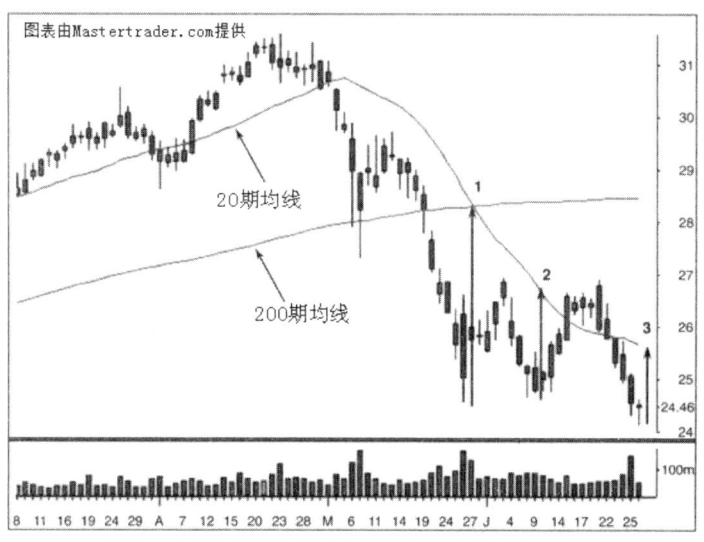

图4.12　从价格跟200期均线的对比中可以看出惯性在减缓

交叉这个概念可能会让人上当。许多交易者运用各种价格指标寻找交叉，并将它们看作是交易的信号。这是很危险的，交叉只是告诉我们惯性在减缓，而不是惯性发生了改变。交叉是这样定义的：在指标没有创新低或新高的时候价格创造了一个新低或新高。

指标以各种方式所做的就是用现有的价格去比对过去某个时段的价格以确认惯性分叉。用一根移动平均线，通过比较它跟过去走势和现有走势中的价格之间的距离，你同样可以做到这一点。如果你想要检查一下，只要在你的图表上放入一根20期均线和一根相对强弱指标线（RSI），或者任何其他指标线，将它的单位设定为20。检查一下指标所展示的分叉，看一下价格和移动平均线之间的距离，这样要简单多了。就像我之前说的，移动平均线只不过帮助加快了分析。我们只需查看跟现有价格做比较的之前走势中的 K 线数字和尺寸（K 线幅度），而不需要移动平均线，就可以看到这些惯性分叉。

看图 4.13，你可以看看在传统的指标那里会发生怎样的状况。随着价格最初的走高，价格 K 线变得更长了，指标也走得更高了。随着价格持续走高，惯性在减缓，K 线在变短。这引发了指标上的一个分叉，但是看看正在发生的是什么情况。即便惯性减缓了，但价格的方向依然没变。虽然步子比较慢，但是价格 K 线还是一根比一根高。需求还存在着，没有一根 K 线回撤到之前的 K 线之下。只有在 20 期均线随后在上行中碰到了价格 K 线，并且一根空头变线形成时，你才可以真正确定那个惯性发生了逆转。依赖于那个指标做交易只会让你亏损。

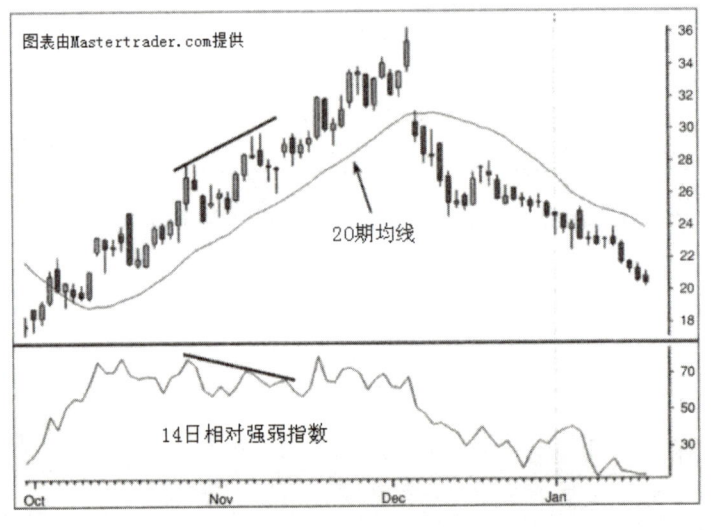

图 4.13 价格图表显示相对强弱指标分叉并无意义

在运用移动平均线时请记住要确保它们跟支撑位和阻力位是一致的。意思是说，在它左侧有高点、低点或阻塞。我们知道因为交易者会将移动平均线作为参照点，所以它们经常能成为自证的预言。然而，如果移动平均线跟之前的价格点位没有保持一致，自证预言就不太可能会发生。我们在交易之前想要看到价格不仅穿透均线而且穿透之前的支撑位或阻力位。如果均线的打破不在一个之前价格所形成的有意义的形态区域内，它就变得关系不大。始终看好左侧，看看价格会告诉你什么，价格及其形态要远远比单纯的均线本身来得重要。图4.14就是这方面的一个佳例。

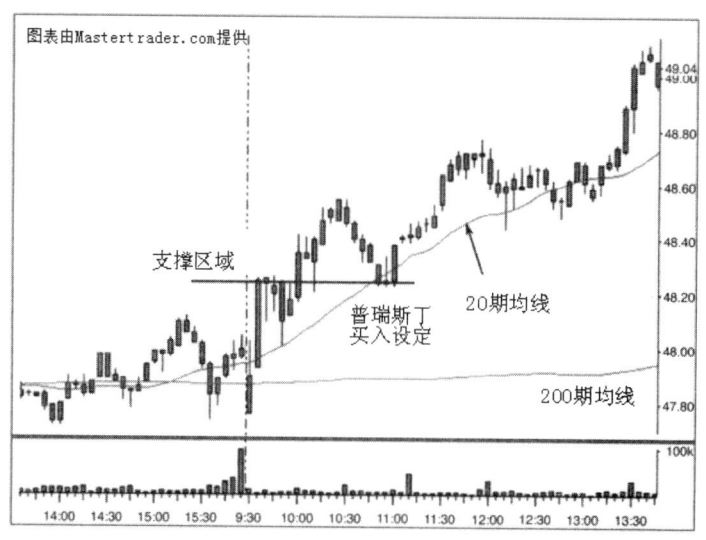

图4.14　移动平均线跟主要的支撑区域有着良好的呼应关系

我们可以在图4.15上看看这是如何发挥作用的。价格已经突破20期均线并且在向均线回撤中得以整固。我们往左侧看，可以看到一个支撑区域已经形成。我们也很快就看到20期均线远离了200期均线。这告诉我们，在某些时点上很可能发生过剧烈的下挫，在最初的阻力位上方可能有一个价格缺口。当我们在20期均线区域得到一根变线，我们知道这是很有意义的。我们的风险只在买入形态之下，一旦价格清理好最初的阻力区域，它应该会迅速走高。

想一想这里发生了什么情况。价格已经跌到20期均线以下，供给处于控制地位，底部的交易者将价格推高只是为了见证它跌入新低。当价格一开始打破20期均线的时候，主观的交易者将价格推回阻力区域。那些在之前高点买入的买家迅速卖出手中的筹码，消耗了供给的资源。当需求回到20期均线的时候，就像在变线上看到的那样，那里已经没有什么卖家了。价格很快就走向200期均线，因为很明显需求掌控了局面，买盘迅速将股票价格推得更高。

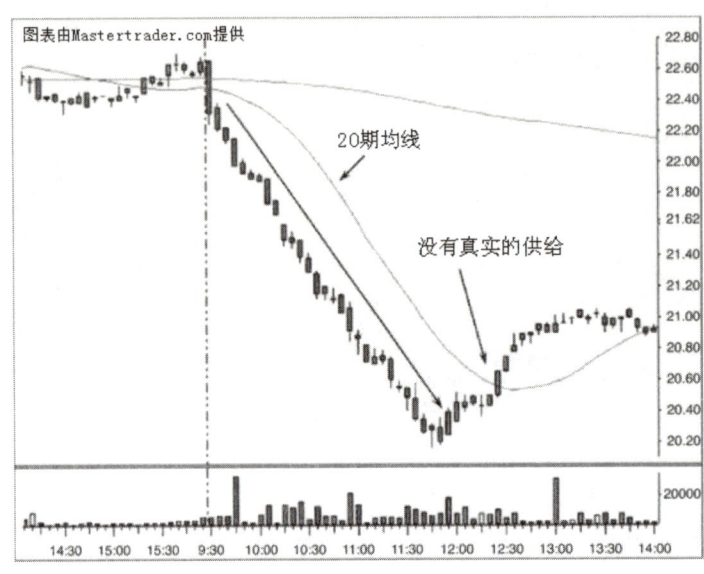

图 4.15 在没有价格阻力时移动平均线只是短暂地作为阻力而出现

运用移动平均线时的几个规则

我们可以运用移动平均线在不同的时间段里设立不同的规则，这会使你胜算的概率更大。在做每日交易的时候，当价格在一张 60 分钟 K 线图表上高于 20 期均线的时候，我们要考虑长期交易。从日内交易的关注点而言，我们沿着长期趋势做交易。只要价格在一张 5 分钟 K 线图表的 20 期均线之上，我们就会寻找买入信号。对于短期交易，我们想要寻找的是价格处于 60 分钟 K 线图表的 20 期均线之下的情形，并且只要价格处于 20 期均线之下我们就会再次寻找 5 分钟 K 线图表的信号。我不需要在 60 分钟分析周期上的买入或卖出信号，而只看价格趋势是处在 20 期均线之上还是之下。

一旦你具有了这样一个关系，交易策略或入口就可以放到你所选择的任何分析周期内，甚至 1 分钟 K 线图表。图 4.16 就是 60 分钟 K 线下日内交易多头斜线的很好案例，上面 60 分钟图表斜线是往上的，所有的回撤都是合理设定条件（包括更小的分析周期内的设定条件）下的买入时机。

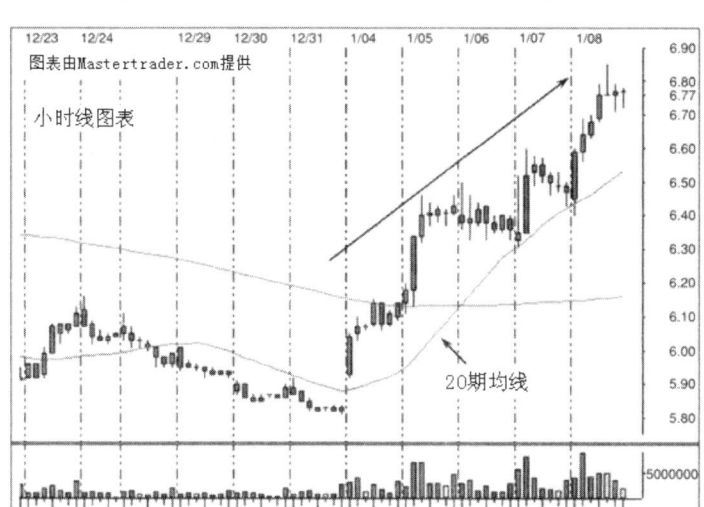

图 4.16 60 分钟图表斜线是往上的，所有的回撤都是合理设定条件下的买入点

对于逆势交易，如果价格远低于 60 分钟图的 20 期均线，或者处在我们的买入设定上，但是已经走到 5 分钟图表的 20 期均线之上，那就用在那个分析周期内的买入设定。反之则适用于逆势短期交易。如果价格远高于 60 分钟图的 20 期均线，但是在更短的 5 分钟分析周期图表上却跌落到 20 期均线之下，那就说明供给掌控了局面，我们必须等待空头形态的形成。将这两种分析周期放在一起审查会让你在做日内交易时始终站在交易的正确一方。

在长期图表上，你可以考虑周 K 线均线和日 K 线设定之间类似的关系。换句话说，当周 K 线的 20 期均线往上走的时候，我们就可以在日 K 线碰到升起的移动平均线之时发现最有可能的买入设定。

其他需要考虑的问题

关于移动平均线，还有几个概念需要讨论。行文至此，你可能会问，如果它们在上行和下行趋势中做决策是有用的，那么在停滞或者横盘的趋势下还有没有用？答案很简单。在横盘或停滞行情下，移动平均线基本上是没什么用处的，移动平均线的妙处只在价格往一个方向运行的时候才表现出来。当均线呈现为一系列倾斜趋向，它就变成了有用的信息。当均线呈现为一系列横盘趋向，它所给出的信息就不会比横盘的价格所告诉我们的更多。如果价格停滞或横盘，我们就预期这个形态会持续，直到它被打破。见图4.17。

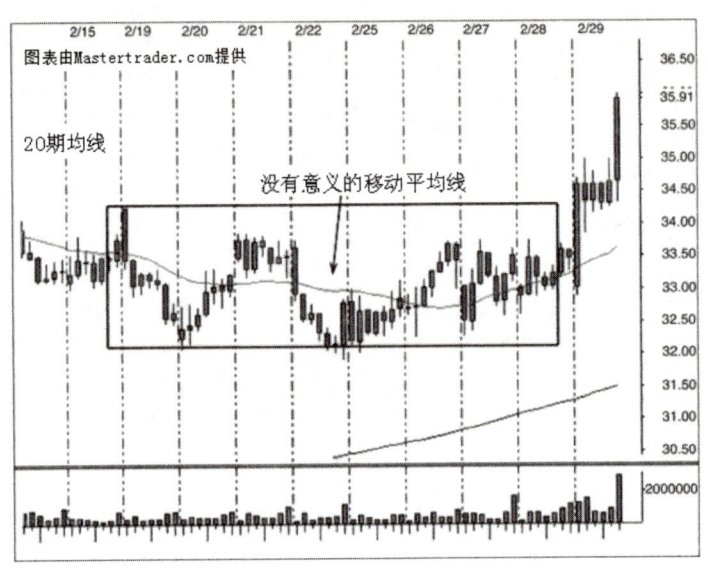

图4.17 在横盘停滞形态下移动平均线变得毫无价值

换句话说，如果移动平均线不再平行着走，且价格不再附着在上行或下行的移动平均线上面，那么移动平均线就完成了它们的使命，告诉你趋势很可能在结束。移动平均线的交叉或许也是对这一点的一个确认。如果存在有一个即刻的反转，比如从上行转向下跌，在移动平均线的交叉点之后，移动平均线或许直接在下跌趋势中保持平行，价格也附着在新形成的下行均线上。如果情况是这样，你只需从对一个有着完美图示的上行趋势的跟随，转到对一个有着完美图示的下跌趋势的跟随。然而，这样特殊的情况很少发生。大多数时间里当上行趋势被打破，价格就以闲散的步调横盘而行。移动平均线经常就跟价格K线混杂在一起，并且两根移动平均线

（20期均线和40期均线）也开始跟价格以一种无法区分的方式混杂在一起。当这种情况发生时，重要的一点就是要认识到移动平均线可能已经不再有任何价值了。价格碰触到移动平均线甚至都失去了自证预言的效应。就其程度而言，它是如此之小，以至于下一次的价格运行很快就将它淹没了。

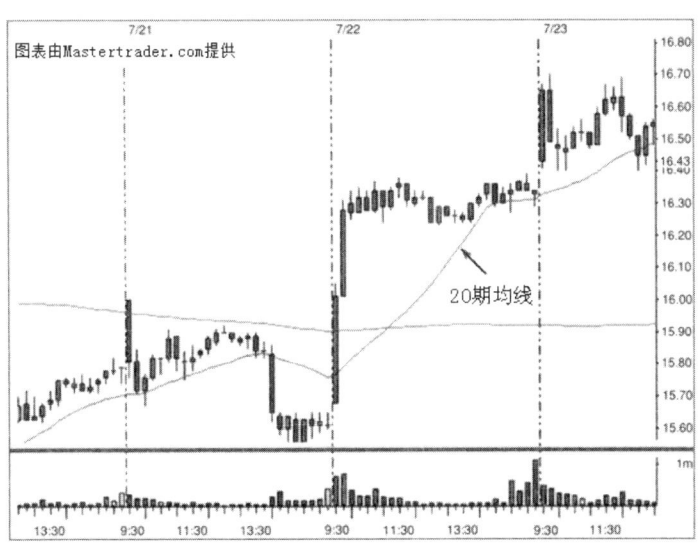

图4.18　一个强劲上行趋势在遇到20期均线时进行了充分的整固

另外，移动平均线可以成为特征明显的时间指标，帮助我们理解什么时候延伸的价格形态可能准备好了恢复其上行走势。我们讨论过回撤以及走入移动平均线上升通道的价格（下跌则反之）。然而，有时候价格急剧上升，拒绝回撤。就像我们之前讨论的那样，价格可能会随着时间而整固。在一次急剧上升之后，问题常常变成价格会经过多久的横盘整理才算做好恢复上行的准备？答案非常简单。当再次遭遇移动平均线的时候，不论其势头多么强劲，在其碰到20期均线前的盘整时间往往表明这个股票盘整得足够了，即将往上走了。这一点可参看图4.18。自然，一个普瑞斯丁交易者并不会简单地在接触点买入。然而，我们明白此时的股票已经得到了充分的盘整，一旦合理的买入设定形成，我们就会寻求再次走高的价格。

通过移动平均线找到强势股

移动平均线还有一个巧妙的用处。如果你搜索当前的 K 线高于 20 期均线的股票，之前 30 根 K 线高于 20 期均线的股票以及再往前 30 根 K 线高于 20 期均线的股票，你就会拥有具有最佳上升趋势的几只股票。你自然想要直观地查看这个列表，但这是一个短短的列表，并且其中一些股票具有最为强势的形态。

图 4.19 是 RealTick 交易平台上的一个股票提示器，向我们展示了另一个观念。RealTick 是 Mastertrader.com 首选的交易平台。提示器在三栏列出了相应的符号，它或者是绿的（本书中以灰色代表），或者是红的（本书中以黑色代表）。第一栏中的绿色表示股票收盘价高于日线图表上的 20 期均线。第二栏中的绿色则表示收盘价高于 40 期均线，第三个栏目表示 20 期均线高于 40 期均线，上述均线都是在日线图表上的。你可以通过任何一栏对它们加以分类，这让你有能力找到强势股中的最强（弱势股中的最弱）。

简称	简称	全名	简称
$DJI	$DJI	Dow Jones Industrial Avg	$DJI
AA	AA	ALCOA INC	AA
AXP	AXP	AMERICAN EXPRESS CO	AXP
BA	BA	BOEING CO	BA
BAC	BAC	BANK OF AMERICA CORPORATION	BAC
CAT	CAT	CATERPILLAR INC DEL	CAT
CSCO	CSCO	CISCO SYS INC	CSCO
CVX	CVX	CHEVRON CORP NEW	CVX
DD	DD	DU PONT E I DE NEMOURS & CO	DD
DIS	DIS	DISNEY WALT CO COM DISNEY	DIS
GE	GE	GENERAL ELECTRIC CO	GE
HD	HD	HOME DEPOT INC	HD
HPQ	HPQ	HEWLETT PACKARD CO	HPQ
IBM	IBM	INTERNATIONAL BUSINESS MACHS	IBM
INTC	INTC	INTEL CORP	INTC
JNJ	JNJ	JOHNSON & JOHNSON	JNJ
JPM	JPM	JPMORGAN CHASE & CO	JPM
KFT	KFT	KRAFT FOODS INC CL A	KFT
KO	KO	COCA COLA CO	KO
MCD	MCD	MCDONALDS CORP	MCD
MMM	MMM	3M CO	MMM
MRK	MRK	MERCK & CO INC NEW	MRK
MSFT	MSFT	MICROSOFT CORP	MSFT
PFE	PFE	PFIZER INC	PFE
PG	PG	PROCTER & GAMBLE CO	PG
T	T	AT & T INC	T
TRV	TRV	TRAVELERS COMPANIES INC	TRV
UTX	UTX	UNITED TECHNOLOGIES CORP	UTX
VZ	VZ	VERIZON COMMUNICATIONS INC	VZ
WMT	WMT	WAL MART STORES INC	WMT
XOM	XOM	EXXON MOBIL CORP	XOM

图表由 Mastertrader.com 提供

图 4.19　用 RealTick 提示器可以迅速发现强势或弱势股票

运用像这样的办法，你可以节省时间，同时还可以获得最佳的结果。在三栏中都是绿色的股票表明它当天的收盘价高于20期均线，高于40期均线，且20期均线高于40期均线，见图4.20。

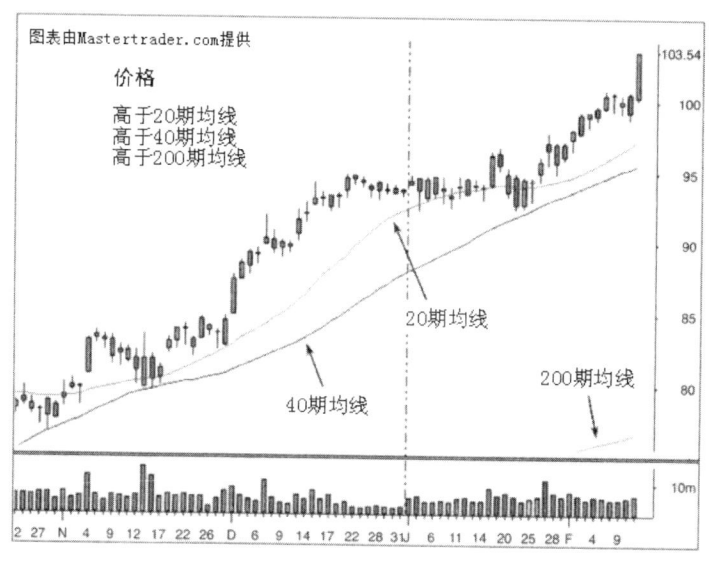

图4.20　图4.19中的提示器给出了像本图所示的一个股票

找到真正的强势股是找到绝佳交易的第一步，移动平均线可以帮助你做到这一点。

本章小结

移动平均线的合理运用不仅可以强化交易结果，而且还可以极大地加快进程。在牛市环境下，只需找到跟一根平滑上行的40期均线平行着一根平滑上行的20期均线就可以获得最佳的交易结果。如果交易者将这个标准运用到他们跟踪的股票池中的所有股票上去，用以建立强势股并放弃其余股票，他们就会获得优中选优的股票，在它们回撤时就可做一笔好交易。另外，那些运用搜索器的交易者会发现，只是通过寻找当前价格（也可以是之前两三个时段的价格）在20期均线之上以及20期均线高于40期均线的股票，他们就会获得不可思议的搜索结果。反之则可以找到最强下跌趋势的股票。

就帮助我们确认真正的趋势而言，移动平均线是终极工具。对我们之前讨论过的买入技巧而言，在确认回撤的大致区域方面移动平均线也能派上用处。虽然移动平均线的部分运用可能属于自证预言，但普瑞斯丁交易者知道如何运用自证预言并从中获益，而不是通过主观指标来强化自己不成熟的一己之见。

我们已经就支撑和阻力以及移动平均线做了不少讨论。这些都必然跟价格行为在哪里发生有关。接下来，我们将讨论一些真正强调"哪里"的事情。这个事情就是大家都知道的成交量。

第五章 成交量:

价格的承托

另一个被过度使用(有时候是不正确使用)的指标就是成交量。每天你都可以听到关于成交量的各种声音,以及各种如何解读它的讲法。成交量是我们分析进程的一个部分,但它只是一个工具。我将成交量看成是第二位的指标,涉及交易时我们的首要指标始终是价格。成交量分析的是过去,它永远不会成为当下决策过程的一部分,但有一个例外。在交易的那一刻,你成了成交量的一部分,也会影响到价格。

就其根本而言,成交量表示的是一种对现有价格的承托。作为对K线形态的一种确认,它可以很有用。但是我一定要强调,价格行为及其形态是任何交易的缘由,成交量决不应该成为单独的决定因素。成交量上升或下降本身并不能给我们任何客观的信息。揭示供需关系的是K线,成交量只是表明这种关系的磁性有多大。请参看图5.1。

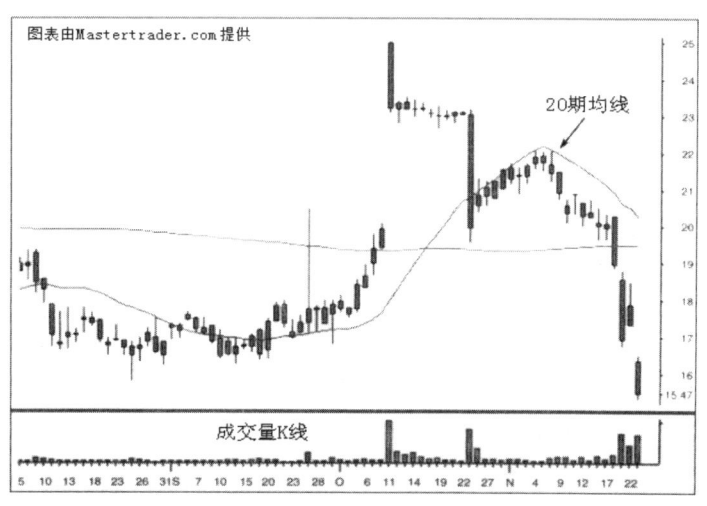

图5.1 成交量是你应该放到图表上的三样东西之一

成交量或许是被谈论最多的指标之一。我对成交量又爱又恨。一方面，它是我放在自己图表上的三样重要东西之一。记住，我在图表上只放三样东西：价格、移动平均线和成交量。另一方面，成交量或许是最被交易者高估和误解的一个信息。

成交量的错觉

谈到成交量，或许最好先讲一讲关于它的一些错觉和误解。只有了解成交量真正的含义，我们才能恰当地运用它。

关于成交量的第一个误解可能只是对语义理解上的不同，但是有必要在此澄清一下。当被问及某一只股票的价格为什么会回升的时候，一个训练有素的交易者可能会这样回答："因为在此期间，买单要多过卖单。"虽然我们或许知道他这样说的意思，但是实际上这个说法是不对的。一只股票其价格无论升还是降，它在任何时间段内都不会出现买单多过卖单的情况。在那个时间段结束的时候，或者在一天交易结束的时候，买单的数量总是跟卖单的数量相等的。每一个卖单都有一个买单，每一个买单也都有一个卖单。

这名交易者想说的或许是：在那个时间段内，潜在的买家要比潜在的卖家更多。当潜在的买家多于潜在的卖家的时候，需求就提升了。然而，我们还是必须在心中提醒自己：在某种意义上说，成交量是一个过去时的概念。一旦市场上产生了这种需求，一个新的时段就开始了，谁可以声称这个需求会持续？见图5.2。

你可能经常会听到有些交易者说出这样的话："哇，这个成交量真是太熊样了。五分钟内超过10万个卖单，是正常情况下的五倍。"这个交易者没有明白的是，这里有着同样多的买单。如果股票刚开始下跌，人们往往假设这是由卖单而引发的一种运行状况。然而，我们想要知道的问题不是是否存在大量的卖单。我们想知道的是：是否继续会有大量的卖单。如果股票回到它之前的价格上，那么在它最初的下行走势中发生了多少成交量是无关紧要的，因为，不管产生了多少卖单，总是有与之相同数量的买单。我们必须回答的问题是：就目前而言，我们将去向何方？

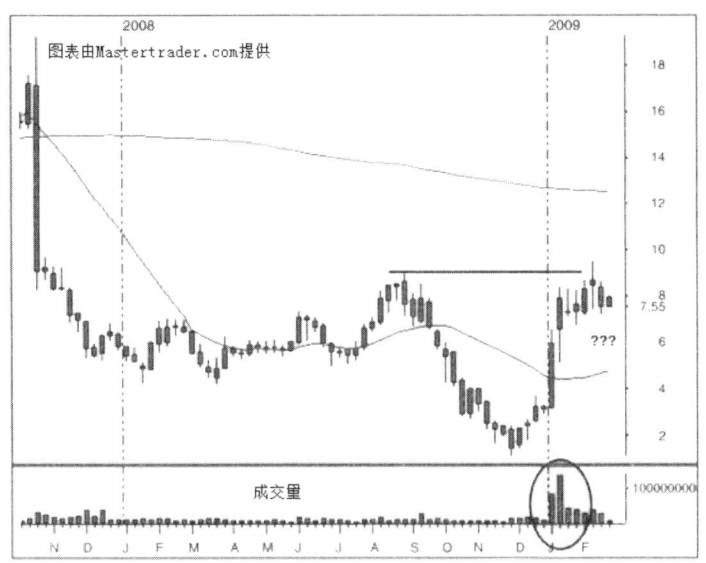

图5.2 大成交量可能只能说明过去

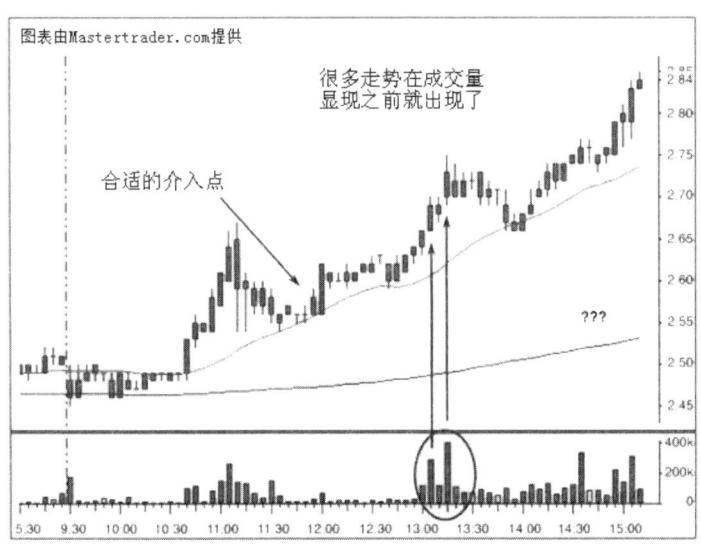

图5.3 等待大成交量并非解决之道

关于成交量还有一个通常的误区是认定除非成交量放大，否则价格走势就无法持续下去（见图5.3）。这是一个正确判断的反向判断，但它是错误的。很多时候，大额成交量的出现意味着一个新的走势正在形成。然而，倒过来的观点，认为没有成交量的放大就不会形成的新的走势，则是错误的。那些等待成交量放大而对价格变动没有做出反应的交易者可能会错失最佳的介入时机。好的交易者会在价格形态有所预示之时进入交易，而在他们介入之后更多的成交量可以帮助他们达成价格预期。关于这一点，我们稍后将会做更加详尽的讨论。

关于成交量最被曲解的一个概念极为流行，甚至市面上还有人写出了用于检索它们的分析系统。交易者寻找着这些情形，感觉他们拥有了金矿，但是事实上他们一无所有。这里我们讨论的是大宗股票交易。有时候价格走得挺顺畅，突然之间，场外发生了一桩交易。一桩交易发生于场外，这意味着它发生在建立在Level2屏幕之上的竞价系统之外（Level2屏幕是追踪任何股票或项目的实时竞价屏幕）。比如，一只股票出价是32.10，叫价是32.14。假如一个交易突然在32.30成交，那么，这种情况的发生就存在着两种可能性。首先，这仅仅是一个错误。错误确实会发生。如果它是一个错误，它很可能就是一单交易，这单交易有着典型的数量特征，或许是100股，或者1000股。如果一单交易发生在市场外较远的地方，然后又在下一刻回到了正常的价格，那么它就只是一个错误，可以被忽略不计。图表通常会很快就纠正这些错误。

然而，如果在32.30的交易有着一个相当大的成交量，那它很可能不是一次错误，而是大宗交易。区别在于，一桩交易确实很可能在32.30的价位上发生。许多交易者将此视为大阳的标志，因为一桩高于现行市场价的大宗交易表明有人一定真正愿意支付高价。这个想法很成问题。我将说明这些事情是如何发生的，你也会看清为什么它们实际上对你在股市上赚钱的能力没有什么影响。

在大宗交易中所发生的事情是这样的：一个操盘手可能有一个买入股票的大单。在这种情况下，他很可能整天都在处理这个买单，目的是为了在不将价格抬高的情况下成功买入股票。到了某一个时间点，他可能还剩下一小部分股票还没买，比如一张100万股买单中的15万股。那个时候，它可能拿起电话打给一个操盘手朋友，只是说："瞧，我还必须要买15万股XYZ。你愿意出多少价格把它卖给我？"两个操盘手在某个价格上达成了一致，这笔交易就成交了。虽然许多交易者为此而大为兴奋，但是真相是，大多数情况下这是一张大单的最后一笔交易。或许因为这张大单价格在当天一路走高，但是这通常会是买入的终止，而不是开始。因此，虽然场外交易的大成交量可能证明它是一个大宗交易，而不是一次失误，但那并不意味着股票就会在未来走高。

合理运用成交量

事实上成交量只有两种运用是真正重要的。另外，在这两种运用中，只有一种可以让你真正赚钱。另外一种有时候可以让你赚钱，也是非常重要，需要深入了解的。在我们讲这两种运用之前，让我们先来看看成交量的其他一些运用，虽然这些运用也挺好，但是未必会让你赚到钱。

在强劲的上行或新的突破之后，看到回调是很好的一件事，那就是说，价格大幅度运行之后的回撤或整固是发生在成交量缩减的情况下。这里的观念在于，强劲的买盘压力导致了新一轮的上涨，有且应该也只有卖家才能从推高价格的买家那里收割盈利。如果我们看到新的卖单开始超过发生在拉升阶段的成交量，你必须要质疑此次拉升。按照惯例，这同样适用于在下跌趋势中一次急跌之后的回撤性的上升。记住，即便我没有分别提到。所有针对多头形态讲的内容同样适用于空头形态，本书都是如此。参见图5.4。

换句话说，当价格逆势而行跟市场的潜在趋势抗衡的时候，成交量应该处于下降通道中。这表明价格趋势依然强劲，交易者在价格逆势而行的时候继续持有股票。随着价格回到一个支撑区域，我们就愿意看到价格回升时成交量的降低。这告诉我们很少有交易者想放弃他们的持股，新的需求将重新进入上行通道。在这里，成交量要我们开始观察变线。一旦价格进入一个支撑或阻力区域，我也愿意看到成交量放大。这告诉我，在这个恰逢其时的位置人们对这只股票的兴趣正在增大。

图 5.4 在多头的回撤中成交量在下降

虽然看到这种现象是好事，但是就像技术分析中的任何事情一样，你必须在其中加入一点盐分。有些时候，在阶段一到阶段二的过渡中，一个长期横盘形态进入了上升通道。这些类型的突破在刚开始上升时成交量有限，在第一次走高的试探之后有时候会出现大量卖出的情况，这些都是可能发生的。这并不少见，但它跟突破必须或应该在高成交量上出现的观念相冲突。就像任何形态一样，这种情况的发生跟交易者心理学有关。因为股票已经横盘了很长一段时间，长期交易者在之前许多点位上都没有放弃，但他们渐渐变得失去耐心，会在刚开始上升时就卖出股票。因此，即便是这个回调时成交量少的规则都不总是可用的。在一个具有良好基础的上行趋势中，在新的突破及其持续上行中的成交量应该比回调时的成交量更大。一旦你在回调时开始看到大成交量，它可能就是上升会结束并转化成横盘或下跌形态的一个信号。图 5.5 展示了这方面的一个例子。

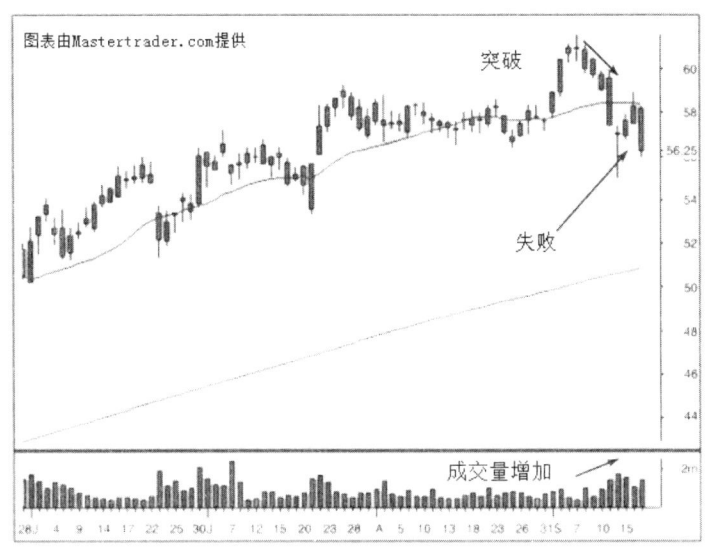

图 5.5 成交量具有欺骗性

成交量的主要运用

现在我们已经消除了关于成交量的一些误解，也讲到了它的一些次要运用。我将在本章剩下来的部分讲讲成交量的两项主要运用。这两项运用是最为重要的，或许它们也是唯一可以帮助你赚钱的运用。就像我前面说过的那样，许多其他的运用了解一下也挺好，但我通常不会因为它们而采用或否定一个形态。这两项运用中的第一项属于"大成交量激发新动向"。这里我们谈论的是在单一的一根大成交量的K线上趋势受到挑战或者实际发生改变的情况。我们讨论的是具有一根非常高的成交量反转K线的下跌趋势，或者更精确地说，作为单一的突破，突破到新的上行趋势的横盘趋势。这些高成交量K线是新走向启动的信号，在长期降低了的成交量之后尤为如此。就像你在图5.6中看到的那样，股票休眠得越久，在高成交量突破性K线之后就越可能跟着一波大幅度的持续走势。

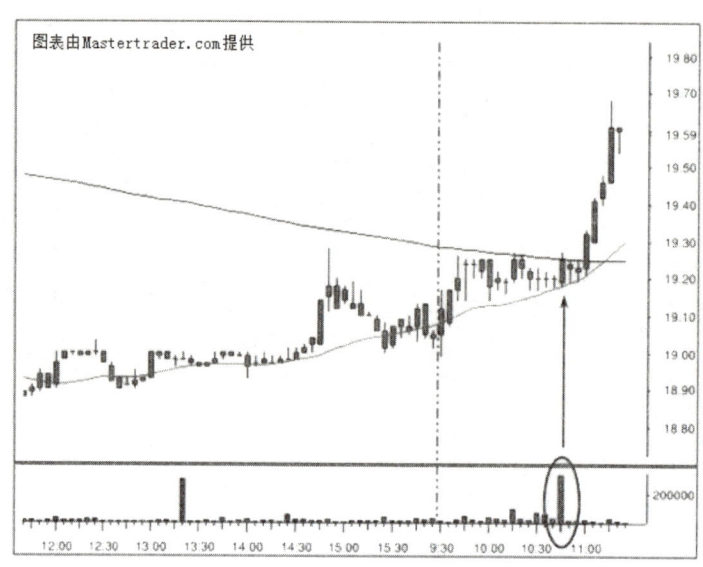

图5.6 在新的突破之上成交量启动了一轮新的走势

我们可以在好几处看到这一类型的突破点成交量。当现存的上行趋势稍做休整然后又开始以大成交量开始一轮新的上攻之时，这类成交量的出现是特别有利的。这是因为所有的成交量都进入了一个只是稍做休整的当前趋势中去了。在下跌趋势中出现单独一根大成交量的反转 K 线通常是很有意义的，但有时候也可能让人上当。

有时候短期的大成交量进入，造成一个短暂的高峰，但可能会后继乏力。在这种情况下，我愿意看到对前面低点的再次试探，以确认大成交量会被跟随。见图 5.7。

在一般意义上，这一类成交量被称为"职业（或委托）成交量"。我们也将在新突破点上的大成交量称为"放量启动"。关于这类成交量，我们有一个特别提醒：它并不总是能让你赚钱。理由是这个成交量是在买入点之后进来的。换句话说，当一个形态形成时，你必须将基于价格的形态作为主要考量，而不管成交量如何。一旦形态明朗了，你或许看到额外的成交量出现了。这帮助你确认到它是一笔好的交易，或许会鼓励你在适当的时候增加持股。然后，最初的进入却无法等待放量，这样做会牺牲很多好的交易。记住，我们是在阅读图表和更好地了解形态，由此我们才知道何时进入交易。当其余的大众也搞清楚了的时候，大成交量就进入了。但是，我想要在原先那个点上进入交易，并让大成交量帮助我，将交易带到目标价位。

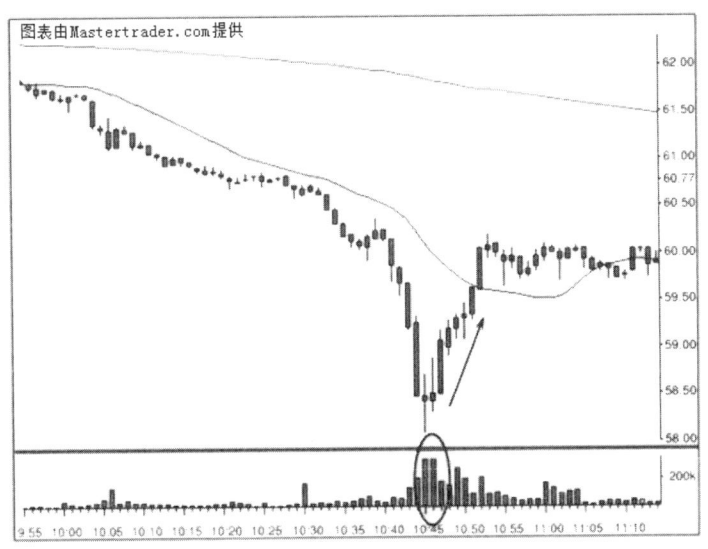

图 5.7　成交量启动了趋势的反转

第二种类型的成交量就是"新手成交量"，我们也称之为"结束现有走势的放量"。这里我们讨论的是已经下跌了许多的股票。之后这只股票似乎无法再跌了，但它随之发生大跌，且成交量巨大——比前几根 K 线的成交量大多了。这个成交量有时候也被称为"穷尽成交量"或者"顶峰成交量"。不管你怎么称呼它，这一类成交量表示现有走势的终结就在眼前，见图 5.8。如果最后一根 K 线是放量的宽幅 K 线，它跟在一根有影线的扩展阳线之后，那么该股票的价格即将反转的胜算就会很大。

每一张图表都展现了一幅交易者行为和情绪的画面。就这一类成交量而言，也同样如此，设想一下，你买入一只股票很久了，但它一直违背你的意愿不断下跌。每一步下跌都在你心里加重了压力，不断增加的损失也让你倍感痛苦。随着你和其他人对股票不会反弹的形势越来越清楚，这些忍受已久的人已经忍无可忍，他们骂着娘卖出了股票。突然之间，原来无法接受200美元损失的人却在损失2000美元的交易上轻易地按下了卖出的按钮。这个大多数人一起卖出的时刻造就了成交量的放量增长。很奇怪的是，这样的情况经常发生在之前的价格支撑位上。为什么大多数人会在价格即将稳定下来的明显位置卖出呢？情绪占了上风，即便你在那时意识到了支撑位的概念，但情绪还是将客观精神排挤掉了。如果你是交易和技术分析的新人，你或许会想，为什么有人会那样做。然而我保证你在未来一定也会经历并理解这样的情况。技术交易的一部分学习过程就是需要生活在图表中，以便充分理解各种形态背后的行为和情绪，你无法绕过这样的学习过程。

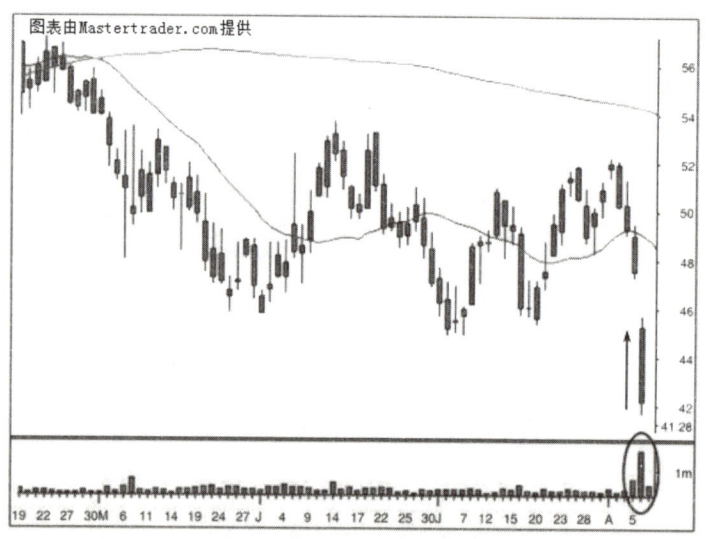

图 5.8　新手成交量结束了一个扩展走势

对这一类型成交量的体验与理解对我们特别有用，因为它在下一步走势即将发生之前给了我们一个预警。这类成交量增长经常发生在反转之前，它告诉我们一个机遇即将到来。在这一类成交量之后，如果它确实不同寻常，那么下一个买入设定就成了很好的进入时点。见图5.9。

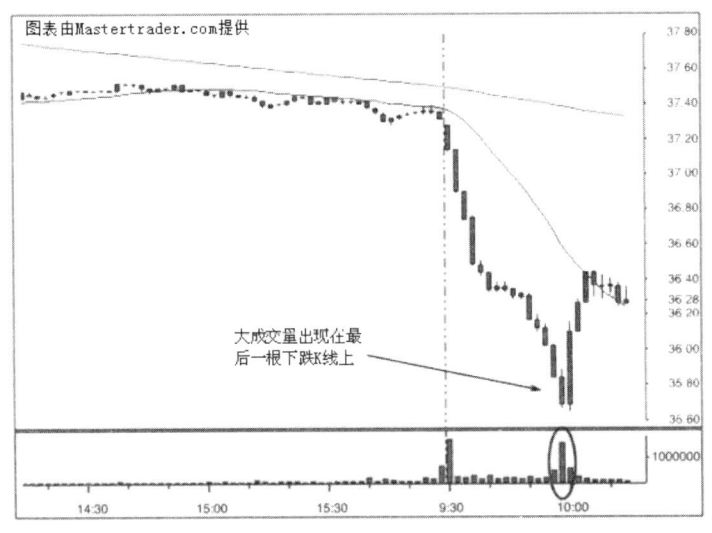

图 5.9 新手成交量对唯一的买入点给出了预警

虽然等待转折点的再次试探或许对我们有利,但是像这样的形态有时候是不会再次回头进行试探的。它们或许会在所谓的 V 形底部之后一路往上。

成交量有着各种不同的水平,我们经常试图将它们跟各种不同的设定确认和联系起来。当你看着你图表底部的成交量的时候,我一般只是看着最近的成交量来目测平均成交量。这不是火箭科学,看一眼就可以找到出挑的柱线,这是最好的寻找方式。不要将事情都弄得那么复杂,简单就好。当我们看到一根柱线打破了之前六到八根柱线的高度时,我们就将它看成高于平均成交量。当该柱线的高度高于之前六到八根柱线的两倍高度时,我们称之为"顶峰成交量"或"委托成交量"。顶峰成交量是在扩展的运行和几根 K 线之后出现的,委托成交量会在买入或卖出设定被触发之时或紧随其后发生。这些都不是非常精确的定义,它们对你所寻找的是哪一类成交量数值有引导作用。见图 5.10 中顶峰成交量的一个例子。

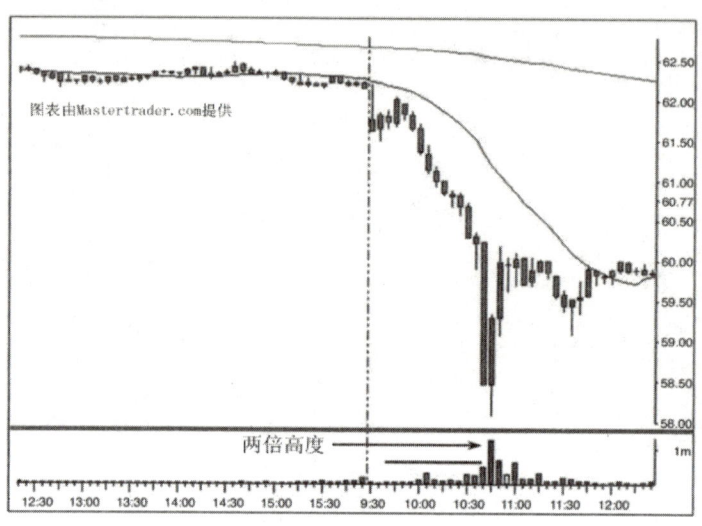

图 5.10 顶峰成交量的模样是怎样的

顺便说一下，我喜欢看到委托成交量发生在反转形态形成之前。在这个例子中，股票已经运行到阻力区域。随着变线形态的形成，成交量也随着更多交易者的踏入而上升。这是看好交易的成交量，试图在交易的看好方向推高价格。就像图 5.11 所示，伴随着实际形态的形成，这类成交量的完成可以在我们交易趋向的方向上形成巨大的价格推动。

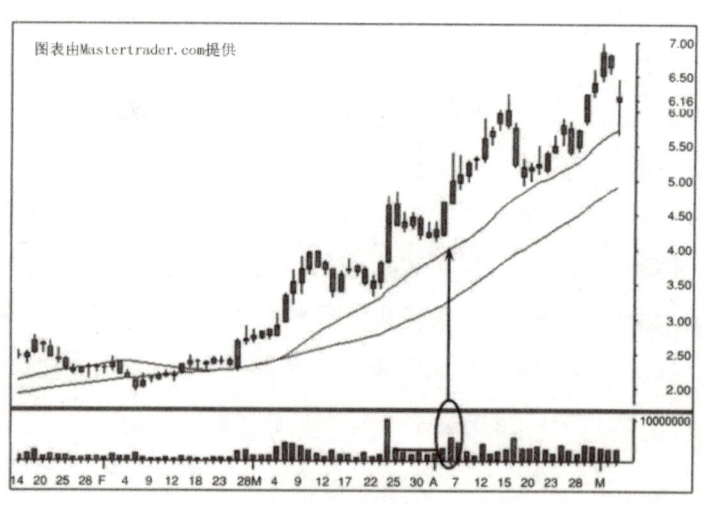

图 5.11 伴随成交量增长的变线

另一种看待成交量的方式可以这样来表达：成交量只有三种，我们将它们看成并归类为新手、专业或持续，我们刚刚讲过的两种就是新手和专业类型的成交量。持续成交量可能会难以读懂和理解，给你许多虚假的解读。基本上，任何不是新手或专业的都可以看成是持续成交量。这类成交量在赚钱方面并不是很有用，虽然坐着闲聊和讨论倒不失为一个话题。

几种成交量的外观

这里有几个例子可以诠释我们所讨论的成交量问题。图 5.12 中的图表展示了结束上行趋势中的回调下跌的大成交量例子。在回调最后部分的大成交量表明，股票即将反转，重拾上行趋势。这个成交量对我们特别有帮助，它可以让我们找到在上行趋势中启动普瑞斯丁买入设定的正确 K 线。

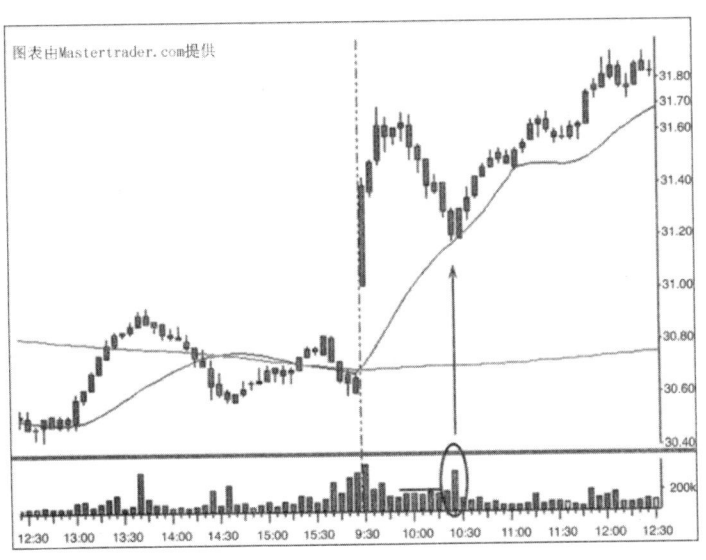

图 5.12　大成交量显示回调正在结束

在图 5.13 中，我们看到一个结束下跌延伸运行的大成交量例子。在走势结束处的放量表明下跌走势即将走到头了，此时我们可以期待价格上的反转。这是一个新手成交量的好例子。虽然起初的走势强劲有力，但此时已然跌得太深了，这样的耗竭还表明在这最后一根 K 线上卖出的人是新手卖家。

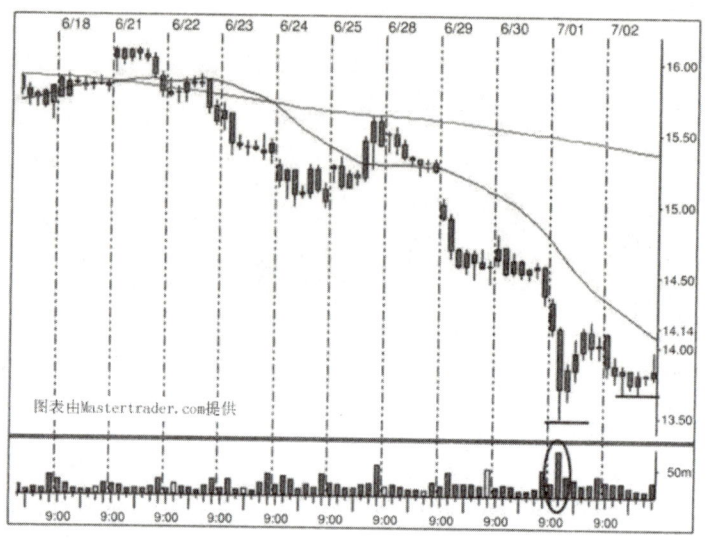

图 5.13　结束原有走势的新手成交量

图 5.14 是专业成交量的一个例子。这是一个启动上行走势的成交量。在这个案例中，这一方向的改变发生在缺口上，但是所有进来的成交量是两股势力的综合，一股是新卖家启动了这一方向上的新走势，另一股是以前的短期卖家现在因为走势突然改变而成了买家。

图 5.15 是一个持续成交量的例子。虽然，就像我们说过的那样，这并不是特别有用的一个类型，但你会愿意看到在现有趋势上休整时成交量的下降。发生在上行趋势中的回撤或调整应该呈现成交量不断降低的情况，这表明人们依然看好该股票。

成交量增长应该出现在主要趋势的方向上，成交量下降应该出现在主要趋势的相反方向上。当价格运行到支撑或阻力区域时，成交量的增长就相当于对这些支撑或阻力区域的确认。价格持续在主要趋势中运行而成交量在增长是对潜在反转的一个提醒。请看图 5.16。

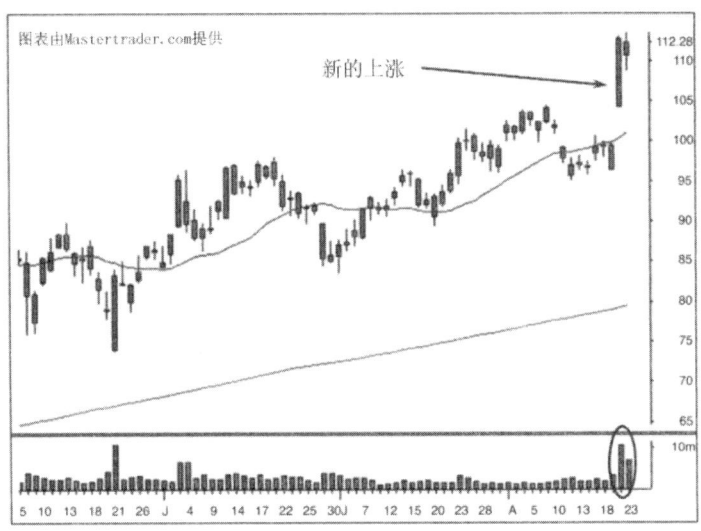

图 5.14 启动新走势的专业成交量

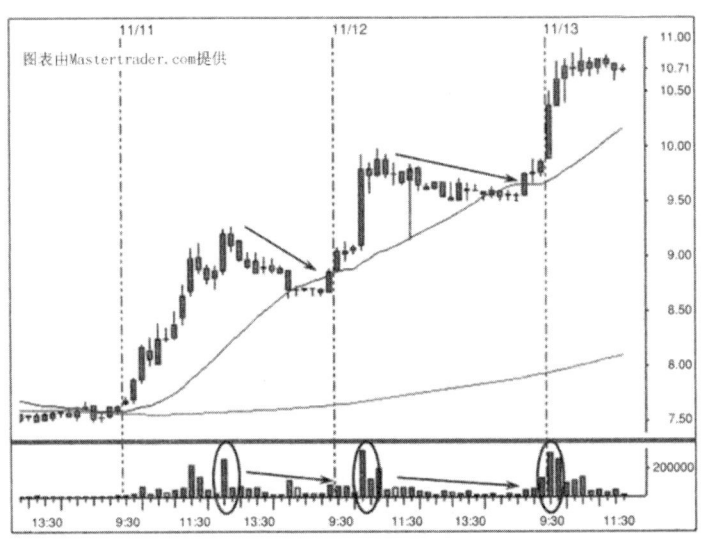

图 5.15 持续成交量

图 5.16 可以让你对如何结合价格运用成交量和找到最佳交易有一些概念和认识。如果你往左侧那个数字 1 那里看，你可以看到一个接近理想的条件：交易成交量随着价格上升而上升。这告诉我们，随着需求的持续，

越来越多的交易者对这只股票产生热情。随着价格的上升和整固，我们可以在第 2 点那里看到在价格 K 线尺寸收缩的过程中，成交量在扩张。价格也回到了之前高点的阻力区域。更多的交易者进入了该股票，但是买卖双方的数量匹配得很好。这是一个显著的危险信号，事实上，我们看到形成了一个反转，价格也下跌了。

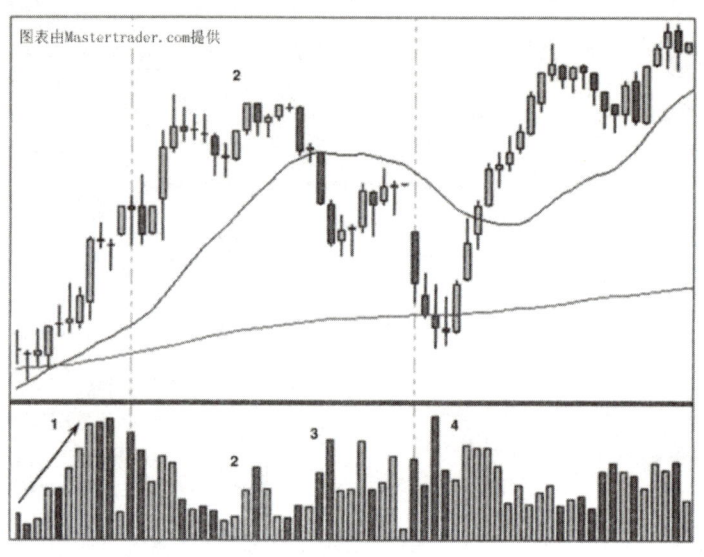

图 5.16　成交量的多种运用

此时，在第 3 点上，你可以看到一次放量，随之出现了一根标志着价格下跌可能会减缓的窄幅 K 线。就像你看到的那样，虽然没有形成明显的反转形态，但价格确实减缓了下跌。随着下跌的继续，我们在趋势加速时得到了一个顶峰成交量。更多交易者跳上了卖家的游行花车，迅速将价格压得更低。在第 4 点那里，你可以看到在窄幅 K 线上发生了最后一次成交量的放量，这根 K 线表明交易者对该股票的态度正在改变。我们又看到一根宽幅 K 线，推到了远高于之前 K 线的位置，表明需求再次掌控了价格运行的局面。

在图 5.17 中，我们看到观察成交量和价格的另一个好例子。就像你看到的那样，在图表的左侧远端价格在下跌，但成交量相当低。在图表的点 1 处，你可以看到随着普瑞斯丁买入设定的形成，我们得到了一个委托成交量。随着卖家完蛋而买家重新控制局面，它启动了一轮上涨。在价格起跑之后，我们得到了一根上影线 K 线，价格开始回调到 20 期均线那里。然而，看看成交量那里发生了什么。在图 5.17 中的第 2 点那里移向均线的过程中，成交量在下降，很可能没有足够的卖家将价格推过支撑点。事实上，我们看到出现在第 3 点成交量放量那里的一个普瑞斯丁买入设定。委托成交量的新生力量进入了股票，它就开始腾空而上。价格在更高的成交量上不断上涨，直到涨到了 200 期均线那里。价格在那个水平上整理，很可能因为更多主观交易者的行为，我们再一次看到了成交量的下降，并没有很多交易者愿意抛出持股。随着两根均线的交汇，我们知道我们可以期待一轮上涨。当我们看到一根在第 4 点位置收于高点的阳线时，我们进入了，我们也看到价格重新开始上涨。

在图 5.18 中，我们看到成交量有相当大的增长，但没有发生突破。这种情况常常是现有趋势即将结束的表示。这个横盘底部出现在上行趋势中，但随后发生的成交量增长没能形成突破。这表明，突破不再有效，上行趋势结束了，我们可能马上会看到价格跌到底部以下。

图 5.17　成交量对价格形态的补充

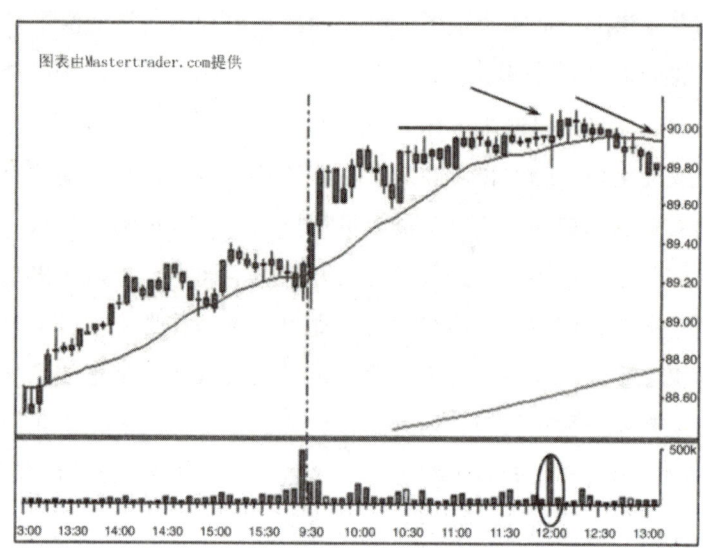

图5.18 成交量增长没能形成突破

换句话说,有些情况下我们看到在一个趋势中成交量随着价格的收缩而增长。当我看到成交量上升而K线的尺寸变得越来越小时,我就知道反转可能即将来临。想一想在我们看到这种情况时发生了什么事情。如果趋势仍然强劲并很可能持续,这一新的成交量就会在原有趋势上进一步推高价格。价格K线就会变得更长,而不是更短。在收缩的价格幅度内一个更高的成交量表明交易者开始看好反向趋势,我们可能很快就会看到价格反转。当然,这一点本身并不足以成为交易的充足理由,但它能够提醒我们要密切观察价格的新动向。

成交量与可交易性

我们至今为止所讨论的都是成交量的实际应用,将它作为我们图表读解能力的补充。这是成交量的技术应用。除了这一点,我们还需要讨论一下成交量的可交易性。成交量还跟一只股票运行得有多顺畅以及进退是否方便有关。对于那些只是寻找长期形态(例如在周线图表和日线图表上的形态)的交易者而言,总量对他们没什么影响。理由是,如果你想持有一只股票几天或几周的话,你进入的具体点位就没有那么关键。如果你必须多付 5 分或 1 毛甚至更多一点以便进入或退出一个交易,它对你没什么大的影响,因为你寻求的势必是更大的价差。

然而,对依赖于日内形态的交易者而言,找到好的进出点是非常重要的,我们不能扔掉 10 分或 15 分钱进入一只股票。许多股票的交易量如此之少以至于进入和退出都相当困难。即便它显得比较容易进入,或者即便你相对容易地进入了,问题不在于事情顺利时的进入。问题在于事情变坏时你如何退出。当一只股票急剧下跌并且我们有几个卖家时,或者当一只股票打破重要的支撑位时,在一个轻量股票上的卖盘压力可能会驱使它跌得更快,从而导致重大的损失。

为了避免交易的股票太过单薄,你可以看一看股票交易的总量以做参考。你应该开始注意诸如图 5.19 的图表之类的事情,在这张图表上的日内形态中有缺口出现。图表上的日内形态一般不会出现缺口,唯一可能出现缺口的情况是在成交量极为稀少的时候,它会导致价格真正从一根 K 线变到另一根 K 线,原因是买盘和卖盘之间分布幅度太大。

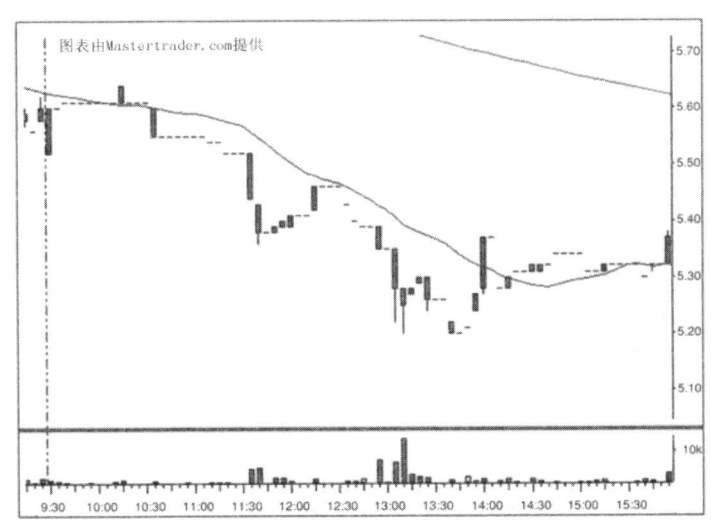

图 5.19 交易量稀少可以形成点状图表

关于成交量还有一个旁注可以了解一下。总体而言,成交量告诉我们的是在某一个形态发生时出现的兴趣吸引力。换句话说，一个从来没有在任何一点吸引到成交量的优异形态可能会失败，原因在于这样一个事实，这个形态没有我们所设想的那样好，因为它没有吸引到买家和卖家。

在交易中成交量是一个有用的工具，但请记住它只是一个工具而已。价格对成交量的反应方式可以为我们提供很有价值的信息，但交易的决定因素是价格。我们知道，如果成交量在扩张而价格在收缩，我们应该注意观察是否会反转。在实际得到一个买入或卖出设定之前，我们不会根据这个信息去做交易。在几根 K 线的一阵运行期间出现的成交量扩张或许是这样一个信号：大多数交易者已经有了行动，方向可能发生改变。然而，在我们得到一个确实的信号并有希望看到委托成交量将价格推向我们期待的方向之前，改变不会发生。

我们还应该看看成交量在多个分析周期内的情况。一张像图 5.20 那样的图表显示，每日成交量低但在更小的分析周期内成交量却有上升这种情况可以告诉我们改变即将发生。成交量在所有分析周期内都上升的一张图表可能成为强有力的交易信号。

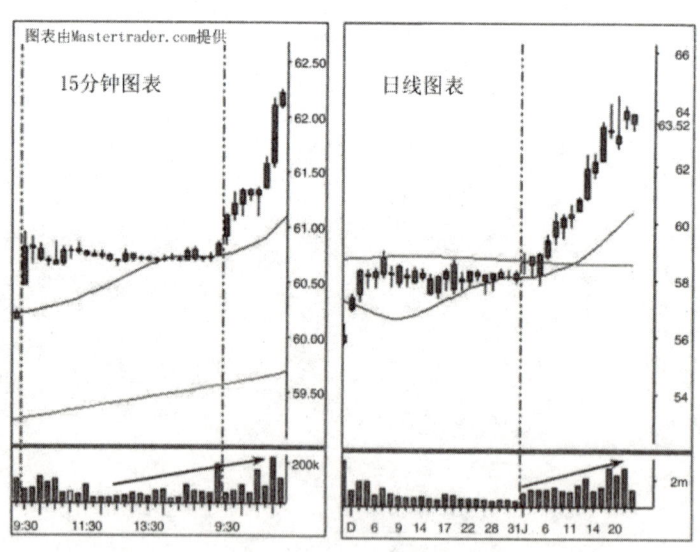

图 5.20 多分析周期可以更清晰地显示成交量状况

本章小结

记住，一般来说成交量从来不是一个处置交易的理由。在一定的形态出现时，K线才是处置交易的理由。在成交量涌入时，许多交易被确认是一个相比之下更佳的交易，然而，如果你等待成交量的进入，许多这样的交易就进入得太迟了。新手成交量的出现不仅可以帮助我们确认走势的结束，它还给我们发出信号，告诉我们合适的买入点位还没有来到。价格形态依然是统领，但是成交量可以在战略这副骨架上添加上一些真实的血肉。

接下来我们将讲到确立走向之后会发生什么事情，以及运行和回调的位置如何能够告诉我们未来的价格。这个话题就是回调。

第六章 回调分析：

运用回调分析继续你的行动

当我们讨论技术分析中的回调时，我们讲的是一个强劲的上行或下行走势会存在多大程度的反向走势。我们讲的是反向走势或者（你可能听说过这个用语）斐波那契。我们或许看的是各种各样的东西，例如回调的坡度、角度、下跌或上升的百分比，或者我们会讲到回调的精确性或随意性。但不管用的是什么样的分析，目标是一样的：一只股票在某一个方向上运行了一定的距离，我们想要看到接下来会发生什么事情。

回调的概念

让我们假设一只股票在往上运行。如果多头处于控制地位，并且如果那个运行是实在的，那么这只股票在那个运行中的回探程度必然是有限的。这就是回调分析的底线，就是这么简单。

就像技术分析中的任何其他事情一样，回调的概念或工具是配合本书中讨论的所有其他技术特性来运用的。只因为一个技术因素而进行交易是非常罕见的。然而，只因为一个技术因素不对路而否定一个交易却并不那么罕见。不过请注意，当一个技术因素不对路的时候，它通常会将其他技术因素也搞砸掉。例如，当回调变得太陡直的时候，在某些点位上它就挑战到了上行趋势，它还可能破掉支撑区域。所以，你确实必须顾及全局，但许多时候一个技术因素不对路就会把整个交易置于疑问之中。最后，讲到客观性和主观性的问题，到现在为止许多人都想要将回调放到客观这一类别中。然而，它不是的。重申一遍，价格K线和确实发生的事情是最为重要的。当我们讨论斐波那契的概念时，你可以看到为什么许多人觉得这是一个客观现象，因为斐波那契企图做到精确。然而，真相是大多数买家并不会因为某一根线条存在于一张图表上或者某人说这个回调匹配斐波那契位置而在那个点位进入交易。那就是说，斐波那契追随者可能会基于另一个斐波那契位置上的停顿而那么做。

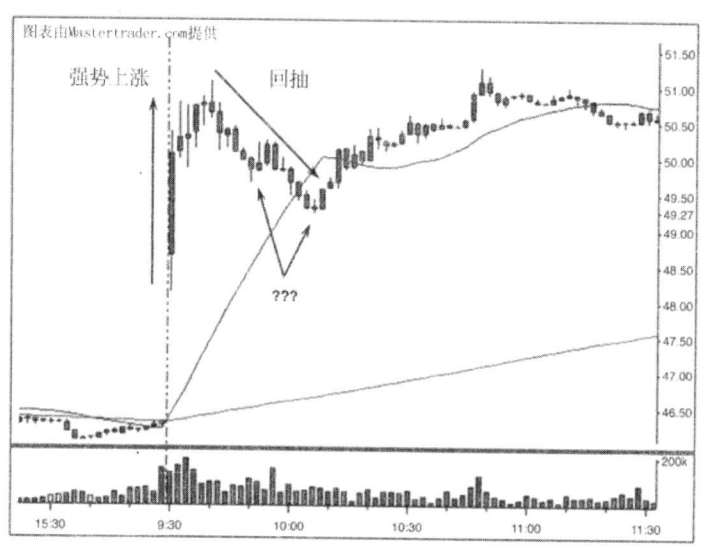

图 6.1　多头运行中的回调

在讲述回调的客观应用之前，我想让你了解斐波那契回调如果像大多数人那么在交易中运用它，那它能有多主观、多误导和多混乱。一旦你从斐波那契的胡言乱语中超脱出来，你就能在你的交易中以一种简单而符合常识的方式来运用回调这一概念。

斐波那契数列

莱昂纳多·皮萨诺·比高洛（Leonardo Pisano Bigollo），或者简单地称之为斐波那契（Fibonacci）是一位意大利数学家。他被有些人认为是中世纪最有天赋的西方数学家。他最为人所知的就是斐波那契数列，就是一个根据前面两个数字之和而推算出下一个数字的数列：1，1，2，3，5，8，13，21，34，55…从这个数列中得出了 0.618 和其他一些比例，它们被指出是所见万物的完美度量，比如鲜花、帕台农神殿，甚至完美的脸蛋。跟这些度量联系在一起的名称有黄金比例、黄金矩形和黄金分割。

我们可以从这些数字和名称中推断出许多东西。首先，它们是非常确切的数字，我们知道市场对确切的数字并不能很好地呼应。交易者被这个确切性所吸引，因为它给你一种知晓在某个数字那里会发生什么事情的感觉。我们都想要了解将会发生什么事情。这无疑是人类的本性，但用在交易上它就对我们不利。在交易中没有什么确定的事情，这样的分析给使用它的交易者一种虚假的知晓感。其次，他工作的本性就喻示了这些数字用在股市上都是主观的数字。其所使用的神秘分析和名称倒是效果不错，可以用以将那些秘密的或专有的支撑位和阻力位数字兜售给那些知识不足的人。

既然这些数字的确切性是主观的，我在自己的交易中不会使用它。在斐波那契回调位上不存在实际的支撑位或阻力位。它们只是一些线条，只不过交易者将它们拾起来把自己的帽子挂在了上面，基于两个点之间画出线条就希望一只强劲的股票跌落到某个地方应该停止。有些交易者甚至还将斐波那契理论推到一个主观性更甚的程度，他们通过从不同的高点和低点画斐波那契回调位的办法希望在回调位重叠的地方找到那些点位。

这在理论上被认为可以为支撑位或阻力位提供更具强度的参照点。给支撑位或阻力位定位并测量它的强度的想法不仅仅是主观的，我甚至要说这是荒谬的。如果我还没能让你对斐波那契作为分析工具的可信度产生疑问的话，想一想以下这些运用此类工具必须要回答的各种问题吧：

- 在你画斐波那契线条时，你将哪些高点和低点作为参照？
- 有多少高点和低点？
- 那些在更大分析周期内的高点和低点怎么处理？
- 那根线条应该从K线的顶点、实体还是收盘价那里画出来？

从不同的点位作图就会变动回调线，也就变动了支撑位和阻力位，想到这一点就足以认识到这整个一套概念就是一个混乱的黑洞，等着技术交易的新人往里钻。这并不是说我自己就能避免暂时陷入黑暗面，但我找到了从中走出来的办法。

交易者在他们的图表上划分出这些确切的数字，我确实能理解他们的心理，但这正是他们需要加以注意的地方。毋庸置疑，我所知道的大多数交易平台都有能力画出这些加入系统中的斐波那契回调位。这意味着这些数字被许多交易者广泛运用，尤其在期货合约、货币和更广泛的市场指数中。这样，他们确实变成了自证的预言。现在你对此有了了解，我们就可以在进一步讲解的时候抛掉那个神秘的氛围。

回调还是不回调

在我们开始讨论回调之前，我们需要看看回调是如何嵌入全景画面中的。复述一遍，这里的大概念是在讨论在一次大幅上升或大幅下跌之后所发生的事情。为了简化起见，我在下面将只讨论大幅上升。在大幅上升之后，这个股票或市场的买家就被消耗尽了，这会导致价格停下来。买家耗尽可能是一个暂时的现象，也可能是一个更为持久的现象。我们永远不会知道它发生的时间，我们只能通过审视不同的分析周期和整个技术图景来推断可能发生什么情况。但是此时让我们来谈论一下在一只股票厌倦了上涨并需要休息的时候可能会发生什么。

在强劲的上涨之后，一只股票可以有两种休息的方式。在讨论一只股票或市场的时候，我们将休息称为"整固"。股票可以有两种不同的整固方式。第一种，它们通过时间来整固；第二种，它们可以通过价格来整固或修正。当一只股票通过时间来整固的时候，那就意味着它不会经历价格回调。意思是说，在上涨之后我们可能没有足够多的买家来将价格推得更高，但有足够多的买家在现有价格下出去休闲野营了，所以价格也不会下跌。买家还在那里，并且他们愿意在任何低于现有价格的点位上买入股票，但他们不想追高。这是一只股票在强劲上升之后最高的价格水平，你经常可以看到像这样的股票在非常靠近上一轮上涨达成的高点位置上走出横盘路线。图6.2是一个股票通过时间而不是价格来进行整固的例子。

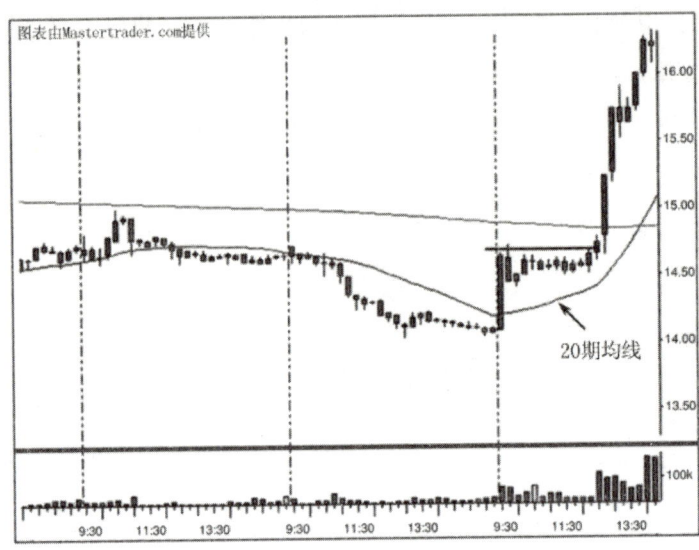

图 6.2 一只股票通过时间进行整固

注意，这只发生在现有买家决定他们不再追高的时候，但他们愿意在任何低于现有价格的点位上买入股票。如果股票没有这么强势，那些通过抛出卖单而获利的人底下没有买家来支撑股票，价格就开始下挫。我们会看到价格持续下跌，直到两件事情一起发生。第一件，止赢者必然消耗殆尽，卖出也就停止了。第二件，价格必须跌到一个新买家愿意踏入购买股票的水平上。这两件事情同时出现也就意味着买家最终在数量上再次超过了卖家，需求变得更大于供给，在再次走高之前，股票就在某个点位形成了回调位。

还要注意，在这两件事情之中任何情况都可能发生在这只股票身上。股票出现一种情况或另一种情况并不是罕见的，因为其间似乎有一种雪球效应：有些股票毫无征兆地不再下跌并开始整固。然而，如果卖出确实开始了，新的卖出就被会响应，一个完整的回调就会出现在一个合适的位置。价格也可能掉到中间，使人很难确定它们是会继续回调，还是会在某些点位上开始回升。我们也无法确切告诉你会发生什么，问题的关键在于跟踪正在发生的情况。有些时候价格没有掉到我们认为应该如何的计划中，那没有问题，而且这也是我们需要制订计划的原因。有些时候市场

（它是交易者的总和）变得混乱，回调的线路也很奇怪。认清这一点可以让我们避免莽撞的交易行为。

为了保持你的思考清晰明朗，你或许想要看一看通过时间来整固的股票，它们当时的价位靠近上涨的高点，处在零回调的位置上。这样的股票都是最为强势的股票，它们创造了一个新的点位以便于从那里进一步上涨。当股票确实通过价格来修正的时候，问题就变成了：回调到多大幅度才算大到我们都没兴趣再玩这只股票了。

回调隐含着一个趋势

注意，我们谈论的回调是建立在前面有一轮实在的走势的基础之上的。因此，根据定义，你可以说，当价格处在拖泥带水或横盘之类的形态下的时候，回调的概念就没有多大意义了。当没有一个集团处在控制地位的时候，了解他们控制得多好是没有意义的。图 6.3 展示了回调的基本概念。

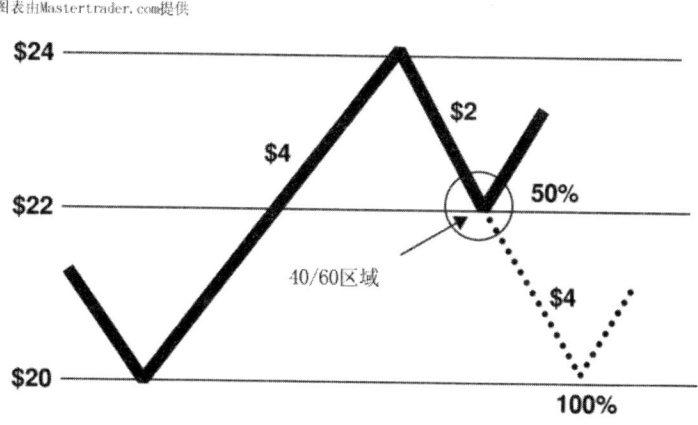

图 6.3　多头回调的概念

当价格处在上行趋势中时，我们期待上涨会形成比前面尖顶还要高的高点，或者超越前面上涨停滞的地方。当新高形成的时候，我们在回调分析中关心的东西就变成了下一次回调的幅度。看一下图 6.4，那里没有趋势,所以也就不存在从上一次上涨中回调的概念。在价格下跌时发生的回升只会留下一个新的尖顶并确立一个新的低点,这个低点会成为下行趋势的基础。我们想要测量的回调是在下行趋势中的回升,而不是下跌。这本来应该很清楚的,但许多交易者脑子里只有多头思维,可能会在下行趋势中把情况搞混了。

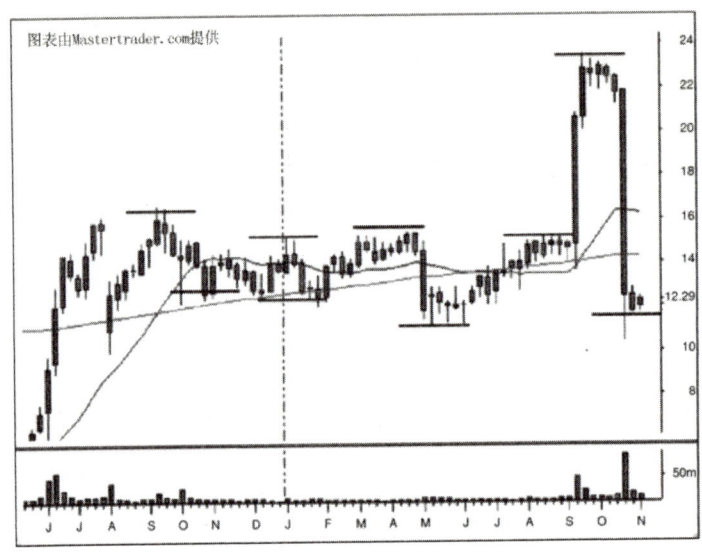

图 6.4　回调分析只存在于趋势图

这样说来,我们寻找的是哪一类的回调位呢？它们在回调时的买入上或者趋势持续的可能性上又有什么暗示呢？我们通过图 6.5 来看一看这个问题,先说说斐波那契的概念。

就像我解释的那样,我不喜欢将斐波那契回调看成是支撑位和阻力位分析的恰当形式。我们只需运用 40%、50% 和 60% 这些数字来看这个问题。一旦我们这样做了,我们就能对现有回调及其对下一步的运行有什么暗示做出一些推断。在本章开头我说过如果多头处于控制地位,而且走势是实在的,那么这只股票从原有走向往回走的幅度应该是有一个限度的。这是回调分析的底线。

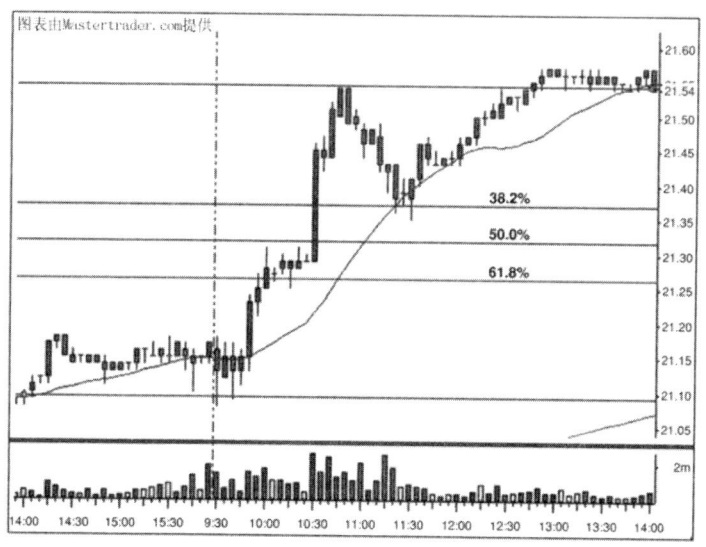

图 6.5 按照斐波那契来测量确切的回调位

让我们假设我们有一个牛市的上行趋势，我们要讨论的就是在这个上行趋势中的回调。首先，任何回调 40%以内又开始走高的形态被认为是非常牛气的，因为买家早早地就强势介入了股票。事实上，如果在 40%不到的时候就开始了新的回升，我们还必须看清是否有其他情况好让我们确信这个回升是真实不虚的。从浅幅回调转到回升走高可能最初会失败并回到一个更低的水平上去，但还在我们的主要支撑区域。这时它所形成的一个更高的高点和更低的低点依然是可交易的。这是一个高级的技术形态，也是我建议你去学习的一个形态。

50%的幅度是我们期待大多数股票在找到买家之前回调的平均值。这是一个舒适区，其间我们常常看到从最近的上涨中止赢的情况渐近尾声。我们不想看到人们太迟在回调中出手止赢，因为这表明他们没有像趋势所透露的那么自信。我们确实还想看到买家在股票回调得太远之前就介入，因为回调太远表明买家缺少。50%这个区域大致是中点，一般对大多数在上行趋势中经历回调的股票都会有效。

图表由Mastertrader.com提供

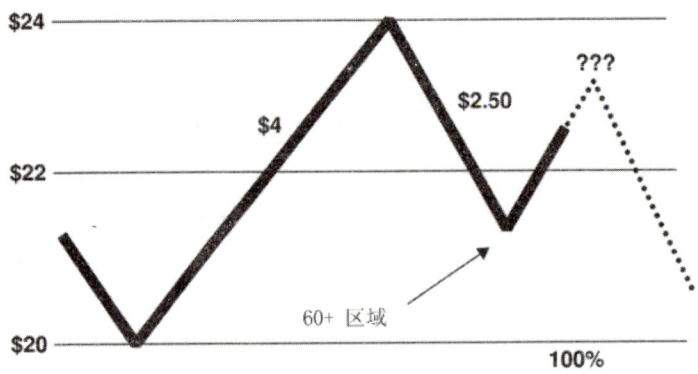

图6.6 更大幅度的回调质疑股票创造新高的能力

注意，当我们开始获得一个超过50%的回调（比如，大于60%）时，我们就不得不开始质疑股票回升到之前高点的能力。一般的止赢不应该涉及在靠近最初的突破点上卖出股票的情况。如果还有买家留在那里的话，我们同时也应该寻找在这个点位或更高点位上的买家。因此，回调60%以上的股票更可能形成没能冲击新高的回升，甚至在一个更大的分析周期内开始新一轮的下跌。

记住，在之前的高点上总是会有卖家出现。如果价格走得这么艰难才走到那里（例如，回调了75%，现在又回到了之前的高点），那么更多卖家出现在这个高点的概率就会更大。理由有两点：第一，回调的幅度会让交易者早就怀疑股票冲击高点的能力，所以有些人会基于这一点而在这个位置卖出股票。第二，那些在大幅回调之后买入股票期待反转的人此时卖出可以获得合理的收益。对于阻力位的参照点，越多交易者具有相似的看法和分析，那么这些参照点对价格及其冲击高点的能力所产生的影响力就会越大。形态始终是交易者之前的行为和可能的行为的反映（见图6.6）。

继续维护它的客观性

就像我前文讨论的那样，回调分析很大程度上是一种主观工具。没有买家总是在 38.2%，50% 或 61.8% 的位置等着。然而，就像所有的技术工具一样，这里有着某种程度的自证预言在起作用。作为自证预言，回调或许是其中较好的一个。每一个图表平台都有能力自动画出这些回调位，同样基本上每一个交易者在心里都有一个回调的概念。那些效果明显的情况都是发生在主观指标跟客观指标保持一致的时候。

就像我们对于移动平均线的讨论那样，同样的道理也适用于回调位。当一个 40% 到 50% 的回调位着陆在一个价格的次要支撑区域，我们就获得了一个有效力的主观区域，因为它跟一个客观区域保持了一致。在回调位跟价格支撑位相逢的时候，它就可能形成相当大的一次回升。如果你回想起我们对移动平均线的讨论，你还可以将它看成是另一个可以放在图表中保持一致的元素。换句话说，一个强势的拉升同时回调到一个次要支撑位和一根移动平均线，且那是一个 40% 到 50% 的回调位，那么一旦回升启动，就有最大的成功概率能够走得更高。

有很多迹象表明，在从之前的拉升回调到中点上下的某个位置时，买家开始再次超过卖家成为主导力量。越多交易者使用具有一致性的相同或相似的工具，就越能增加参照点得以应验的可能性。换句话说，更多交易者专注于同一个区域，甚至关注的理由各不相同，都可以在那个区域形成一致的行动。很大程度上，技术分析其实是一个巨大的自证预言。认识到这一点就可以将它放到一个合理的位置，并可以将很多跟它联系在一起的神秘性加以消除。图 6.7 展示了技术因素保持一致的一个范例。

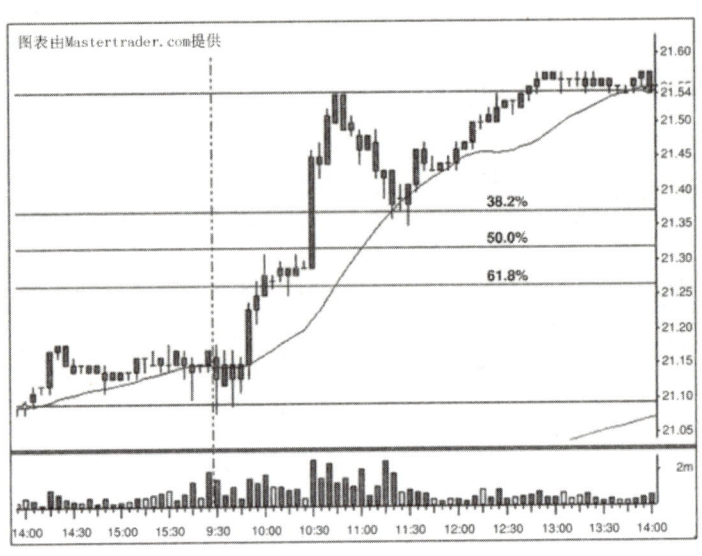

图 6.7　50%回调区域跟支撑区域一致

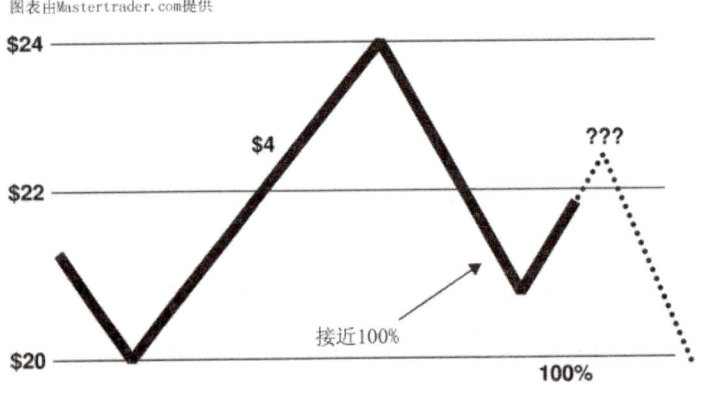

图 6.8　更大的回调意味着更多的空头

超过 60% 之后会怎样？

在这里我们想要探究的是在价格回调超过 60% 的时候会发生什么状况，以及它跟双底的关系是怎样的？这样的探讨可能会让许多交易者产生混淆，但是一旦读过这些内容，你的思路就会变得更为清晰。

你很可能早就注意到有几个技术形态虽然在各种场合下都被提到，但是它们似乎运行得并不太好。图 6.8 展现了回调超过 60% 且下一个回升即将失败的情况。当回调超过 60% 并接近 70%、80%、90% 的时候，这个概念同样有效。持续的回调已然弱化甚至可能杀死上升趋势。当反弹到来的时候，这个反弹很可能不会走太远，并且可能会回头向下形成一个新低。记住，如果随后的反弹没有走向一个新高，那么上升趋势就结束了。随着回撤越来越深，逐渐接近 100% 的时候，股票回升到新高的可能性就越来越低。价格走得越低，下一波回升就越可能戛然而止，甚至可能开启一轮新的下跌趋势。

有趣的是，随着我们来到所有回调形式中最弱的形态，我们一下子就回撤了 100%，回到了原地。这也形成了许多交易者视为双底的图表形态，大部分交易者认为这个形态是一个多头迹象。这确实是一个双底，但事实是，双底未必是多头。这么说吧，至少有很多双底跟多头无关。有些情况下双底是多头迹象，可以长期看好。但是，因为交易者不能辨别双底和 100% 回调之间的差异，他们往往会在交易中输掉，而且还搞不清楚为什么会输掉。

记住那个起点，如果价格处在上行趋势中，双底实际上是上行趋势的削弱。它是之前上升的一个 100% 的回调，我们不愿意看到这个回调超过 60%。这个下跌很可能会在之前的低点那里找到支撑并形成反弹。然而，这个反弹很可能是短命的，更佳的交易选择或许是看空下一次的回升。你可以回头看一下之前我们对于深度回调和在前期高点上的卖盘的说明。在一个 100% 的回调之后，它的价格甚至可能都无法到达前期的高点。双底反弹的例子可参看图 6.9。

再说一遍，这些都依赖于特定的背景状况。双底是会成为一个推高价格的有效双底还是仅仅产生一个最终会走低的反弹行情，仅仅依据回调的深度是无法分析出其决定因素的。

当价格处在一个上行趋势中时，双底就是一个 100% 的回调，它被认为是其所在趋势的弱化。没错，在前期底部的支撑位那里可能会发生一次反弹，但是这个反弹很可能保不住原有的趋势。

然而，当价格处在下行趋势中的时候，情况就不同了。在下行趋势中的双底实际上随着价格开始横盘运行而停止了下行。在这种情况下，双底可以是多头的。同样地，在一个横盘形态中，一个双底会变成三底或多底，这样一个横盘的大本营就形成了。在这种情况下，在其底部进行交易也可以做多。（然而请记住，作为一个双底，在它的第一个底那里做交易是非常困难的，更恰当地说，因为你不知道一个底部是否已经形成，所以那是不太可靠的做法。见图 6.10。）

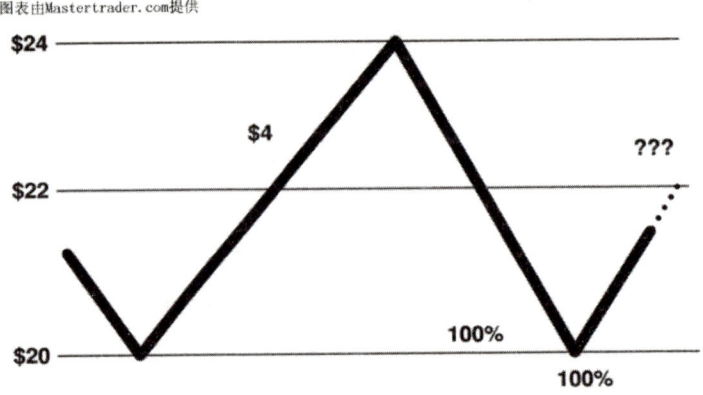

图 6.9 对双底的反应造就了一次反弹

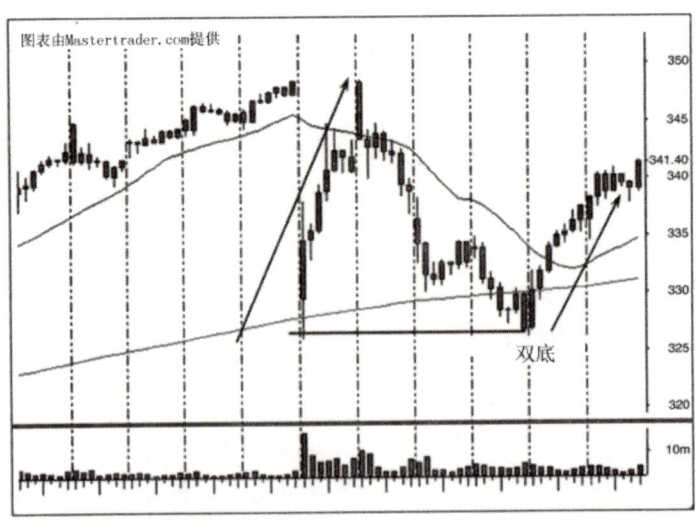

图 6.10 双底有可能成为一个陷阱

一般而言，做双底交易的最好时间是在价格再次试探前期具有重要意义的区域的时候。这个区域可以是一个终结了之前下跌趋势并在那里形成大幅回升的那个区域，或者，伴有大成交量的下跌或者极度的下跌在之前的一个低点那里停止下跌的区域。

下跌趋势中的回调位

目前为止，我们讨论的都是股票在上行趋势中某些回调位的含义。很自然地，当价格处于下跌趋势中时，我们所讨论的这些内容同样适用。当股票价格下挫的时候，那个往上的回调就像我们讨论过的那样，将落入40%、50%或60%的回调位。其实都一样，看一下图6.11，它只不过是图6.3上行趋势中具体回调位状况的反面映射而已。

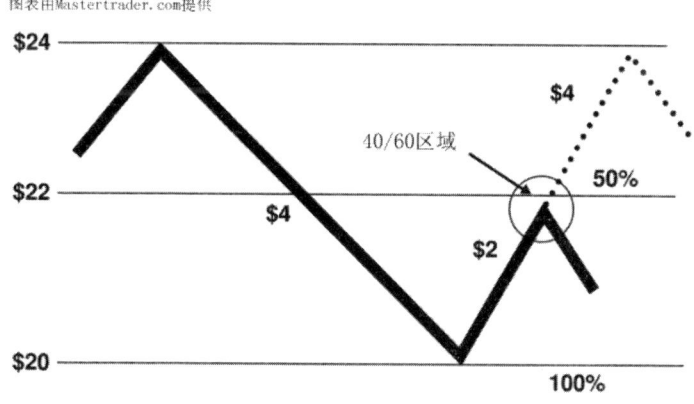

图6.11 下行趋势中的回调

就术语而言，回调这些用语在其含义中都不具有方向性。也就是说，当价格上涨时，它们就会往下进行调整，我们称之为回调。当价格下跌时，它们通过上升来调整，我们同样称之为回调。

就像在上行趋势中那样，当一个下行趋势回调100%到之前的高点那里，这样一个许多人称之为双顶的形态实际上在很多情况下是一个强势的征兆。虽然双顶会短暂地停止上涨，但是一个回升100%形成双顶的下跌股票在很多情况下实际上应该被看好。至今为止我们所讨论的这些都同样适用于下行趋势中的回调位。

一个特殊的回调形态

双顶和双底在本质上极具迷惑性。但是存在着这样一个时点，在那个时候双顶和双底成了价格反转的显著预示，这也是一个参与交易的机会。唯一的问题在于，额外的确认拉晚了切入的时间。我所指的就是我称为"W"或"M"的形态。它们如此可靠的原因是，变成 M 形态的双顶在形成双顶不久之后趋势被打破的情况很快就得以确认。参见图 6.12。

在图 6.12 中，对开始形成的双顶顶部是否会保持（在这个例子中可参看 M 形的右侧），我们不能确定。它可能会在暂停片刻之后继续走高。然而，一旦价格走到低于之前的低点，即 M 形的中间位置，我们不仅可以确认双顶的高点，实际上还可以确认上行趋势被打破，双顶的高点很可能会保持一段时间。

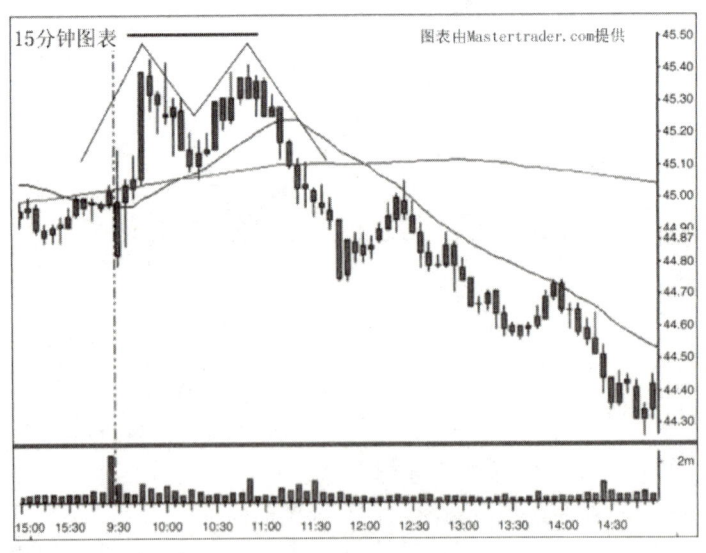

图 6.12 M 形走势

你或许会问：介入点这么晚，这有什么好处？首先，虽然介入点晚了，但是这是走势会持续的最为安全、概率最大的情况。另外，虽然在这个时间上这是一个迟来的介入点，但是有可能交易者是在一个更大的分析周期上做交易，他只是在一个更小的分析周期上寻求顶部的确认。因此，虽然就当前分析周期而言这可能是一个迟来的介入点，但是对一个在更大的分析周期上做交易的交易者而言，这个介入点可能恰到好处，具体可参看图6.13。

图6.13表现了一个发生在60分钟图表中的阻力位的卖出设定点，在这个位置上，交易者无法确定股票是否会保持这个阻力位。所以，交易者没有在图6.13中60分钟图表所示的卖出设定点做卖空处理，而是等待如图6.12中15分钟图表所示的重新试探的确认和M形态的发展。随着在更小分析周期上（15分钟图表）交易价格低于M形的中间点位，交易者就可以在更大分析周期上（60分钟图表）确认到一个更为可靠的介入点。

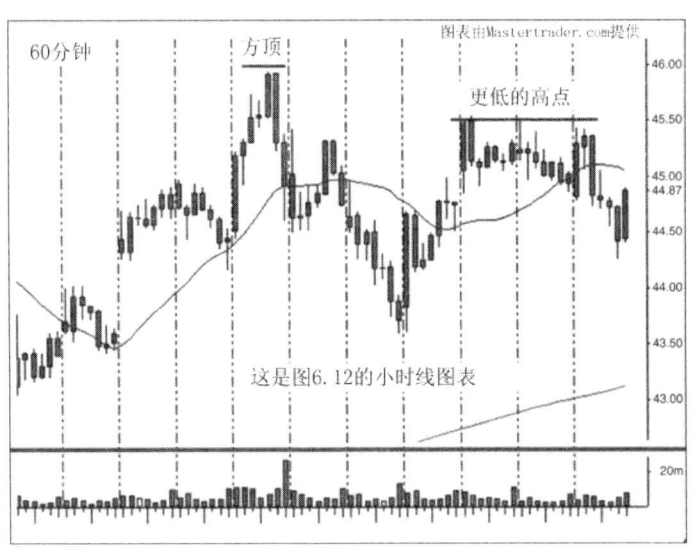

图6.13 一个M形顶部确认了更大分析周期上的介入点

横盘趋势中的回调位

如果股票没有任何趋势，只是无目的地晃荡，此时回调位就无关紧要了。但是，有时候股票进入了一个很好的宽幅横盘的形态。当股票重复触及相似的高点或低点的时候（请回头看第三章中关于主要支撑位和主要阻力位的讨论），它们是在不断地进行着100%的回调。但在这种情况下，因为股票既不走高也不走低，100%的回调就恰恰成了人们的期待。一旦一个明显的支撑位或阻力位形成之后，我们就期许价格会不断重复从顶部回调100%到底部又回归到顶部的过程。因此，在一个有序横盘的形态中首要的规则就是期待价格从顶部100%回调到顶部。图6.14就是这样一个横盘趋势中持续进行100%回调的例子。

图6.14　横盘趋势中看好100%的回调

超过100%之后又如何？

在价格超过100%之后，一件有趣的事情发生了。这一现象在上面讨论的宽幅横盘中最容易被观察到。当价格在这个区域的顶部和底部之间穿行，该区域的底部常常可以是一个极为宽泛的范围。如果股票从该区域的顶部到底部穿行了相当长的一段距离，并随之下跌到超过形似区域底部之下的一定位置，许多交易新手就会将它看成是支撑的突破而做卖空处置。然而，在股票早已从区域顶部一路下跌到区域底部之后，这样做胜算的概率就变得很低了。这是可能发生的最坏的交易介入点之一。在底部之下大量涌入的卖空者通常会被证明是错的，并且随着股票回到箱体，那些作为支撑的普通买家跟那些需要补仓的新卖空者一起常常会把股票重新推回到箱体中。在这里，有两件事情会发生。这可以成为箱体真正被突破的一个起点，但是那些在箱体下方卖空的人却发现他们的介入点位很差劲。它也可能是这样一种情况：在箱体底部往下下探之后，股票会再次瞄准箱体的顶部。这会让很多新的交易者一再地受到挫败，实际上这也是交易者可能犯下的最大错误之一，那就是，在股票早已跌落了相当一段距离之后，在看似打破了支撑位的时候卖空。

图6.15 许多交易者将此视为破位

无论股票只是短暂的反弹，还是将回到箱体的顶部，在变线位置买入股票是交易中最为可靠的策略之一。自然地，考虑到股票事实上有了一个严重的破位（意思是，股票在箱体底部有了一次快速的下跌，然后又开始了一次迅速的反弹），股票跌得多深会有一个限度。

我将此称为110%回调，因为股票实际上已经回调超过了100%。这有点自相矛盾，因为回调幅度越大，股票就越弱势。不管怎样，在某些时点上通常的规则不管用，当一只股票回调幅度过大的时候，反弹几乎成了一件确定的事情。但是大多数交易者还是会在大多数时间中站在了错误的一边，因为他们没有看到这样的一个形态，即便在它反复发生的时候，他们也视若无睹。这种情况通常是出于追随一套被认为准确无误的规则，当规则失效的时候，交易者依然认定这些规则会在下一次继续生效，而没有做相应的调整。

回调在哪里结束？

在讨论回调时另一个需要注意的问题是，一个过度的回调是否也同时破坏了图表上的其他技术焦点。图6.16展示了一个超过50%的回调，给我们一个警示，股票可能没有我们想象的那么牛势。但是请注意，为了回撤超过50%，价格穿过了一个完整的缺口并且没有破坏任何其他的技术指标。

作为比较，在图6.17中回调同样超过了50%，但价格必须顶住压力穿过一个次要支撑区域和一根移动平均线。这种情形尤其值得我们关注，因为不仅主观的价格回调区域没有被守住，而且客观的价格支撑也被破坏了。这无疑再次表明了这样一个规律：在一个区域中有利于你的因素越多，交易胜算的概率就越大。同样，不利于你的因素越多，交易失算的概率就越大。

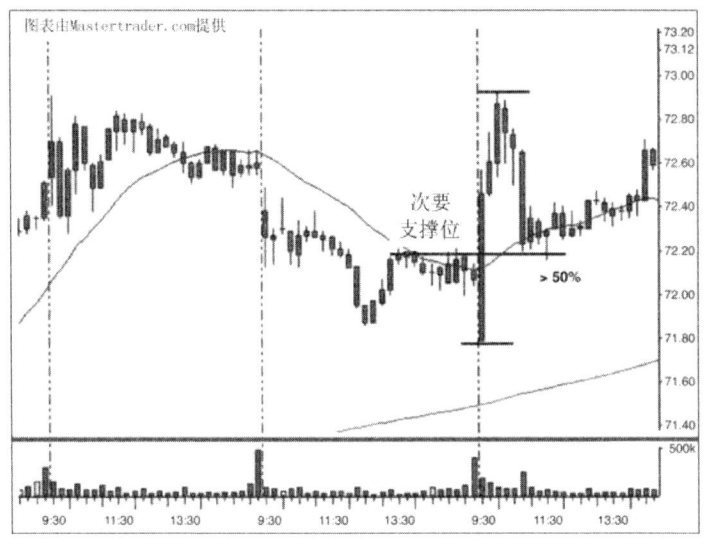

图 6.16 处于支撑位上方的大幅回调

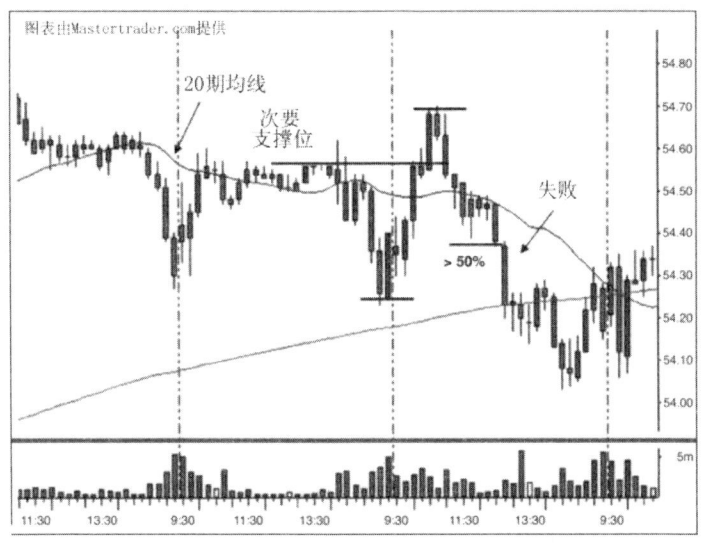

图 6.17 破坏了其他技术区域的大幅回调

更大的周期

回调概念对资深的交易者的另一个很大的用处是，注意不同分析周期中回调之间的关系。在股票经历过一轮上涨之后，当回调超过了所期待的水平时，我们应该更加审慎地加以对待。然而，想要对这些回调有多熊势获得一个更为清晰的洞察，你还必须看一看更大分析周期下的情况，去了解在更大的周期下所发生的事情。

在图 6.18 的左半部分，我们看到一只股票经历了一次较大的上涨，在我们期待它会有新的一轮上涨走势时，它又向下回调了 100% 的幅度。这应该被认为是熊势。但是如果你看一看图 6.18 右半部分中更大分析周期下的情况，你会注意到，在更大的分析周期下它实际上正从长期的整固阶段中脱颖而出，经历着一轮新的突破。因为这是一轮新的突破，所以在一轮新的突破开始的时候发生的急剧回调是常见的现象，并不一定是结束牛势的征兆。通过查看更大的分析周期，我们看到一轮新的突破经常会引发最初的卖盘，但股票会顶住最初的卖单而继续上行。走势确立之后，回调应该还是处于牛势区域的可控范围。

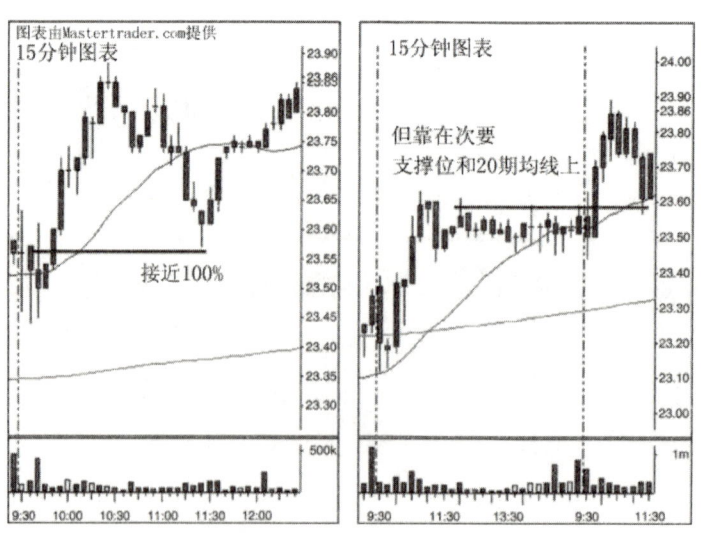

图 6.18　两个不同的分析周期

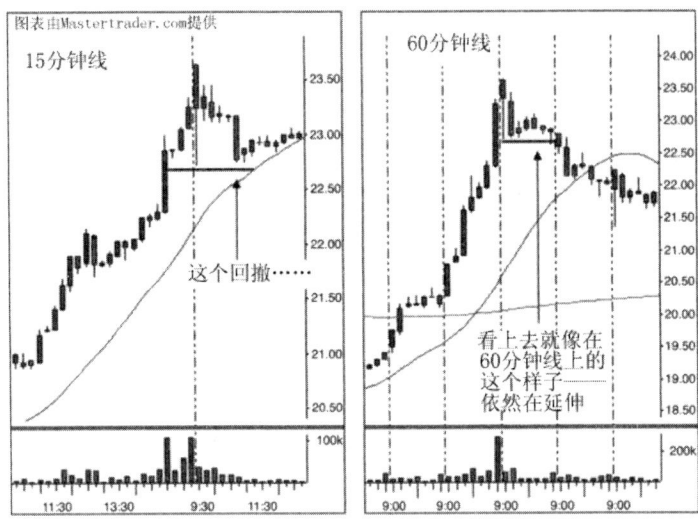

图 6.19 两个不同分析周期的另一个样貌

图 6.19 通过一只过度回调的股票展现了相反的情况。然而，在我们看更大分析周期的图表时，我们看到它延伸到了一个几乎是最高峰的点位。这一延伸的回调在更大的分析周期下形成一根长长的上影线，并且，在延伸运行之后，具有这个高点的价格必须被谨慎看作为短期顶部。在这个例子中，我们不会有兴趣在这个过度的回调中买入股票，因为较小的分析周期发出了警告而较大的分析周期告诉我们正确的选择是离开。你可以在图表上一再地发现类似这样的例子。

本章小结

回调分析是用于客观地分析走势的强弱度以及最初走势持续的可能性的一个工具。在仅仅运用回调分析试图寻找反转的确切区域的时候，回调分析是主观的。在跟支撑位和阻力位的客观形式结合起来的时候，即便作为一个主观指标，回调分析还是可以成为一个具有更高可靠性的概念。

横跨分析周期的回调分析是涉及不同分析周期的分析的一小部分，我们将在下一章更仔细地讨论多周期分析。请注意，这是本书最重要的章节之一，它可以帮助你理解为什么你一直在关注的许多交易没有像你感觉它们应该那样地运作。但是现在，如果你能够理解和认识到回调因为分析周期的不同而可以具有不同的意义，那么它就已经帮到你了。第七章中的概念会让你对我们所讨论过的所有这些技术问题进一步加深理解。

第七章　K线比对分析：

每根K线都能告诉我们一些信息

交易，或者对市场的理解，事实上没有绝对的正确与错误。市场的每一个时间段就像指纹一样独一无二、不可复制，交易也没有保赢不输的。许多信心满满的交易者一开始都花了很多时间去寻找那个能够保证未来交易成功的所谓"圣杯"。这样的圣杯并不存在，至少不在大部分交易者所寻找的形式中。如果圣杯确实存在，到今天我们早就应该找到它了。虽然我们都想要在出发的时候获得交易成功的确定性，但交易不会给你这样的确定性。

许多刚入市场的交易者带着他们之前的职业习惯，不断地寻找像会计、工程师或类似职业这样的精确性，市场不会容忍这样的手法。交易关系到对可能性的理解。在市场上获得优势的唯一方式——也是我在市场上所做的一切以及我们所教的一切——就是去找到某个特定结果的高概率形态。

到目前为止，本书讲到了如何在图表上找到所发生的某些状况，也讲到了如何理解以下判断：一旦合理的设定条件被满足，一系列随之而来的情况发生的可能性就会更高。我们想要将这些可能性往越远的未来方向推断，它们的精确性就会越低。换句话说，在以合适的方式介入的时候，介入的那一刻具有最高的发生可能性。随着时间推移，在那一刻之后的每一分钟、小时或天都会带来更小的发生可能性。

那就需要讲K线比对分析的原因，它也是本章的焦点所在，我们所要做的就是随着交易者的进步而不断提升成功的可能性。这一分析并不会改变我们至今所讨论的一切，它所做的就是为你提供一个继续分析现有交易成功可能性或者现有趋势延续可能性的工具，这个工具还可以告诉你什么时候成功的可能性会渐行渐远。

客观性依然是我们的目标

让我们运用 K 线比对来分析一个现有交易成功的可能性。我们讲的是一个交易者处在某一个位置上，他想要确定这是否依然是一个好位置。请理解，这一过程不应该被过度使用。如果你已经做过研究的功课，基于你的知识和你对现有交易的计划，你在合理位置进入了交易，仅仅在一分钟后就去怀疑部分交易计划的做法是不恰当的。也就是说，这不是一次冲动性的交易，不是因为看到价格启动而跳入其中的交易。然而，随着时间推移，我们开始看到胜算的概率在发生转变，有些时候环境出现了变化。或许在我们最初看待这一交易时稍有差池，此时看得愈加清楚了。或许在更大的市场上趋势发生了变化，或者股票的交易活动变得捉摸不定。这都让我们认为，这个交易跟我们当初看待它的时候已经不一样了。

由此就出现了 K 线比对分析，我们将要对每一根新 K 线进行分析，讨论它跟现存形态的关系，这样的信息要比分析未来形态更有用。同时，它对单纯分析任何股票或市场的当前趋势也非常有用。此时，我们或许在寻求基于趋势持续可能性的介入位置。我们还没有进入交易，但是我们在寻求最佳的介入点。有些趋势很强劲，并且很明显可以从中获益。有些趋势则是短暂的或者处于发展的早期阶段有待确认。K 线比对分析可以帮助我们确定何时我们可以在次要趋势中介入，它还可以帮助我们看清何时强势趋势可能结束或减弱。

之前的很多章节讨论了技术工具的合理运用。在看待价格时，交易者很多时候没有正确地运用这些工具，因为他们以一种主观的而不是客观的方式去运用它。K 线比对稍有不同，K 线比对之所以存在就是为了让交易者对当下发生的状况有一个客观的了解。一旦交易者将资金投入市场，他们的认知比较容易发生变化，以便对自己目前的处境给出合理化的解释。当他们的资金有风险的时候，他们对当前状况的认识就很容易蒙上主观的色彩。K 线比对分析就是用来帮助交易者对他们在任何时候所处位置保持客观的认识。它的意图是将焦点放在此时正在发生的状况，而不是过去已经发生的或者交易者希望发生的。一旦你学到了K线比对分析的这一观念，你就不太可能再对自己当前的处境寻找各种借口。如果你在止损上有困难，你会发现这个分析工具在这方面对你也会有莫大的帮助。

单根 K 线分析的简单回顾

在第二章中，我们讨论了图表上 K 线的运用。现在让我们来看一看几根在比对分析中用得上的主要 K 线。我们必须了解的主要的单根 K 线有：宽幅阳线、宽幅阴线、窄幅线、多头变线、空头变线、下影线和上影线。

或许你还记得，宽幅线是幅度上扩张的 K 线，表示买家或卖家不断增长的主导性。它们可以表示对一个新的走势的首肯，也可以表示一个旧的走势衰竭。总而言之，它们表示的是惯性增强。随着一段时间的休整，宽幅线的出现预示着在宽幅线的方向上会开始一波新的走势。图 7.1 展示了宽幅阳线对新的走势的首肯。

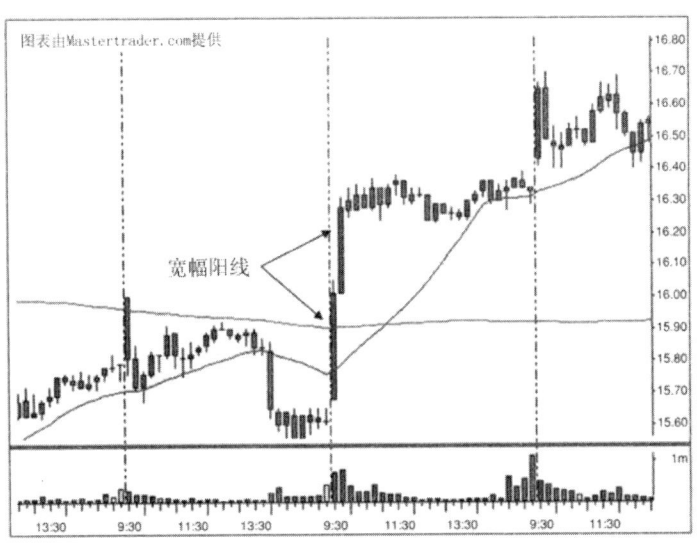

图 7.1　宽幅线激发了一轮新的走势

另一方面，窄幅线表示惯性的减缓。惯性的减缓本身并不能让我们明确地知晓接下来会发生什么情况。强劲走势常常通过惯性的减缓而得以休整,并在随后延续之前的走势。在一轮强劲走势之后,价格可能会反转,价格反转的前兆通常是以窄幅线为反映的惯性减缓。图 7.2 展示了一根允许股票在休整之后继续冲高的窄幅线。

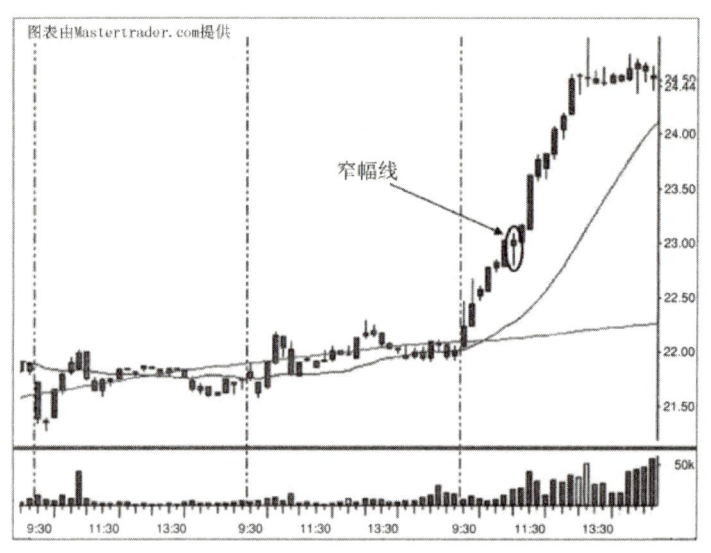

图 7.2　窄幅线减缓了股票继续冲高的惯性

　　变线可以具有某些特殊的意义。正如你还记得的那样,它们表示现有的分析周期下惯性的改变。如果在一个合理的区域出现变线,我们会期待沿着变线方向的价格跟进。如果在一定的区域出现变线并且没有获得成功,这就告诉我们价格会沿着原有的方向(变线的反方向)持续一段时间。在下一部分我们将会讨论在跟进变线时如何评估各种形态。图 7.3 展示了一根形成向上跟进的多头变线。

　　最后,对待有上下影线的 K 线类似于对待变线。当价格在正确的区域形成一根下影线 K 线,我们就预期随后的几根 K 线会跟进上行。如果在合理区域形成一根下影线 K 线,但随后的 K 线没有跟进,我们就预期股票会沿着失败的方向运行。图 7.4 展示了一根被后面的 K 线跟进的下影线 K 线。

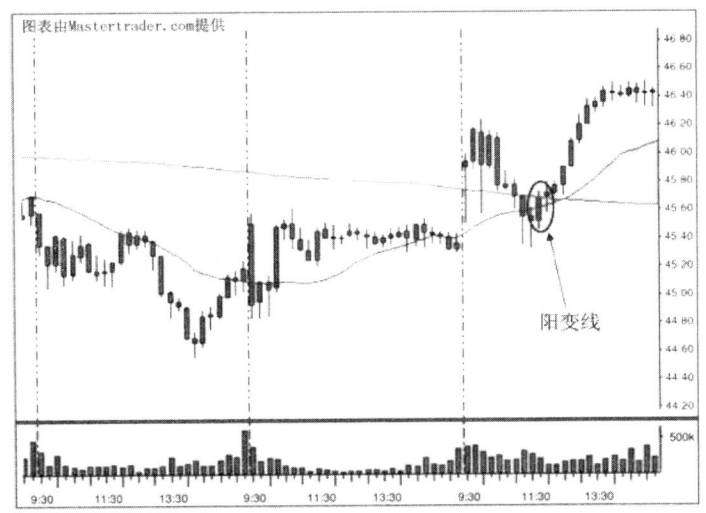

图 7.3　形成向上跟进的多头变线

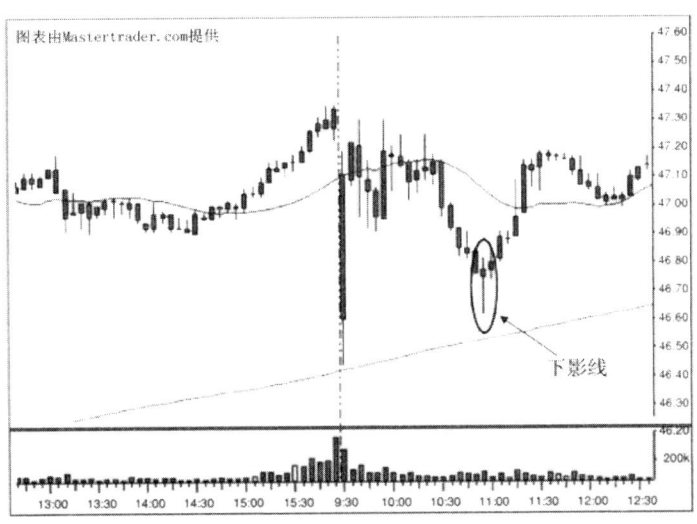

图 7.4　一根被跟进的下影线 K 线

K 线如何互动

我们已经知道了单根 K 线的含义,现在我们想看一看 K 线之间如何互动,以及它们如何满足或破坏对现有趋势的预期。为了更好地理解这个概念,我将运用两根 K 线的组合去看看它们如何互动。在这里我讨论的是阳线,但反之亦然,它也适用于阴线。图 7.5 展示了两根 K 线之间互动的不同组合。

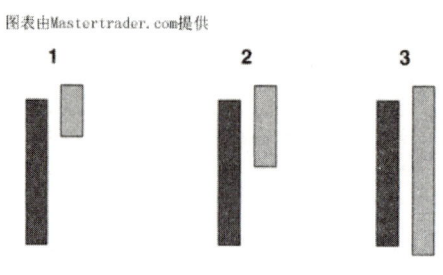

图 7.5　多头的两根 K 线组合

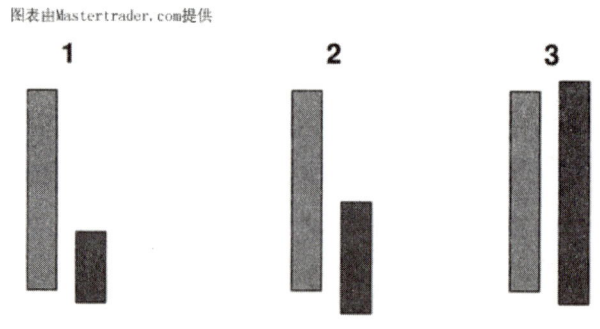

图 7.6　空头的两根 K 线组合

在第一个组合中,我们展示了一根多头的阳线(深灰色)和一根以相对多头收盘的阴线(浅灰色)。我们将相对多头定义为:收盘价位于第一根 K 线的上方,或者,切入第一根 K 线不到40%。换句话说,在第一根阳线之后,至少它60%的涨幅还被保留着。很自然地,最牛势的组合是当第二根 K 线是阳线且收盘价位在第一根 K 线之上。

在第二个组合中,我们看到第二根 K 线切入第一根 K 线的一半左右。这被认为是中性的,因为一半的阳线被吞没,一半还留着。你会注意到,就像我们在讨论多K线形态下的回调概念时一样，我们又一次涉及牛势保留的概念。这是同样的概念：如果第一根K线是真正的阳线，我们应该在这根K线完全反转之前找得到买家。

在第三组K线组合中，我们感兴趣的是已经蚕食了第一根K线的第二根K线是否会超过前者的60%，甚至吞没第一根K线。第一根K线被吞噬得越多，它就越可能表现为熊势。在这个例子中，这根K线被完全吞噬了，对持续上涨的预期被大大地降低了，因为第一根K线中的多头被证明是错的。对这些不同的两根K线组合，你可以在日本蜡烛图术语和通用技术语言中为它们找到许多名称。最后这个形态并非众所周知，当第二根K线完全吞噬了第一根K线的时候它就被称作空头吞噬线。我们有时候会用其他一些术语来称呼这个组合，例如空头180度K线，或者多头陷阱。名称并不重要，但是对形态的含义的理解却很重要。K线比对方法可以让你超越K线或形态的名称。不论发生什么，你都能理解，而不用管别人赋予它的名称是什么。

让我们从空头角度看一下图7.6中的三个组合。

这里我们看到第一个组合中的第一根空头K线，我们预期空头会向下跟进。如果第二根K线能够在第一根K线之下收盘，或者吃掉第一根K线不到40%，我们就预期会看到价格继续向下运行。如果第二根K线能够在切入第一根K线40%到60%之间的时候收盘，那么对价格继续向下运行的预期就是中性的。如果第二根K线切入第一根K线60%以上，或者完全吞噬了它，就像在图7.6中第三个组合显示的那样，第一根K线的熊势已经在很大程度上被消除了，对价格走低的预期就会大大降低。

你现在开始明白了，通过观察单根K线如何形成以及从一根K线到下一根K线如何互动，对价格以我们期待的方向继续运行的可能性，我们渐渐获得了一种直观的感受。

现在让我们来分析一个正在进展当中的普瑞斯丁买入设定。假设我们手头有一张处于上升趋势之中的图表，在一轮上涨之后，它冲到了新高，它的回调在支撑区域形成了一个合理的普瑞斯丁买入设定。我们看到一根多头变线形成了，我们在这根变线上进入了交易。我们可以在图 7.7 中看到这样一个买入设定的例子。

买入设定已经形成，我们就在多头变线之上进入了交易。假定我们用以介入的那根 K 线以强势收盘，见图 7.8。

我们进入了交易，希望价格持续走高，至此为止 K 线比对让我们看到了自己希望看到的情况。买入 K 线在高处收盘，是一根窄幅 K 线，它没有包抄变线，而在正确的方向上运行。价格在走高，一切都还不错。

假设在买入 K 线之后的第一根 K 线，也就是买入之后的第二根 K 线，如图 7.9 显示的那样以强势多头收盘。无疑，在这种情况下，一切看起来都很好，我们不会预期交易发生反转。但是确实要注意，这根宽幅 K 线是第三根，短期形态可能会得以延展。这意味着，此时看到一根中性的或空头的 K 线形成而没有对形态构成损害的情况并非不可思议。这是图7.10中所发生的情形。

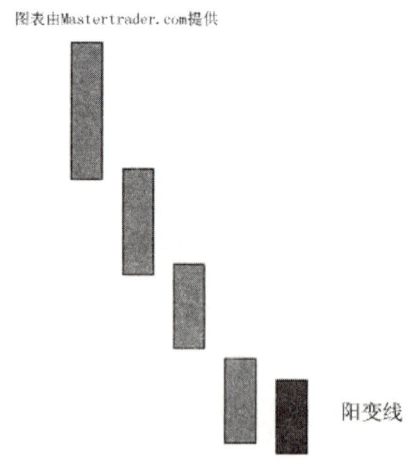

图 7.7　表现为多头变线的一个普瑞斯丁买入设定

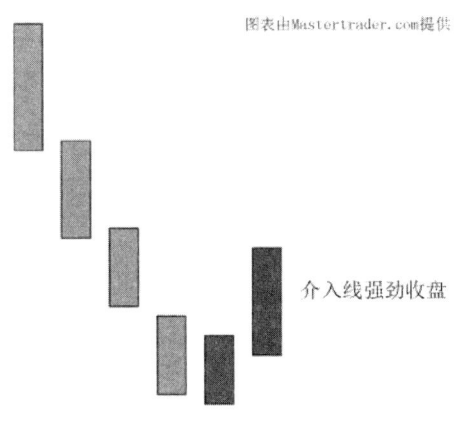

图7.8　买入K线强势收盘

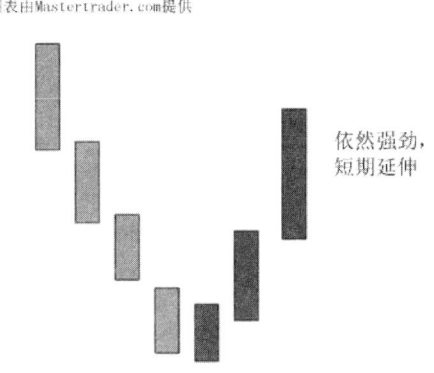

图7.9　买入后第二根K线强势收盘

在图7.10中，我们在这个形态中第一次看到一根阴线。如果你在这个位置上看多，你根本不愿意看到任何阴线。但是，这不是我们需要回答的问题。大多数交易，即便是最好的交易，都不会不做任何休息地直接从A点走到B点。我们这里尝试回答的问题是，从买入价到目标价，这是一个可以接受的休整吗？此时出现这根阴线，虽然它是一根颇具意味的阴线，但它只不过是对股票向上强势运行到现在的一个反应而已。需要注意的是，它只吞食了前面一根K线的25%，因此并不被认为能够构成什么威胁。然而，想象一下如果那根K线有着一根长上影线的话会发生什么。看一看 K 线比对是如何根据发生的情况而改变你的看法的。如果下一根 K 线继续向下运行并开始吞噬大部分长阳线，那么股票在继续创造新高之前不经历严重下挫的机会就很小。例子请参看图 7.11。

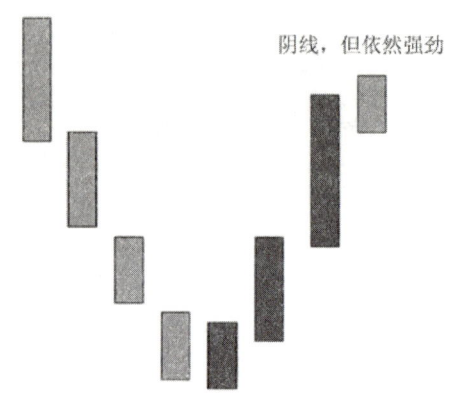

图 7.10　第三根 K 线以阴线收盘

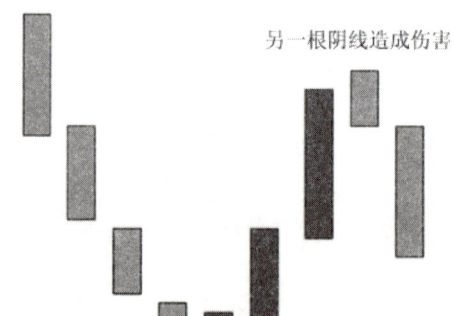

图 7.11　另一根阴线开始损害到原有的形态

比较一下，如果第四根 K 线是一根将之前的阴线吞噬掉的阳线，对趋势的预期又会发生怎样的不同？例子请参看图 7.12。

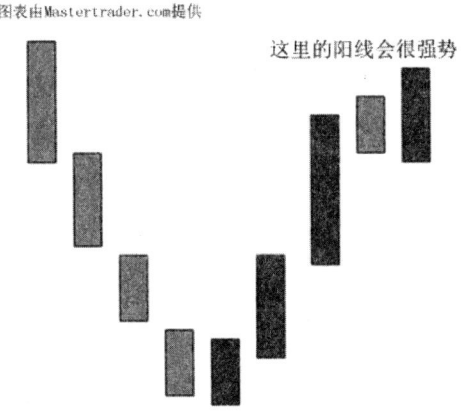

图 7.12 一根阳线使得趋势得以保持

无论何时当我们看到阴线被阳线所吞没的时候，在 K 线比对中，这就是一个大阳的信号。在预期价格走高的时候，我们总是希望看到阴线被吞没。在多头立场上看待 K 线比对分析的其中一种方式就是看阴线占据了多大的地盘。当阴线开始在尺寸上变长并且（或者）它们没有立刻被阳线所吞噬的时候，它们才显示出意义来，我们知道空头更多地控制了股票。如果阴线是暂时的，并且很快被吞没，我们就知道，多头依然处于控制地位，在我们期盼价格走高的时候，这也是我们希望看到的情况。

当阴线正在被吞噬或者忽略不计的时候，在一个较小分析周期内专注于回调形态的交易者在价格回调时就会开始买入股票。随着引发回调的需求开始超过供给，惯性又回归到向上的走势，阴线也被吞没，随后就是一根阳线。对那些只看更长分析周期内 K 线运行的人而言，这根阴线只不过是一根可以忽略不计的阴线（RBI）。我们会在讲到多重分析周期的时候详细讨论到它。现在，只需将 RBI 看成一个多头迹象，了解在买家处于控制地位的上升趋势中应该会发生什么。

让我们回过头去看看第三根 K 线跟前面讲到的不一样的情形。图 7.13 展示了一根比前面讲到的 K 线更显熊势的第三根 K 线。

这里，前面的宽幅阳线被第三根 K 线大幅拉回，这改变了我们的预期。就像我们讨论的那样，如果一根具有一定分量的 K 线的大半部分被抹去，那么价格继续走高的概率就开始发生了改变。图 7.13 展示了一个接下来几根 K 线即将停滞或继续走低的形态。如果最后一根阴线被下一根 K 线抹去，那就会是一个强势多头的迹象，但是这种情况发生的概率不大。换句话说，这不太可能发生，但一旦发生，它就会回归强势多头的走势。你现在应该对任何一系列的 K 线走势有了一个很好的理解。然而，你或许还是会问，运用这个信息是为了什么目的？我们目前看待这些 K 线就像它们是在真空中那样。在真空中，我们所能做的一切就是接受这个信息，并且就像我们前面做的那样，自作聪明地对它评论一番。然而，当你看到整个价格形态在你面前演化的时候，你才真正发现 K 线比对的动态之美。

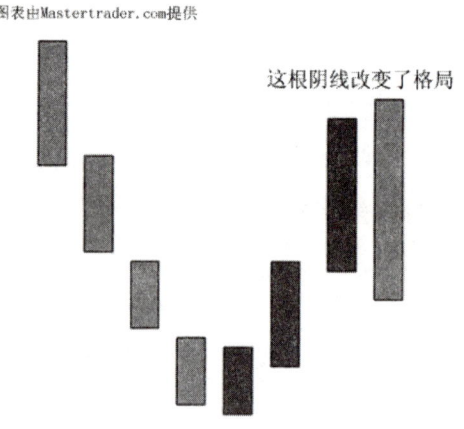

图 7.13　一根长阴线改变了形态

例如，让我们看一看在例子中展示的那根宽幅阳线，假设它进了一个重要的阻力区域。既然这是一根宽幅 K 线并在之前的两根 K 线之上，在它进入阻力区域的时候，我们可以很好地运用这根 K 线止赢获利。

如果我们还没有达到目标但是已经相当靠近，这时候我们需要保护好赢利，让我们看一看做到这一点的一个方法。如果在宽幅阳线之后形成一根如图 7.14 所示的小阴线，那又会怎样呢？接下来的 K 线开始转阳，最后点位超过了之前阴线的一半，我们或许想要将我们的止赢点提升到阴线的低点之上，因为它已经变成某种沙中之线。要么这根阴线将会成为停滞之线，价格会继续走高；或者，这根阳线冲高失败了，我们将会看到价格走低，到了止赢获利的时候了。

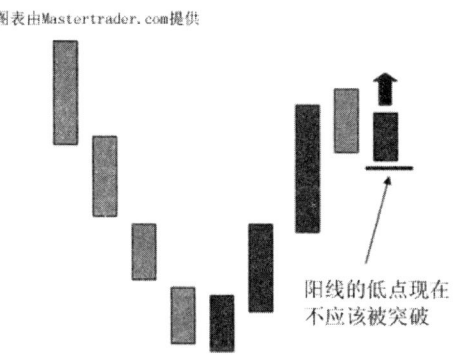

图 7.14　一根小阴线成了沙中之线

其他几点考虑

K线比对分析的概念必须跟所运用的策略、所适用的分析周期以及一个人的交易计划结合起来考虑。许多交易者往往会过度应用比对分析方法，有时候成了过早介入和退出交易的借口。在应用K线比对分析时，必须记住以下几条主要规则：

首先，只在相关的分析周期内运用K线比对分析。换句话说，如果你是基于15分钟图表建立策略、设定目标的，那就运用15分钟图表去做你的分析。此时如果你去研究一分钟图表，你总会找到退出交易的借口。记住，没有股票会一路从A点走到B点而不做回调或休整的。我们只需注意，股票的休整是否过了头或者其中是否透露出什么信息。

第二，你必须将所运用的策略和股票的潜在目标考虑进去。你期待的目标越高，你就必须越多地忍耐一路上的回调和整固。这一点可以跟正确的分析周期同时运用，但是有一点需要明白：大步的运行有时候需要大幅的回调，从更大的形态来看，这是完全可以接受的。

何时以及如何运用K线比对分析的决策必须跟你的交易计划紧密配合，使之成为你交易活动的探测器。你必须具有一个精确的计划，在达到目标的路途中，对什么样的股票表现是可接受的、什么样的表现又是不可接受的做到心中有数。如果你一直等到交易日过了一半还没有很好地做出你的K线比对分析，你会发现自己退出了许多本来应该按兵不动的交易。你还可能因为没有明白该在哪个正确的时机撤出而错失止赢的机会。

最后，我们从介入交易的角度讨论K线比对的概念。你可以并且应该在你还没有进入交易的时候就通过K线比对分析来评估所发生的状况。这会让你对价格如何在交易中起伏有一个清晰的认知，并可以相应地引导自己的倾向性。从这个角度来讲，每一根新的K线在它形成时都可能是一个介入点（例如，基于你之前的K线比对分析，你在上行趋势中寻找股票突破时的买入机会）。一根下影线K线刚刚形成，这根K线的影线在前面几根K线的下方，而价格收盘在开盘价的上方并靠近K线的高点。你会怎么做？对，这是买入的时机！只需价格数据，你就得出了这个结论。其他指标都不需要。

本章小结

记住，K线比对分析的目的是让你的头脑聚焦在正在价格身上发生的状况，而不是聚焦在你希望价格会发生什么样的变化上。在我们涉入交易的时候，一件有趣的事情发生了。我们开始失去我们的客观性，开始根据我们所希望发生的或者我们所害怕发生的事情来做分析。也就是说，有些交易者或许会停留在一个不再有效的交易中，希望坚守在最初的那个交易中而不至于蒙受损失。有些交易者处在收割赢利的焦虑中，抓住任何一个借口就急于退出交易。我们的观念是，运用一个简单的客观方法去决定该交易是否依然满足你持有的条件，或者是否应该实施某种管理方案。那些概念中包括退出整个交易，提升或降低整个或部分交易的止损点，或者在那个时点上部分止赢。我们会在本书后面部分讨论各种管理方案。

在运用K线比对分析时，你或许会碰到的最后一个问题：你或许对K线比对分析了如指掌，并且知道该如何采取合理的行动，但是你就是没有采取行动。交易者可以合理分析形态但对需要做的事情却犹豫不决，这样缺乏行动力的交易者不能成为好的交易者，并且这种情况会直接影响到他们事业的发展。随着你运用这个工具和本书中的其他信息，你对自己在图表上所看到的信心就会增长。

K线比对分析是一个非常强有力的概念，它可以让你聚焦于在价格身上真正发生的一切。在每天的交易中，我用它来解读当下正在发生什么，而不是陷入在对过去的分析中或者投射到对未来的期许中。未来是未知的，我们玩的就是概率，正在发生的事情得以持续的概率。

在交易这个行当中，有着这么多的聚焦点，它们试图运用诸如艾略特波浪、江恩理论、周期和通用指标的方法去预测即将发生的事情。如果你在那里，或者曾经到过那里，我希望你开始看到光明和一条崭新的道路。

单个股票的价格形态都是独一无二的，但有一根绳索可以将它们捆绑在一起。它们一起组成了股票市场，当资金流入市场，市场价格就会上涨，很自然地这会对大部分股票形成上涨的压力。这就是众所周知的"水涨船高"，同理，当资金撤出市场的时候，股票就倾向于下跌。

到目前为止，我们已经深入探讨了价格K线以及价格形态，但是在接下来的第八章中，我们会看一些其他的有用信息，它们可以帮助我们去判断股票市场的价格行为是否能够被信任或者趋势是否马上会改变。我们将检查市场内部指标的概念。这个概念的作用就相当于对市场进行X射线的照射。

第八章 市场内部指标：

检查市场运行的方向

　　这一章是关于市场内部指标的运用。市场内部指标是我们用于更好地看清市场可能的、延续的动向以及反转的可能性的一套工具或度量。更确切地说，它们可以帮助我们确定现有趋势的可靠性。在这一章中，我们也会讲到内部市场分析以及它是如何影响到你对市场的长期认识。但是，在我们探讨市场内部指标之前，或许我们首先应该讲一讲我们为什么会关注市场。

　　许多交易者喜欢做市场指数的交易。我也是其中之一，因为这一类交易都是基于纯粹的技术信息。交易市场的方式有很多种，但无论用什么手段来交易市场，市场交易者必须将了解市场运行规律作为他们首要的工作。你会注意到：贯穿全书，在我讨论价格运行的时候，我不断提示这涉及一只股票或一个市场。就运用普瑞斯丁方法（Pristine Method）进行技术分析而言，我们实际上并不关心这些价格所代表的是一只个股还是由一批股票组成的特殊市场。因此，对那些想要交易市场指数的人而言，你对市场的了解就是至关重要的。

　　然而，即便对那些喜欢交易单只股票的交易者来说，市场也不应该被忽视。市场可以被看成是造成水涨船高的潮水。不管某一只股票的趋势如何，抗拒市场显著趋势的交易常常有着很低的成功率。但在市场趋势不显著的情况下，这个概念就无关紧要了。单只股票的趋势始终是最重要的；但在可能的情况下，顺着市场的方向做交易总是最好的办法，这样做会得到最好的结果。听起来似乎是显而易见的，但许多交易者常常错过这个要点。见图8.1和图8.2。

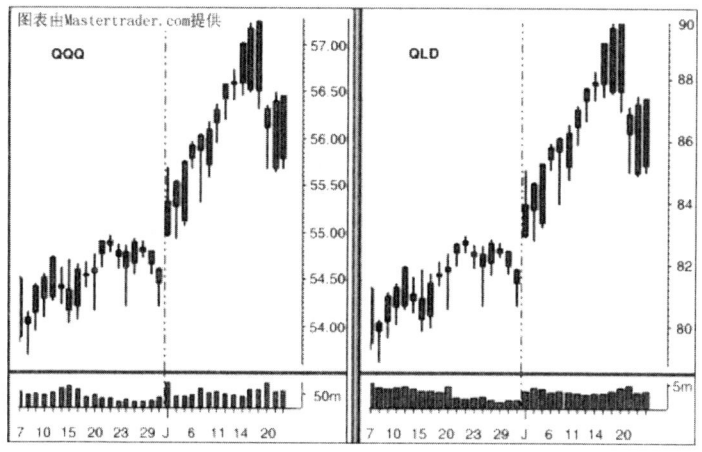

图 8.1　QQQ 和 QLD 之间的比较

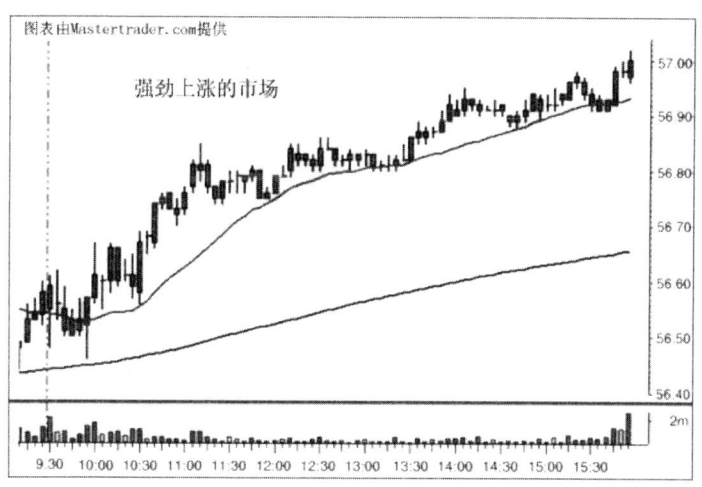

图 8.2　始终在市场强劲上涨的时候参与投资

所以，在交易时，不管我们交易的是什么，最为重要的一点是对背后的市场会走向哪里有一个认识。为了分析这背后的市场，我们只需将关于价格形态的普瑞斯丁方法应用到所有可交易的证券中。因为市场本身常常作为交易对象，市面上就产生了许多分析市场的指标，大多数被放在图表上的技术指标就是这一类指标。但是，市场内部指标可以为我们带来有用的信息，帮助我们判别市场背后趋势的强弱程度，或者市场是否在萎缩。

判别价格运行

此时很重要的就是对交易的一个基本问题的理解。这个问题是："什么因素导致价格往上走?"尽管对此可能有着各种各样至少部分正确的答案,但真正的答案是:价格走高是因为潜在买家多于潜在卖家。对有些人来说,这听上去或许有些好笑,但这是一个必须要理解的基本真相。这是唯一一个会让价格走高的因素。当对一只股票的需求大于它的供给时,价格就会上涨。这是一个贯穿在全世界整个经济结构中的概念。某一只股票可能很赚钱,某一只股票可能有一个好消息,可能这个公司刚刚发明了治疗某种疾病的特效药,但是如果卖出其股票的人比买入的更多,股票价格就会下跌。这就是我们要专注于价格的原因,也是我们只专注于当前时刻而不去对财经评论员或者新闻消息会对股票价格产生什么影响妄加揣测的原因。

接下来的这个问题或许有点让人摸不着头脑。如果价格形态是最为重要的,那么我们为何还要讲市场内部指标?有一种回答是:或许我们并不需要它们。就像我在这本书中教你的所有其他事情那样,价格是王道,也是真正重要的。但我们此时会产生这样一个问题:如果价格没有给出一个清晰的答案,那会怎样?我们想要做长线交易,我们想要走在市场前面,而我们不确定趋势是否会持续。看待这个问题的一个途径是回到那个是什么让价格上涨的提问。事实上这个提问有两个答案。当潜在买家多于潜在卖家的时候,价格会上涨;但是当潜在卖家少于潜在买家的时候,价格也会上涨。这听上去是在玩弄辞藻,但这里确实隐藏着提及市场内部指标的原因。

设想有一只很红火的股票,买家们争先恐后地去买入这只股票。愿意卖出的卖家也很充足,只是买家在数量上超过了卖家,所以将价格持续推高。买家和卖家之间在进行着一场不间断的战斗,但买家的数量就是比卖家多。设想一下另一个例子,当价格在上涨的时候,那只是因为很少几个买家找不到任何卖家来买入股票。换句话说,卖家没有兴趣在这个价位上卖出。因为卖家不愿考虑买家的出价，买家被迫追着他们，即便买家的实际数量可能很少。此时趋势可能是上升的，但不是可持续的。如果你能将这种情况想象成去推动一根绳子而不是提拉一根绳子，你或许会明白市场内部指标会进入我们的考虑范围的原因在哪里，它可以对上行趋势的实际强弱程度给出一个提示。图8.3展示了一个毋庸置疑的强势多头的例子。

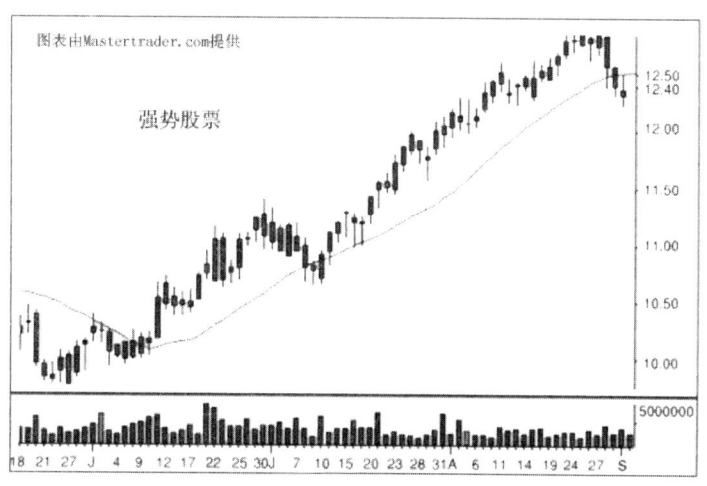

图8.3　买家踊跃的强势趋势

什么时候做反向思维

在我们讲到几个我喜欢运用的市场内部指标之前，我们要知道一些市场内部指标是建立在采取反向观点的概念之上的。所谓反向观点就是跟主流唱反调。当我们谈到跟随趋势的时候，我们跟随的就是主流，我们跟随的就是大笔的资金，这就是我们通常的做法。但是，当事情走向极端的时候，它们会提示我们转折可能马上就要来临了。这跟顶峰卖出设定的概念是类似的。在某个时点上，一只股票会在某一个价位上耗尽了所有的潜在买家。这种情况发生的时候，价格就不能往前推进了。

例如，如果你每周都能够去调查访问所有大基金经理并问他们一个简单的问题："你对市场的长期趋势是看多还是看空？"很自然地，你会得到各种各样不同的反应，而且这些反应也会根据市场的当前状况而有所不同。然而，如果随着时间推移，当这些人中的很大一部分都开始看多的时候又会发生什么情况呢？你的第一反应可能是这样的："好吧，如果他们都看多，那我也应该看多。"但是，这其实是一个需要反过来看的调查。一旦市场的长期观点明显看多，也就意味着他们已经完全将资金投入了市场中。如果他们的资金都投入了市场中，谁又会说自己是看空的呢？因此，当看多的人数达到一个极点的时候，我们就知道所有的大资金都在市场中，因而只有很少的资金剩下来可以点燃未来的市场。曾经真的有过这样一份只问那一个问题的问卷调查。毫无疑问，没有什么是完美的，但一旦趋势形成，它是我们可以用来感受市场潜力是否会延续趋势的一个指标。

最偏爱的市场内部指标

我在交易日最为常用的市场内部指标就是跳动指数（TICK）和交易者指数（TRIN）。我全天都将它们保留在我的主屏幕上，不时地参考它们。这两个指标在纳斯达克和纽约证券交易所这两个市场都有提供。让我们先讨论一下 TICK，我只用纽交所 TICK。纳斯达克 TICK 对我而言是一个多余的信息，它更新起来比纽交所的要慢，纽交所的 TICK 也更广泛地受到追随。

跳动指数（TICK）

理论上讲，任何市场或任何一组股票都可以有 TICK 数据。但是一般只有纳斯达克市场和纽交所市场才有 TICK 信息提供。道琼斯 30（Dow 30）也提供这些指标，但是因为道琼斯 30 只有 30 只股票，我们通常不会将它作为更广泛市场的一个指标去加以研究和运用。期货交易者可以找到道琼斯跳动指数，它被称为 TIKI，它跟纽交所 TICK 结合起来使用会很有用。

纳斯达克 TICK 的运用也有一个问题。纳斯达克 TICK 的数据统计的是整个纳斯达克市场上的所有股票。在纳斯达克 100（纳斯达克排名前 100 只大写字母股票）之后，所有剩下的股票加起来只占纳斯达克交易的资本金和成交量总额的很小一部分。既然 TICK 数据包含了整个市场，它们常常不能成为股票真实运行的准确反映。因此，我们真正参考的唯一数据就是纽交所 TICK。

TICK 实际上所衡量的是在纽交所任何一个时刻中股票交易上跳或下跳的数量的差异。交易者在一个低于之前交易价格的价位上卖出就形成一次下跳，交易者在一个高于之前交易价格的价位上买入就形成一次上跳。通过比较股票交易中上跳和下跳的总的数量，我们可以得出一个数值，它可以告诉我们在任何一个时刻卖家和买家有多强势或弱势，并且通过追踪图表上的 TICK 数据，我们也会了解一天之中这个强弱状态发生了怎样的改变。

我将 TICK 保留在 5 分钟图表和 2 分钟图表。5 分钟图表中会出现更多的重叠的 K 线，2 分钟 K 线图表中出现更多的高点和低点。我将水平线设置在±1000 和±600 那里。±1000 是极限的警示区域，我在这个数值上还设置了声响警示。有些时候你没有一直盯着 TICK 看，那么声响警示就会提醒你注意到那些极限数值。持续运行在±600 之间的 TICK 被认为是中性的，经常也是一个不做交易的理由，因为在哪个方向上都没有显著的动力。图 8.4 展示了纽交所 TICK。

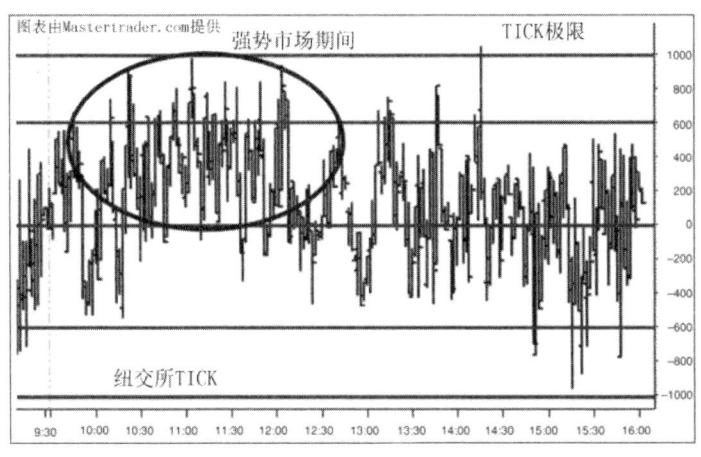

图 8.4　纽交所 TICK

一旦将一天的 TICK 做成图表，我们在查看这个图表的时候就有这么一种通常的用法：一般而言，TICK 被看作是建立在日内交易的基础上的，但是当它在一个极限上收盘并且在一个趋势中很久没有出现这种情形，那么这个收盘 TICK 可以成为日交易短期转折的预警。第一，我们需要看一看极限高点和低点落在哪里，以及其平均值是高于还是低于零。第二，我们需要了解 TICK 的趋势是什么样的。第三，我们需要看一看 TICK 数据和市场趋势之间存在的可能的背离。让我们快速地分别检视一下这几点。

第一，TICK 数据一般都会落在 +1000 和 -1000 之间；但是它们并不限制在 1000 的数值上，它们可以大大超过这些数值，虽然像这样的数值被认为是极限。在熊市中，你几乎每天都可以看到 -1000 或更低的数据。除了明显的下跌，这也是意识到熊市市场环境的一种方式。作为一天的演变状况，我们需要注意的事项之一就是看一下 TICK 数据在最高和最低之间的对比。如果 TICK 数据在正的一边碰触到了 +900，在负的一边始终停留在 -300 之上，那就表明形势大牛。任何时候当天高点和低点之间的平均值高于零，就表明形势多少处于牛势之中。当 TICK 停留在高于零的较高的水平上时，那么市场和强势股就会走高，回调幅度也会很小。你会注意到在图 8.4 中交易日的部分图表上，TICK 待在零之上相当长一段时间，表明市场很可能即将以阳线收盘。

第二，TICK 数据在整个交易日中会上涨和下跌许多次。看到这个，有人或许会问："从这些混乱的波动中可以看出什么名堂呢？"没错！这是日内交易者最为有价值的一个工具。坦率地说，如果我只能使用一个市场的内部指标的话，那我会选纽交所 TICK。

我们从 TICK 数据中想要收集的是，随着当日时间的推移它们是否会继续形成更高的低点和更高的高点。换句话说，如果 TICK 在当天保持某种程度上的上行趋势，那就是牛势。反之亦然，如果 TICK 开始显示日内下跌迹象，那就是熊势。通常 TICK 并不会形成趋势，但它可以注意到趋势的形成。

最后，我们可以检查所形成的更高的高点和更高的低点，并将它们跟市场实际的图表进行比较。例如，在图 8.5 中，你可以看到，就在当天的低点之前，在市场形成最低的低点的同时，TICK 实际上形成了一个更高的低点。这是市场趋势或将发生改变的一个迹象。在市场已经走过大半个上午的时候看到这种情况也是较为常见的。其中包含的信息是，虽然市场在持续其趋势，但是却有越来越多的股票跟市场趋势背道而驰。

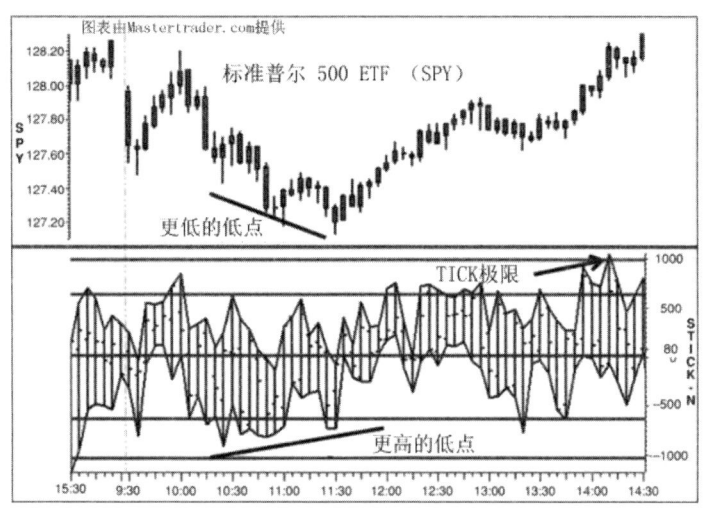

图 8.5　纽交所 TICK 的背离

通过运用 TICK 的这三个规律，我们可以确认或否定市场中的一个多头趋势或空头趋势。TICK 还有助于判断交易的时机。一旦 TICK 确认了一个多头的市场环境，我们就会钟情于长期持有。你或许认为这是显而易见的，但是像 TICK 这样的市场内部指标的运用可以迫使你将你的偏向跟市场的偏向对齐。你的见解应该跟市场保持一致，内部指标可以在那个方向上引导你。你会注意到，一旦 TICK 涨到接近+1000 的极限高点，一般它都会稍做回调。在 TICK 达到极限高点的时候，最好不要进入新的长期交易。相反，让 TICK 回撤，并观察你的股票的反应。例如，如果 TICK 从+1000 回撤到零，并且你的股票开始箱体震荡，这是向其他正在下跳的股票表明它自己的力量。随着 TICK 从零区域向上走高，股票即将突破和走高的可能性也大大增加。这里的策略是在 TICK 处于极限高点的时候找到强势股票，然后等待合适的回调并在 TICK 碰触低点的时候介入其中，这一策略的前提是 TICK 依然处于牛势的状况下。同样地，当 TICK 处于极限低点的时候，我们不建议介入新的短期交易。同时再重复一遍，在±1000处要设置警示。如果警示被触发，并且你准备介入交易，这个时候你就需要好好想一想。你或许是在最坏的时间段里追逐这只股票。

交易者指数（TRIN）

TRIN 是"短期交易者指数"（Short Term Trading Index）的英文缩写。它属于"幅度指标"这个类别。有时候它也被叫作"阿姆斯指标（Arms Index）"，这个名字来自 Richard W. Arms，他在 1967 年开发出了这个指标。就像其他任何指标那样，TRIN 可以基于任何综合指数或一组股票而计算出来。但是，它常常是从纽交所和纳斯达克那里获得数据。因为这个特殊的指标要在计算公式里用到成交量作为一个主要因素，我们就对纳斯达克数据很感兴趣。你或许还记得，在我们讨论 TICK 的时候，我们说我们不得不在很大程度上忽略纳斯达克 TICK 数据，因为它包含所有的纳斯达克股票，而其中许多是很小的或者无关紧要的。因为每个 TICK 被赋予同样的分量，所以纳斯达克 TICK 常常无法给出有用的信息。在讨论 TRIN 的时候，因为它是一个注重成交量的指标，所以纳斯达克数据再次变得密切相关。另外，TRIN 数据只限于纳斯达克 100（见图 8.6）。

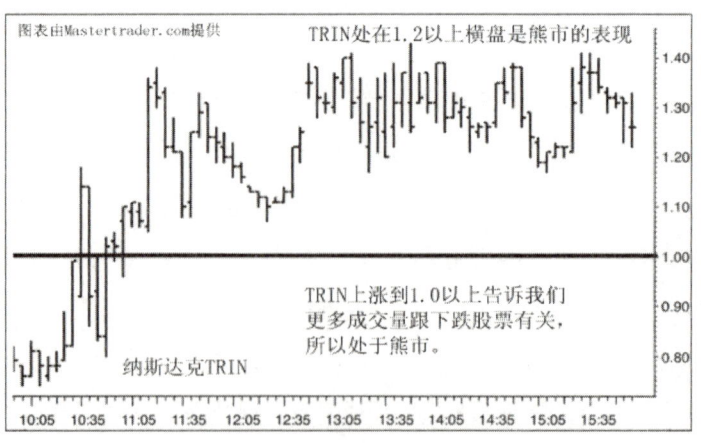

图 8.6　纳斯达克 TRIN

TRIN 数据实际上是通过"上涨-下跌数量比"除以"上涨-下跌成交量比"而计算出来的（见图 8.7）。如果这听起来有点含糊，让我们退后一步，看看如何用一种更简单的办法来计算 TRIN 数据，这样做还可以让你明白它为什么是如此有用的信息。或许你听说过一个更常见的"上涨-下跌线"指标。上涨-下跌线仅仅展示了上涨的股票的数量减去下跌的股票的数量，并且这一数值不断被累加到之前的数值中。这样不断持续就形成了这根指标线。如果上涨的数量等于下跌的数量，上涨-下跌线数值就是零。上涨-下跌线是经常被引用的市场数据，你甚至可以在 CBNC 电视台听到它被提及。

图表由Mastertrader.com提供

$$\frac{上涨数量/下跌数量}{上涨成交量/下跌成交量}$$

图 8.7　TRIN 公式

上涨-下跌线的问题在于，它没有完全将成交量综合进去。换句话说，你可能面对这样一种情况：许多股票以非常小的成交量上涨，但市场依然受制于那些成交量很大的下跌股票。上涨-下跌线显示的或许是正面的数字，但市场上的大部分资金实际上正经受着下跌的冲击。这就会导致当天的上涨-下跌线被错误地解读。

TRIN 所处理的是将上涨股票数除以下跌的股票数并将此结果作为分子放入一个新的等式中。在分母中则是上涨股票的成交量除以下跌股票的成交量。这样，如果上涨-下跌数量比是 1.2，上涨成交量和下跌成交量的比值也是 1.2，那么 TRIN 的值就是 1.0。但是如果上涨-下跌数量比是 1.2，上涨成交量和下跌成交量的比值只有 1.0，那么 TRIN 的数值就会是 1.2。

TRIN 看着似乎有点难以理解，因为这个比值上升到高于 1.0 的位置，熊势就越明显，数值低于 1.0，牛势就表现出来了。通常我们总是将价格上涨看成是牛势，将价格下跌看成熊势，但这里的这个等式不一样。如果上涨成交量没有跟上上涨-下跌数量比例，那实际上是一个熊势的表现，并且，随着它变为熊势，数值就超过了1.0，就像在前面的例子中那样。

在运用TRIN的时候有两件基本的事情需要留意。就像TICK那样，我们将TRIN放在5分钟图表上寻找它的日内形态。接着，我们会注意TRIN是处在高于还是低于1.0的区域，并且我们还会对当天TRIN的趋势是上升还是降低给予特别的关注。高于1.0并不断走高是熊势的表现，TRIN趋势越走高，市场也就越表现为熊势。

虽然TRIN可以走得越来越高，大多数日子里历史性的日内极限是在1.5和2.0之间。我在这些位置设有警示以便提醒自己TRIN是否触及这些数值。我们也没有必要整天盯着TRIN，只需注意它的总体水平和方向。让你的图表软件来监控TRIN和TICK的极限值，你只要不时地看一下就行了。同样，当我们主要感兴趣的是TRIN的趋势时，一个横盘的TRIN（比如说在1.4附近）是很明显的熊势。这意味着成交量正在不断地流入下跌的股票中。将它跟低于零的熊势TICK结合起来看，做空股票或市场就像在木桶里捉鱼那样易如反掌。虽说如此，我们还是要注意极限-1000的TICK。即便在这样一个熊势的环境下，趋势反转还是会来得很快很猛。一旦TRIN开始走低、TICK开始变成正数，我们就要开始寻找那些对卖出压力显示出相对强度的股票以及那些曾经深度下跌且形态显示反弹迹象的股票。

低于1.0且趋向更低的走势都是非常强势的牛势。理想的状况下，TICK都会在远高于0线的位置上，伴有几个确认牛势大环境的+1000的数据。这些都是明确无误的例子，当纳斯达克和纽交所的TRIN显示出同样的牛势或熊势数据的时候，你就有必要认真对待这些数据。图8.8展示了一个TRIN的牛势例子。

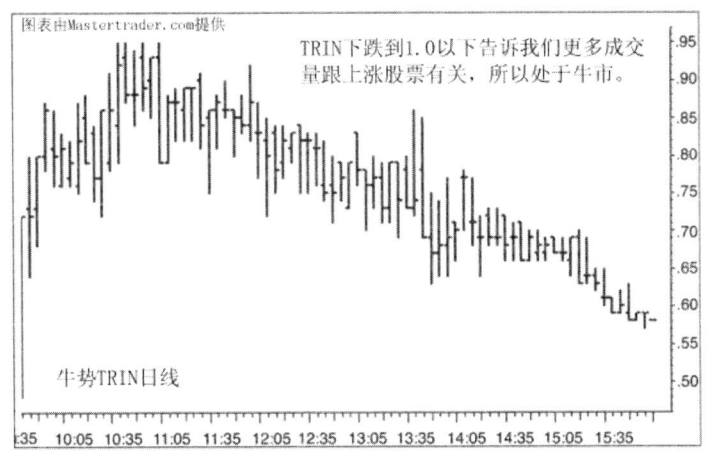

图 8.8 牛势 TRIN 的一天

TRIN 并不总是趋势性的,它可能会走横盘路线。你的任务就是要去注意横盘走势的水平。在 0.50 或以下的横盘是强势牛势,因为有更多的成交量进入了上涨的股票中。此时可以检查一下 TICK 数据。你应该会看到更多 0 点以上,甚至达到 +600 以上的 TICK。

这里可能出现一种更为令人困惑的情形,它也会引发更多的解释和判断,这就是当 TRIN 数据高于 1.0 且 TRIN 又在下降的时候。实际的数值是熊势的,而趋势却在通过 TRIN 数据往下走显示牛势形态(记住,TRIN 数据跟你通常的认知是相反的,高的数据是熊势,低的数据是牛势)。

在这种情况下,我们需要更加谨慎,心中明白当前我们处在一个熊势的环境中,但是它正在改善并正在走向牛势。我们需要看到更多信息,例如 TRIN 在实际的反转之前跌得多深和涨得多高,即便数据高于 1.0,我们也要对自己所采取的熊势姿态保持警惕。图 8.9 展示了这样一个例子。这里 TICK 再次帮助我们澄清了困惑。如果 TRIN 在下挫(随着成交量不断加入上涨的股票而变为更明显的牛势)且 TICK 没有显示至少高于 +600 的数据,那就要对做多持怀疑态度。当 TRIN 从 1.0 之上跌落下来且 TICK 推高到 +800 或更高的时候,你面对的就是大环境正在发生改变的一个可靠信号。

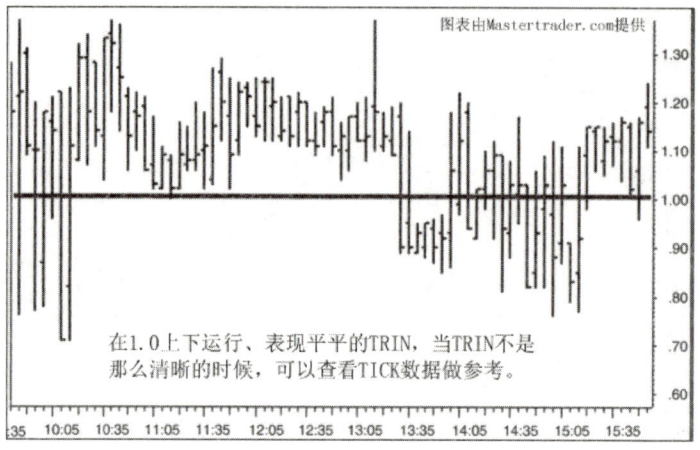

图 8.9 TRIN 的图示境况不够明朗

很自然地，完全相同的情形也存在于 TRIN 低于 1.0 且处于上升趋势中形成的反转中。虽然 TRIN 的绝对数值目前是牛势的，但是你还必须检查它的上升趋势，并且在状况明朗化之前要对做多采取谨慎态度。在这两种情况下，我们必须查看当前趋势的强弱，如果有摇摆不定的情况发生，要多加留意。例如，在 TRIN 低于 1.0 且处于上升趋势中时，如果这个上升趋势没有得逞，我们就知道它再次回到了牛势中。在这之前，我们必须谨慎，因为上升趋势可以持续推动 TRIN 到 1.0 或者更高，那个时候它就会处在一个更为熊势的状态中。到目前为止你已经知道去检查 TICK，以便看清它是否在给出确认 TRIN 趋势的负数。如果 TICK 没有运行到 -600 以下，不要那么快跳到空头一边。

随着时间的推移，你会看到在不同的市场环境下 TICK 和 TRIN 之间的种种关系，时间长了你就会获得一种直觉：TRIN 的运行比 TICK 要慢得多。那是一件好事，因为我们想要的一个内部指标就是它能给我们一个日内的中期趋向，同时也会随着市场而发生变化。TICK 运行得要快得多，虽然它也能提供一个整体的趋向，但它还能在一个超短期内给出趋向和顶点。学会同时运用这两个指标，它们会让你对趋势的判断跟市场的趋向（而不是你想象中的市场趋向）保持一致。

除了这些在日内交易基础之上对 TRIN 的非常有力的运用之外，我们还对更大分析周期上的 TRIN 有一个运用。通过绘制一张纳斯达克 TRIN 的 5 期和 10 期移动平均线图表，我们可以将它当作一个指示，以确定市场上长期超买或超卖的状况（见图 8.10）。

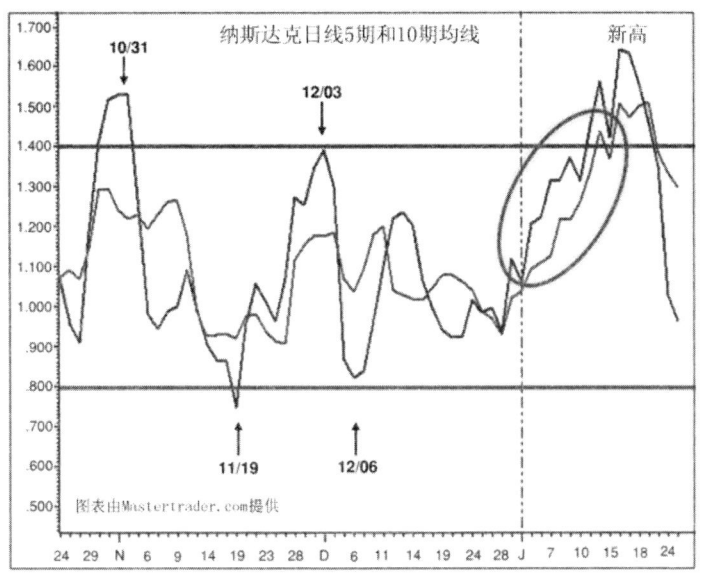

图 8.10　纳斯达克 TRIN 日线图表的移动平均线

图 8.10 展示了在 TRIN 数值 1.4 上方以及在 TRIN 数值 0.8 下方的一个总的提示线。一旦 5 期和 10 期均线高于或者低于这些数值，我们就知道它们是一些极端情况，我们应该将它们看成是价格反转的信号。除了运用这些确切的数值之外，我们还要注意，这个图表是否在一段时间内都走在某一个层面上。应该运用这样一个层面，如果这个层面被打破，那就可以将它考虑为一种极端情况。你会注意到，在图表中，TRIN 的上部层面在靠近 1.4 到 1.5 的地方。这是市场上一个更为强势的熊势时间。你会注意到，当这个层面在一月中旬创造新高的时候，价格并没有创造新高，并且接着它们就开始了一次大幅的清仓。在图 8.11 中，你可以看到与图 8.10 中的 TRIN 数值相应的价格数据。

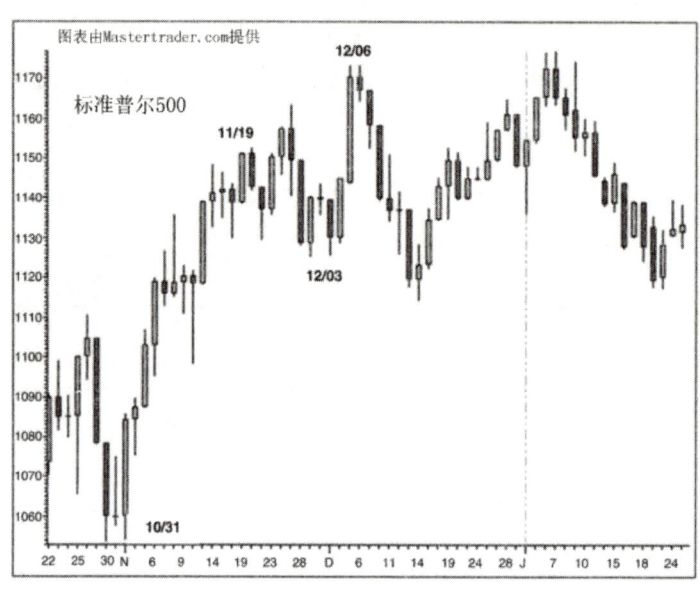

图 8.11　标准普尔 500——对应于图 8.10

像 TRIN 的移动均线之类的市场内部指标实际上为我们提供了市场上超卖和超买点位的历史数值。当一个极端的成交量跟不断上行或下行的股票联系在一起的时候，以及当一个短期反转在过去发生的时候，它是在给出一个信号。这对波段交易者和中期交易者而言是一个珍贵的信息，它告诉他们什么时候发生转折的概率在增加。像相对强弱、随机指数和其他一些价格指标都仅仅是基于市场图表的看法而已。它们是在误导，实际上作为超买或超卖指标是不起作用的，因为它们没有能够通过比对多年来的历史极端数据而去洞悉背后更大市场正在发生什么事情。

波动率指标（VIX）

我喜欢用的另一个市场内部指标是波动率指标，更常用的是它的简称 VIX。VIX 是衡量市场中期权买入和卖出的内在波动率的。实际上 VIX 衡量的是标准普尔 500 期权的波动率。而另外一个叫作 VXN 的波动率指标则是衡量纳斯达克 100 的期权波动率的。这些波动率指标实际上是情绪晴雨表，就像前面说到的那样，其数值是反向运用的。

虽然在 VIX 和 VXN 之间不时地可能会有一些差异，但我一般都是用 VIX，虽然你可能偶尔会对比这两个指标，但在这一章中，我会一直围绕着 VIX 进行讨论。在没有进入关于看跌-看涨比率的技术细节之前，我只需说一点就让你对它有一个认识：这个数值可以让我们了解交易者在看待市场时是焦虑不安还是志满意得。VIX 一般被用来作为市场的一个反向指标。当 VIX 趋势走低，波动率在降低，那么对于市场走高的信心就在增强。但是当 VIX 走到一个极低的层面上的时候，市场回撤的概率会不断增加。所谓极低是跟它在最近的过去的走势有关。所以有时候数值 20 算是低的，而其他时候数值 10 才算是低的。市场在改变——就像你解读其他图表一样地去解读 VIX 图表。差异在于，当 VIX 到达支撑位的时候，表示行情看空，而在它到达阻力位时，行情看多。

在市场回撤时，不论它是处于一个上行趋势中还是一个下行趋势中，你都想看到 VIX 走高。在上行趋势中，这表示，对于趋势可能不会持续有一定的担忧。这是一个好的信号，并增加了趋势走高的概率。当市场回撤而 VIX 没有上涨的时候，这是市场情绪志满意得的表示。当这个情况在过去发生时，市场已经持续下挫，直到 VIX 确实走高为止。对于一个趋势的持续，市场上必须有怀疑和担忧。当市场处在一个下行趋势中的时候，VIX 会走高。如果不是这样，你可以确定下行趋势会持续。当这个趋势持续，对它的担心以及对市场崩溃的担心将会得到增强。VIX 给我们提供了对市场中怀疑和恐惧情绪的一个估量，它可以指引我们去认清这个趋势是在持续还是处于极端情绪中。

当对担忧的衡量较为合理的时候，VIX 数值的增长就会伴随着市场价格的持续下跌。图 8.12 展示了一个 VIX 处于极限数值的日线图表，当你用相应的 K 线知识去解读的时候，它告诉我们这很可能是市场的一个转折点。日线图表上的 K 线形态对判定转折点是很有用的，这跟具体的股票一样。只是其中包含的意思正相反，因为 VIX 对更广阔的市场来说是倒转过来的。

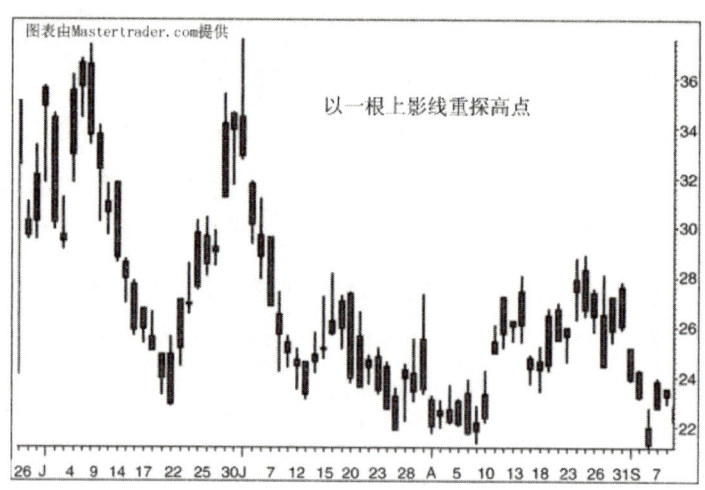

图 8.12 处于极限层面的 VIX

VIX 在显示极限数值的时候是最为有用的，可以帮助我们鉴别市场中的长期转折点。构成 VIX 极限数值的是那些很容易发生改变的东西。几年前被认为是极限的数值在近几年被甩在了后面。极限对 VIX 来说还将是一个相对的概念，但是我们想要看到的是挑战之前极限高点或低点的急剧拉升。记住，价格始终是王道，VIX 的极限数值只是给我们一个可以了解价格形态发生变化的预警。我们必须始终等待价格形态来确认这一走势。

图 8.13 就是一个很好的例子：价格因为 VIX 上探到之前的高点而反转向上，以及驱使价格走低的一个 VIX 走高（心理预期向好）区域。

VIX 作为日内交易的情绪晴雨表也很有用。我将它放在一个显示有 20 期均线的 5 分钟分析周期图表上。当它走高的时候，情绪是看空的，并且这种情绪在增长。当它下挫的时候，情绪是看多的，并且这种情绪在增长。跟随它的趋势，留意好它之前的转折点。就像在观察 TRIN 时一样，我使用一张日内 K 线图表。在这里我对 K 线形态并不感兴趣，而只对其趋势和它所在的数值感兴趣。

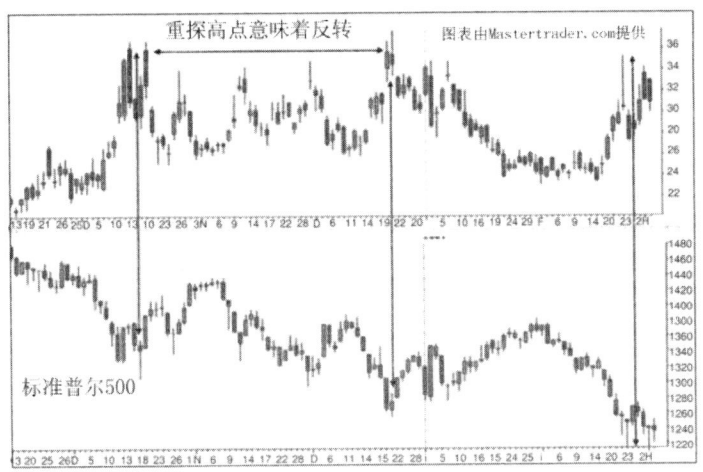

图 8.13　VIX 对比标准普尔 500

有些人认为 TRIN 和 VIX 是一样的，因为它们都是市场的反向指标。但他们并不一样。VIX 是情绪测量仪，而 TRIN 是幅度测量仪。市场内部指标分析必须同时关注幅度和情绪这两个数值。

看跌-看涨比率

最后，让我们来讲一下看跌-看涨比率（Put-Call ratio），它常用的一个简称是 P/C 比率。像波动率指数一样，期权看跌-看涨比率是另一个市场内部指标的反向指标。在看空情绪增长的时候，它走高，在看多情绪增长的时候它走低。一个期权看跌-看涨比率的数值就是将卖出总量（看跌卖盘）除以买入总量（看涨买盘）。但是，在这个概念上，情况没有那么简单。事实上存在着四种看跌-看涨比率。有一种看跌-看涨比率是衡量指数交易的买入和卖出活动，大部分是对冲交易，也以指数看跌-看涨比率（Index P/C ratio）而为人所知。这个比率在历史上都处于高位，我发现它没什么用处。

还有一个普通股看跌-看涨比率（Equity P/C ratio），它是衡量单个股票的买入和卖出活动的。它倾向于反映个体投资者的情绪，对反其道而行之的投资者来说，这是一个很好的测量仪，他可以知道大部分个体投资者在做什么。

还有一种总量看跌-看涨比率（Total P/C ratio），衡量的是指数和普通股看跌-看涨比率的总量。这个比率跟普通股比率走得很近，但也不完全如此。如果真是这样，我们也用不到这个比率了。许多时候不是总量比率就是普通股比率会冲击一个极限值，但不是两个同时冲击。所以我们同时监视两个。当它们一致显示转折马上要来到的时候，这一转折发生的概率就更高。

讲到这里我们可能会有点糊涂了。当你看图表时，OEX（标准普尔100）的看跌-看涨比率似乎跟总量和普通股看跌-看涨比率说的不是一回事。它常常跟其他两种比率走在相反的方向上。OEX 看跌-看涨比率是聪明资金在交易期权。这些交易者在他们的市场方向的判断上通常是正确的，当然，这就是我们要监视他们的原因所在。当傻瓜资金在一边，聪明资金在另一边的时候，那就是一个最理想的信号。傻瓜资金都在卖出，聪明资金则在买入，或者反之。

我们用作总体指示线的数值是作为超常看跌情绪的 0.80 和作为超常看涨情绪的 0.50。换句话说，当 5 日和 10 日均线超过 0.80，这表示一个很高的看跌-看涨比率。这就意味着有一个比较高的看空预期，我们知道这意味着底部可能已经很近了。当然，我们还要等待价格的确认。

相反，当 5 日和 10 日均线的看跌-看涨比率低至 0.50 或以下，我们就知道有一个很低的看空预期和更多的看涨买入。作为一个反其道而行之的投资者，这时候可以看跌市场。图 8.14 中的例子就展示了 5 日和 10 日均线看跌-看涨比率以及它们是如何显示市场的转折点的。

不管是用于日内分析还是一天结束之后的分析，市场内部指标始终应该结合幅度和情绪这两个指示器。我们想要知道什么时候幅度内部指标在发出极限值的信号，结合情绪指标，我们就可以知道交易者是否完全投身在那个极限中。

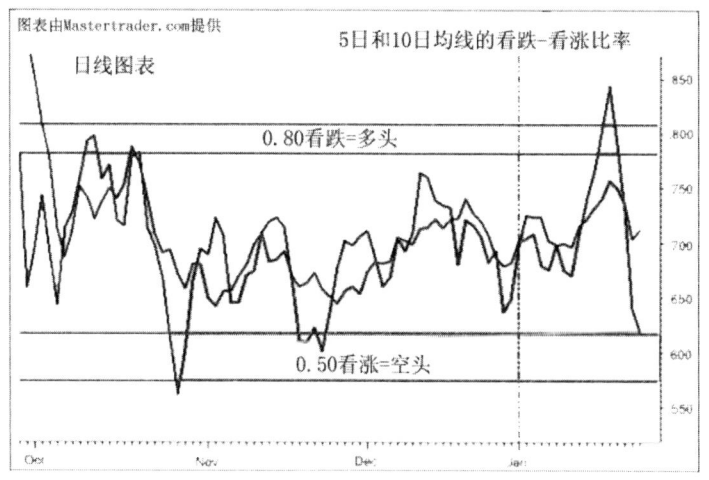

图 8.14　显示转折点的看跌-看涨比率

对市场互动分析的一个简短概述

要真正理解市场，你必须对技术分析、市场内部指标和市场互动分析都有一个很好的理解。我称之为理解市场的三大支柱。市场互动分析是又一个很大的话题，可以另外写一本书。

不过，就本书的目的来说，我们还是要讨论一下市场互动分析为何会是技术交易者的基础工具。如果你想要了解经济健康状况，那么就去看一下债券和商品期货市场。当经济正在成长、商业运行良好的时候，对于资金和商品的需要会出现增长。随着这一现象的发生，长期利率的中介就会上涨，货品的成本也会上涨。这反过来就会引起通货膨胀和对失控的担心。如果经济扩张太快，联邦储备局就会提高短期利率，以压缩货币供给，缩小长期和短期利率的差距。这可能给股票市场造成一个冲击，但是短期利率的最初上涨实际上是一个积极的信号，强化了市场早就告诉我们的信息。

这一平衡过程的起伏会持续一段时间，联邦储备局是稳定经济还是走过头，每个人都只能猜测而已。你要做的工作就是见微知著，去解读细节。但怎么读呢？一个主要的方面就是长期和短期利率的差距。当差距较大时，造成这一状况的原因在于，经济之前有一个下滑，联邦储备局已经降低了利率，资金被注入了经济系统中。它们及时流到了银行中，然后到了公司和个人的手上。当然这都需要时间，最终假定公司运行良好，获得了利润，股票就会上涨。

当然，这只是理论，你还需要寻找它正在发生的蛛丝马迹。例如，如果市场整体业务良好或者正在增长，那么联邦快递的股票价格就会上涨。为什么？因为快速货物搬运信息和服务的成本跟缓慢搬运货物的成本相比是比较低的。另一个受益的是家得宝（美国家居连锁店）。如果经济在扩张，住房建设会增长，人们就会改善他们的家居，家得宝的利润就会上涨。

随着利率差距的缩小，资金供给也在减少。如果债息在短期利率超过长期利率的时候发生逆转，历史告诉我们，经济衰退就离我们不远了，股票必定会纠正之前的走势。记住这一点，现在去看看商品期货的价格是否开始下跌。如果确实如此，那就等于紧缩在发生之前就得到了确认。市场可以预测未来，它也会在图表上反映出来。你必须知道要到哪里去观察这些迹象。

另一个线索是去看零售类股票的走向。如果联邦储备局的行动变得太过紧缩，那么它就会在这些股票的价格上反映出来。随着经济的紧缩——市场在它发生之前会提前预计到这一点——零售商的股价就会开始下跌。将这些零售股票指数放在你的名单上，每周至少要浏览一次。当经济开始紧缩时，这样的事情同样会发生在运输类股票身上。在 2000 年的熊市开始之前，运输股票指数在整个市场有所反映之前很久就开始了下跌。

这是市场互动分析的一个基本洞见，但是随着你学习到更多东西，你就会认识到，要理解正在发生的全局形势（或者我应该这么说：将要发生的全局形势），你不用成为一个经济学家。研究市场互动分析可以指引你了解普通股、货币、黄金、石油以及与之相关的股票的价格变动。研究这些会花费不少时间，但如果你认真对待市场，你根本不会介意这些时间。事实上，在寻找其间的关系和研究如何从中获利的时候，你应该会乐在其中。阅读本书可以帮助你学会如何靠自己去判断市场，而对其他人的见解保持一定的距离。

本章小结

许多喜欢股票交易的交易者常常会去找那些独自运行的股票，而很少去关注市场。但是，这样的股票并不总是那么容易被找到，并且，当你意识到已经发现了这样的一只股票的时候，时间常常已经太晚了。总而言之，如果你看多一只股票，市场往上走，你便可以获益。这就是为什么交易者应该始终关注市场在做什么以及它正在往哪里走。知晓市场内部指标可以帮助你形成你的市场倾向。

当然，如果你交易的是市场本身，那么你在市场上的唯一优势就是从另一个侧面去了解市场，这正是市场内部指标的意义所在——就像 X 光那样确诊强势或弱势是否可能维持下去。接下来，在第九章中，我们看看另一个不涉及 K 线的话题：相对强势。

第九章　相对强势：

相对强势的定义

相对强势是一只股票跟另一只，或者跟它所属行业乃至整个市场的一种可视化比较。它也可以是一个行业跟另一个行业或者一个行业跟更大的市场之间的比较。所有这些还可以跟各种市场内部指标进行比较。本章大部分篇幅是在讨论相对强势的概念，但请记住这些信息同样完全适用于相对弱势。

在讨论相对强势的时候，我们最经常做的就是将一只股票跟整体市场关联起来，即某只比市场更为强势的股票所呈现的可视化形态。注意，我们这里讲到的并不是包含在图表系统中被称为相对强弱指数（RSI）的技术指标，这是一个完全误导的名称，因为这个指标根本不会显示相对强势。RSI只是另一个因为被整合在图表系统中而被广泛追随的指标而已。但是就像之前说过的那样，这个以及其他一些指标都是可有可无的，最好将它们留给图表艺术家们去处理。

图9.1的对照图表展示了相对强势的可视化概念。跟许多技术分析术语相似，相对强势没有一个确切的定义。单纯就技术而言，任何一只表现出哪怕最为轻微的上涨或抗跌的股票都被认为具有一定的相对强势。但是我们并不对每一个稍占优势的强势都感兴趣。我们要寻找的是那种相对强势比较明朗的股票，它要表现出某种自行其是的倾向。所谓自行其是，就是表示股票在某种意义上已经偏离了市场，行走在自己的世界里，并且不会受到市场很大的影响。最初的时候，我们很难判断一只股票是否明确地免受市场的影响。但随着时间的推移，这只股票越是显示出它自身的形态而无视市场走势，那么它就越有可能会自行其是，表现出其真正的相对强势。

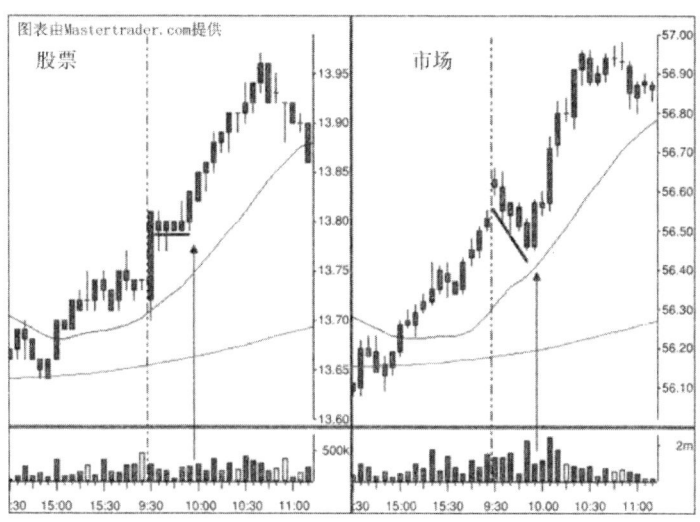

图 9.1　股票表现出相对强势的可视化图表

找出相对强势的不同种类

我们说一只股票具有相对强势的理由各不相同,从一张可以显示每一点相对强势的非常主观的图表,到两张肩并肩的非常主观的图表,不一而足。看待相对强势的第一种方式(也是所有方式中最为客观的一种方式)就是展示一张图表,上面有将实际的股票价格除以所要比较的市场或指数的价格。这会产生一根线条,线条上升,股票的表现就要比市场更好。线条下降,股票的表现就要比市场更差。图 9.2 展示了一根基于图 9.1 而计算出来的相对强弱线。

运用除法来表现相对强弱具有多个好处。首先,就像我早就说过的那样,它在本质上是客观的。对于股票具有相对强势还是相对弱势,没人会发生争议,因为它已经被缩减到一条线条的范围之内,看一下线条就知道答案了。这样做有一个好处,就是可以很快找到显著的相对强势:任何运用除法表示相对强弱的图表都可以被快速地扫描到。

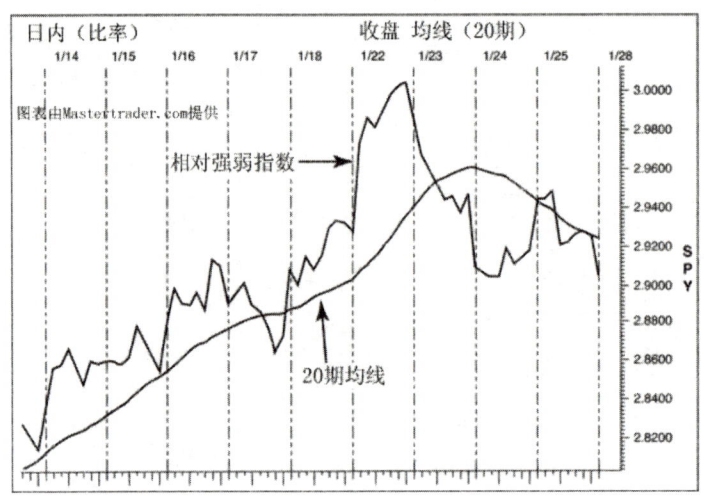

图9.2 相对强弱线与20期均线

这个方法也有一个严重的缺陷。这个缺陷恰恰碰触到了我们在本章随后就会更加深入讨论到的一个很有意义的概念。我们先在这里做一下介绍，说不定你能很快就搞懂这个概念。一只显示出相对强势的股票或许只能说明它下跌的速度比市场更慢而已。很明显，这不是那种我们想要找的相对强势，至少不是值得交易的机会。运用除法来确定相对强弱的问题在于，在最终的图表上所有的相对强弱看上去都一样。如果市场在下跌，但是一只股票下跌速度要慢10%，还有一种情况，如果市场在上涨，这只股票比市场上涨的表现要高出10%，这两种情况在图表上看上去是一样的。这可能成为一个严重的错误，就像你将看到的那样，我们对前一种相对强势并不真正感兴趣。因为这个严重的局限，我不使用这样的图表来确认相对强势。在开始的时候，它对你或许是一个很好的学习工具，但最终你必须培育出一个更好的系统，目的是找到你真正想去交易的股票。

接下来的这个办法是最为简单和基本的一个。但它也是最客观的，它可以导向其他分析相对强弱的办法。这个办法就是在画面上去比较两张图表。再看一下图9.1和图9.2，你会获得呈现在图9.3中的图形。

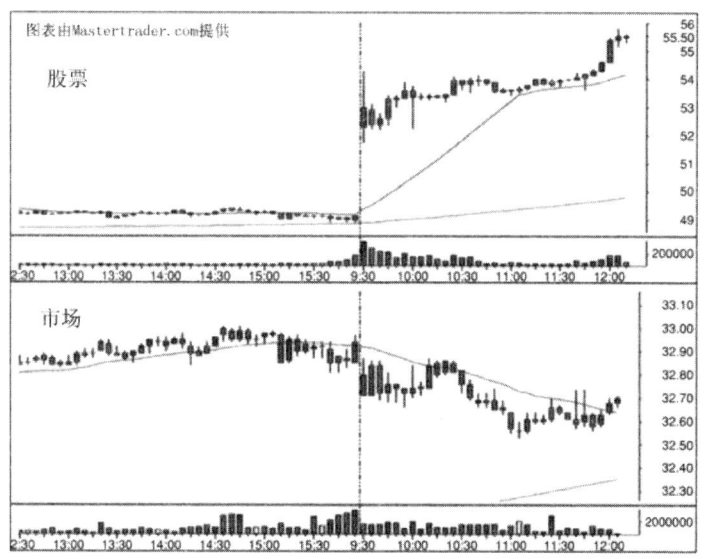

图 9.3 两张图表的对比

通过垂直的排列，我们更容易看到价格形态形成中 K 线与 K 线的对比。在检视这两张图表的时候，首先要注意两张图表中涉及趋势形成的 K 线。

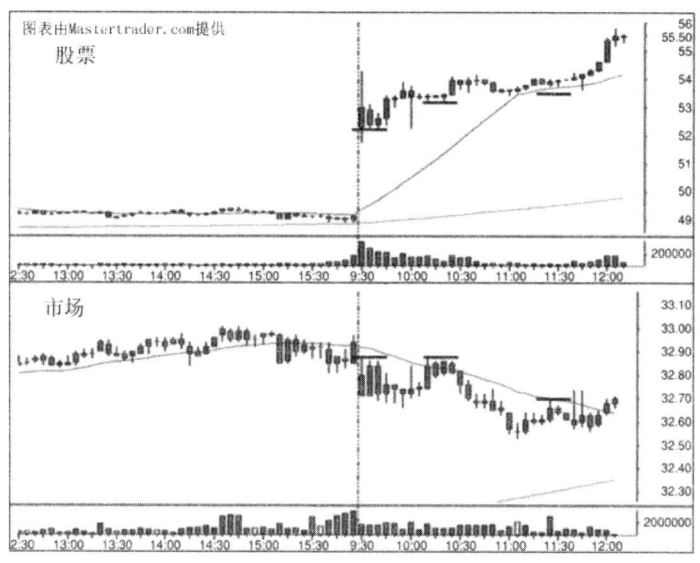

图 9.4 标示尖顶的图表对比

在你找出尖顶的时候请注意，你可以看到更高的高点的流向和更高的低点的流向。注意在两张图表中更高的高点跟之前的高点相比是如何反应的。对更高的低点也要做同样的功课。注意那些正在形成的稍高的低点和那些正在形成的高出很多的低点之间的区别。这只是随着图表的变化而更为仔细地近距离查看趋势的一种方式。当股票的图表显示出高得多的高点并且比市场的图表显示得更快的时候，这个就是良好的相对强势。当股票的图表也开始形成更高的低点而且要比市场的更高的低点高得多的时候，这也是良好的相对强势。

在比较两张图表时另一件需要查看的事情就是 K 线的质量。这里我们所关注的是良好而稳固的发展形态而不是松散的形态。记得在第二章中讨论到 K 线的时候，我们关注了许多我们在图 9.4 中同样可以看到的东西。事实上，我们至今为止在判断价格形态中所关注的一切事情都已经得到应用，只要比较这两个不同的价格形态，以找出哪个更优。再看一下这两张在图 9.5 中的图表。

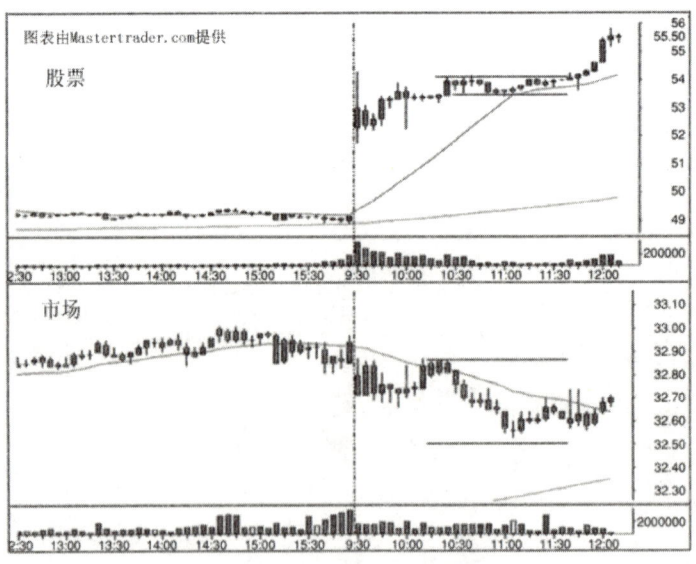

图 9.5　比较 K 线质量

你会注意到股票的那张图表在标注的区域显示出更具支配性和更为稳固的形态。这表示多头没有犹豫并具有更强的支配性，这导致了一个更好的整体形态，股票也可能会走得更远更快。底线是在股票趋势上行的时候相对强势也可以被稳固而具支配性的形态所衡量，具支配性的、稳固的形态传达的是趋势的确定性和趋势延续的可能性。

另一种看待相对强势的方式就是去看价格形态对之前的支撑和阻力区域是如何反应的。这些概念我们在第三章中已经讨论过了，但现在我们运用这些知识来比较这些图表，看看哪个更为强势。如果某一张图表可以上行穿越阻力区域，那它就更为强势。同理，当价格下跌到之前的支撑区域的时候，一张从支撑位那里做出更大反弹的图表（跟一张只是坐落在支撑位上的图表相比）就可以显示出相对强势的更明显迹象。在图9.6中，股票通过突破之前的阻力区域（市场则停滞在这一区域上）而显示出更明显的相对强势。

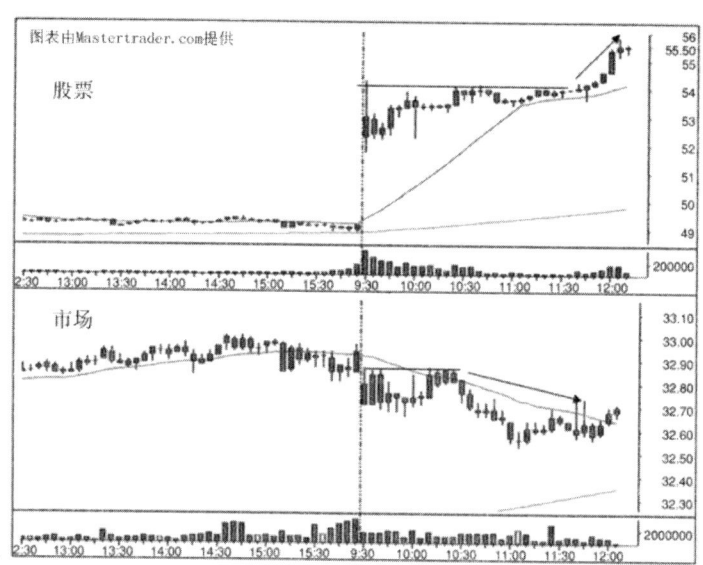

图9.6　通过如何反应阻力区域来看相对强势

现在让我们通过比较两张图表上的移动平均线，以两种不同的方式来看相对强势。首先，通过查看移动平均线，我们对趋势的实际强弱就有了一个更好的直观感觉。其次,我们也会注意到在上涨和下跌时价格与移动平均线之间的差距。这两点会让我们对一只股票跟市场相比的相对强势有一个清晰的了解。图9.7通过查看价格形态和移动平均线来比较图表。

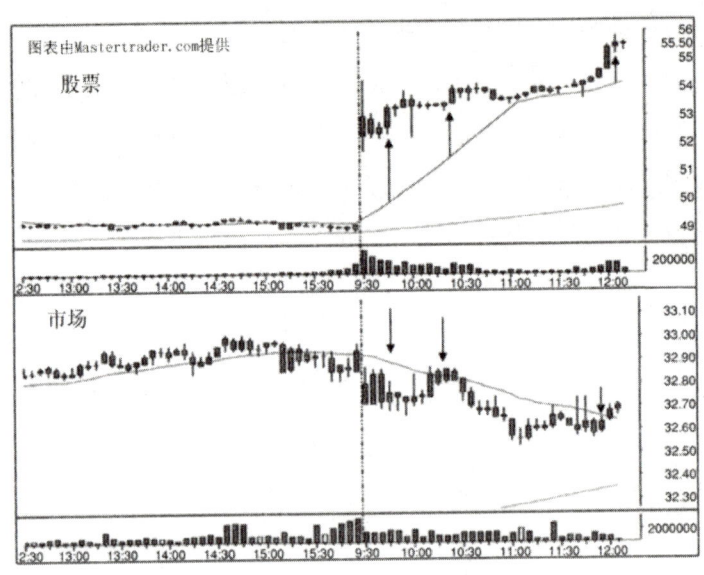

图9.7 运用移动平均线来确定相对强势

当我们看着移动平均线来比较两张图表的时候,我们看到三个维度:斜角、位置和距离。首先,我们通过移动平均线的斜度来获得对趋势强弱的良好直觉。在某个特定的价格形态中,斜角越陡,趋势越强;斜角越平,趋势越弱。在你比较两张图表的时候,应确保图表处在相同的标尺下。通常这没有什么问题,但有时不同标尺和尺寸会影响到价格形态的外观。确保你所看到的对比图表在标尺和尺寸上都是一致的,这方面的例子可参看图9.8。这些相同的图表如果尺寸不同,会产生不同的外观。从中你可以明白在观察趋势的时候为什么你必须让标尺保持一致。一个陡直的斜角如果从一个使用不同标尺的图表上看过去可能就会显得没有那么陡直。

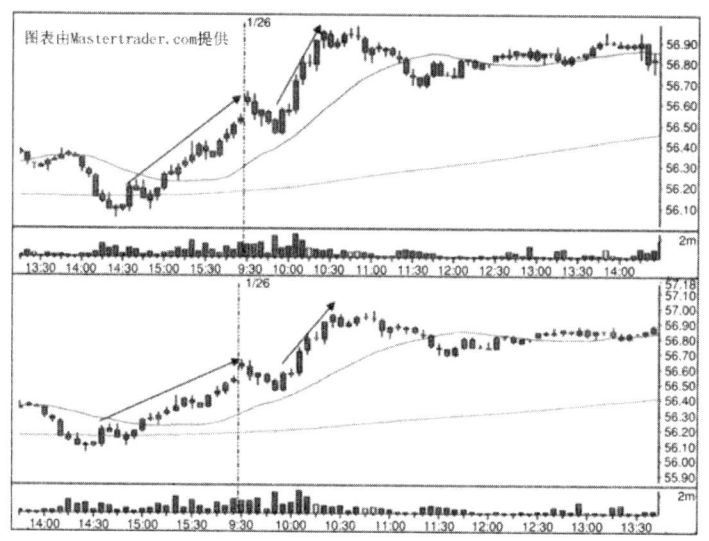

图 9.8 确保你的图表在尺寸刻度上保持一致

在看移动平均线的时候,我们想要看到的第二点就是跟移动平均线相比的价格位置。就像我们之前讨论的那样,在一个强势多头的趋势中,价格自然会凌驾于上升中的移动平均线。有时候虽然价格还未能稳固在移动平均线之上,但价格也可能变得强势,或者可能启动一轮上行的趋势。看看在两张图表上价格是如何应对上涨和下跌中的移动平均线的,你就能够看到其中的相对强势。在图 9.7 中你可以看到这一区别。

最后,我们可以看一下在极端情况下价格形态和移动平均线之间的差距。无论股票是一路低于还是高于移动平均线,价格的拉升和回调及其跟移动平均线之间的关系都是可以被观测到的,从中可以看到哪一张图表具有或者正在形成相对强势。这个分别依然可以在图 9.7 中看到。

相对强势总是好事吗?

有时候相对强势只是意味着一个价格形态比另一个价格形态以更慢的速度下跌。显然,这并不是做多的一个好时机。这个概念在决定将相对强势作为你交易的重要考量的时候,会变得非常重要。下面这个例子就可以说明，一个即便达到极致的相对强势也未必是好的相对强势。

让我们假设一只股票正处在那一天的高处，而市场正显示出走弱的迹象。你或许将此看成是一只具有良好相对强势的股票，你在观察它，想看看这是否会是做多的时机。让我们假设在你观察这只股票的时候，市场开始下跌得比之前还要厉害。你会如何评价在这个时点上的这只股票？没错，这只股票无疑显示出更多的相对强势。更重要的是，如果你想做多这是一件好事情。这只股票继续在强劲的形态下盘桓在当天的高处。接着，市场开始跌落得更多。市场加速下跌，跌破当天的低点、前一天的低点，并持续走弱低迷。你看中的那只股票还是盘桓在当天的高处。这是不是表示这只股票正处在最强的相对强势中？这只股票是不是应该放在做多观察名单的顶部？或许应该，或许不应该。

当这种情况发生并且我们看到股票具有很明显的相对强势的时候，是不是存在另一个可以打击做多交易的概念呢？还记得我们关于追随市场的讨论吗——当市场下跌的时候，任何做多交易获利的可能性要小得多。问题就在这里：市场跌落得越多，我们的股票就显示出越强的相对强势。然而，市场跌落得越多，所有的多头形态最终会失败的可能性就越大。大部分交易者都不太可能在这个时刻强势做多。这不是因为他们已然改变了对这只股票的观点，而是他们知道，在弱势的市场，即便最强的股票都可能会下跌而变得更不值钱。此时你能明白为什么人们说交易跟心理有着很大的关系吗？所以所有显示相对强势的股票都会开始慢慢地走弱并跟随市场陷入低迷。最终只有几只股票会被留下来，只有它们能够在整个市场走弱的日子里保持相对强势。你的股票成为这极少数股票之一的机会很低。我们如何解决这个问题？

解决这个问题的办法就是去找到是什么样的市场弱项引发了价格下挫。如果市场的整体状况处在上行趋势中，我们目前所看到的下挫只不过是回调到支撑区域而已，那么所有具有相对强势的股票都是相对强势的绝佳例子，所有这些股票都应该被密切关注以便在价格形态给出信号的时候找到做多机会。然而，如果市场在所有相关的分析周期内都处在下行趋势中，并且完全以看不到支撑区域的弱势形态向下跌落，那么这只一时无法判定的股票就是相对强势的坏例子，因为它可能会随着弱势市场而落败。图9.9展示了一个人在较短分析周期内看到的弱势市场的例子，但是这个弱势实际上是一个寻找更长分析周期内支撑的回调。这使得这只股票的相对强势成为可以在合适的时间点进行操作的一个考虑要素。

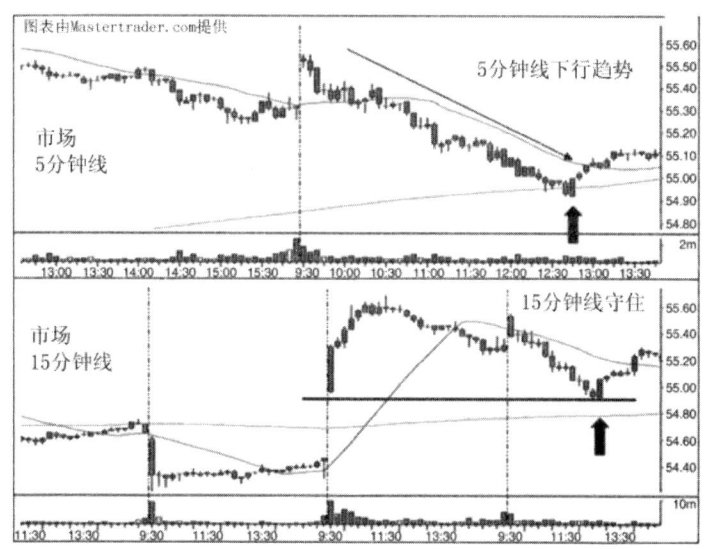

图9.9　市场的回调实际上处于重要的支撑位上方

如果这就是市场看上去的样子，你的股票就会展现出我们想要看到的那种形态中的相对强势。事实上，最完美的境况应该是，在日内交易中市场整个上午都处在回调中，同时形成了我们称之为普瑞斯丁买入设定的点位，与此同时这只问题股票正在当天的高点整固价格。此时我们就拥有一只具有相对强势的股票，它将随着市场在上行趋势中完成普瑞斯丁买入设定而上行。这种形态能够构成一个没有问题的交易策略。

即便市场状况不够完美，只要在小时或每日的分析周期内市场走势没有往下，当天在走过最初的30分钟或60分钟后的相对强势通常足以引起日内交易者的认真关注。虽然这不是万无一失的，但是在10：30的反转时间之后，任何形成巨大相对强势的合理价格形态或者突破都很可能赢得胜算。记住，对相对弱势来说，道理也一样。换句话说，假设一只股票在当天的低点那里整固徘徊，而市场却在小时图表的上涨中形成了普瑞斯丁买入设定，这对做空来说也是一个好机会。

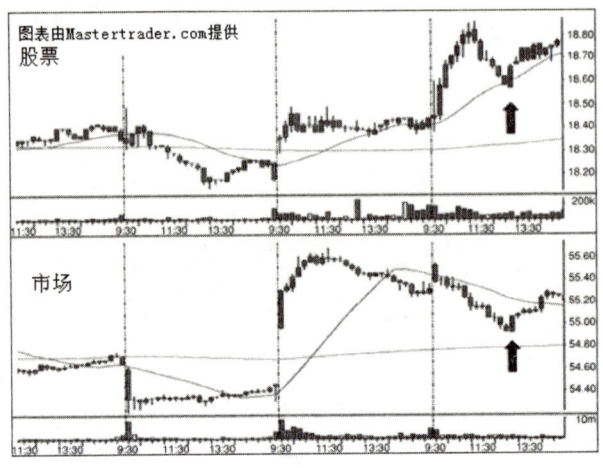

图 9.10 几近完美的相对强势

这些概念适用于所有的分析周期。如果市场在几天内不断回调，在日线的上涨趋势中寻找支撑位，而一只股票没有回调，在高点整固，那么当市场在日线图表完成普瑞斯丁买入设定的时候，这只股票就处在一个好的相对强势中。你可以在日线图表形态中找到相对强势，也可以在 1 分钟和 2 分钟图表中找到相对强势。请看图 9.11。

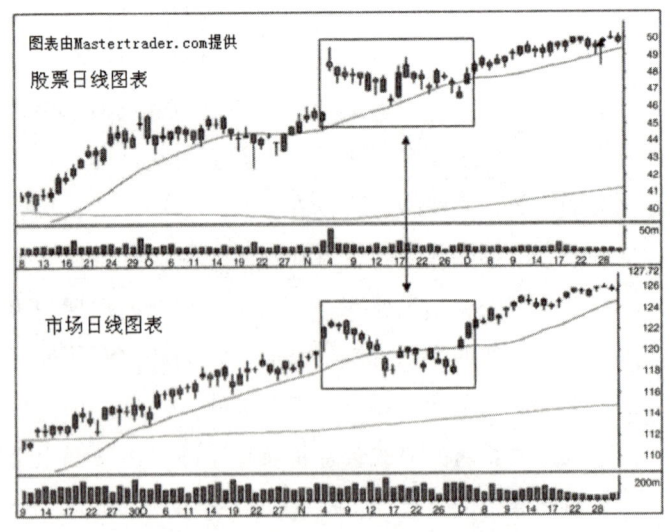

图 9.11 表现出相对强势的日线图表

上午有缺口现象的相对强势与相对弱势

考虑相对强势的另一个时间是在上午我们分析的股票出现缺口的时候。市场和多只股票经常可能会在上午出现上跳缺口或下跳缺口。出现缺口的股票常常是日内交易者的关注焦点，因为它们通常会出现这样的情形：带有缺口的股票很可能成为价格的推手和当天被关注的对象。当一只股票出现缺口时，我们需要判断的一件事情就是这个缺口是否会在相同方向上延续，或者相反，是否这只股票为了形成缺口而具有的相对强势依然存在于缺口之后的最终形态中。

记住，具有重大缺口的股票更有可能在一整天中都自行其是。这意味着，它们不太可能像其他股票一样对市场运行做出反应。尤其是那些形成很大缺口的股票，这种情况就更加确定了。它们通常会在随后的一天中走出自己的形态，它跟市场的脚步或许一致或许不一致。但是，我们确实需要对任何表现出很大的相对强势或弱势的股票给予特殊的关注。例如，当市场的下跳缺口相当大的时候，关注上跳缺口就成了一件很有趣的事情。显然，它们在开市市场形成向下缺口的时候为了形成向上缺口而表现出了很强的相对强势。然而没有什么可以保证它们会继续走高。根据其他一些概念，价格是王道，我们必须分析带有缺口的股票的价格形态。但是，在没有市场的辅佐时股票形成上跳缺口就是一个多头的标志。图9.12展示了一只股票在市场下跳缺口的某一天做上跳缺口并在整个一天都形成多头形态的例子。

除此之外，我们对个股在缺口之后如何反应也有兴趣。不管市场是否形成缺口，如果当天最初几分钟内个股持续上行而市场在下行，我们就知道那个缺口造成了某种相对强势。重申一下，我们必须分析价格形态来判断是否考虑真正的交易，但是这个相对强势会进入我们的关注名单。另外一个例子是股票和市场一起向上跳空。或许市场会向下回补缺口，但股票只是部分回补缺口并停在一个支撑位上。市场具有填补缺口的更大动向，而单只强势股保持强势，没有填补缺口。这些都是值得在做多时加以关注的股票。

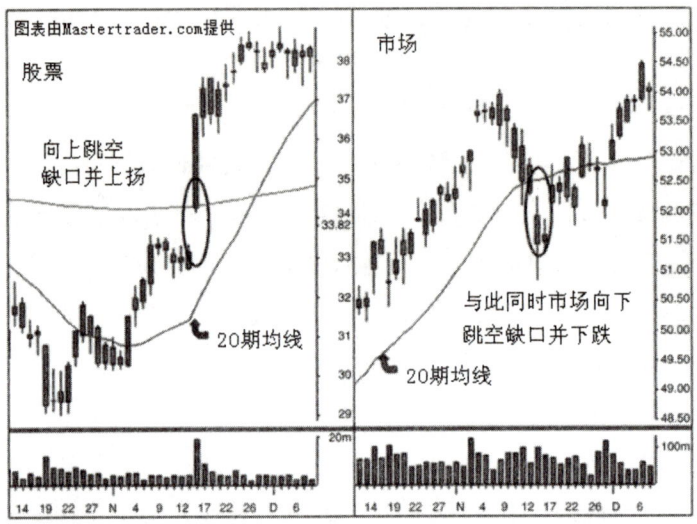

图9.12　一只股票在市场形成下跳缺口的时候做上跳缺口

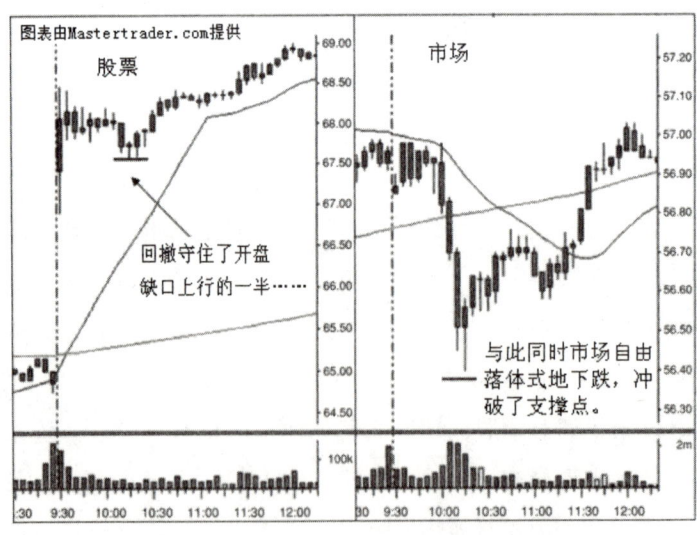

图9.13　在市场填补了缺口的时候，一只股票在完全回补之前找到了支撑位

行业分析中的相对强势

目前为止，我们已经讨论了跟市场相比某一只股票所具有的相对强势。从长期交易来看，看看某些行业相比市场整体的相对强势也是一个很好的想法。这个想法也可以很好地在日内交易的基础上加以应用，先找到强势的行业，然后在这些特别的行业中找到最强势的股票。重申一下，同样的概念也可以用于发现相对弱势，即通过在某些特别的弱势行业中找到最弱势的股票。请参看图 9.14。

图表由Mastertrader.com提供

Symbol	Gap Open	Chg. Open	Net. Chg. %	Range Today Pct.
USO	1.65	+1.33	+4.56	82.43
GLD	2.87	+2.31	+1.84	32.01
SEA		+.15	+.29	75.00
XLE	−.16	−.19	−.43	−35.00
XLP		−.31	−.96	−72.73
TBT		−.92	−1.03	−48.84
XLU	−.32	−.45	−1.34	−96.08
PPH	−.22	−1.00	−1.44	−94.74
IYR	−.79	−.89	−1.56	−72.93
MOO	−.07	−1.02	−1.65	−60.29
XLF	−.27	−.30	−1.75	−90.91
XLV		−.60	−1.80	−91.04
KOL		−.72	−1.94	−23.08
SMH	−.16	−.89	−2.08	−60.00
RTH		−2.04	−2.57	−71.77
IYT		−2.79	−2.82	−90.44
XHB	−.46	−.47	−2.84	−80.95
IBB		−3.06	−2.84	−97.42
TAN		−.27	−3.09	−86.21

图 9.14 当市场在上午处于弱势的时候，当天行业的排名

当市场在上午表现出弱势，或者在日线上行趋势中回调的时候，查看依然处于强势的行业是非常有效的方法。如图 9.14 所示，美国石油价格指数（U. S. Oil Price Index，简称 USO）处在领涨走高的状况下，而太阳能股票指数（Solar Stock Index，简称 TAN）却遭受了重创。

假设美国石油价格指数和太阳能股票指数的小时图表或日线图表的强势和弱势没有减损，那么在美国石油价格指数中找到表现出多头形态的单只股票，或者在太阳能股票指数中找到空头形态或弱势的股票就是一种在

当天找到好交易的绝妙办法。

我之所以说"假设美国石油价格指数和太阳能股票指数的小时图表或日线图表没有减损"是因为，有时候是当天最强势的行业并不足以认定它就是多头。例如，假设美国石油价格指数处在日线下行趋势中，或许有三到四天的上涨，来到了一个次要阻力位并跌破了20日均线。美国石油价格指数的这个上午的拉升或许就是交易者等待做空该指数的一个拉升。因此，只是看到行业在当天处在高点是不够的。我们需要在小时图表或日线图表上看到相对强势或弱势以确定它是多头形态还是空头形态。

相对强势与市场内部指标

关于相对强势，我们要讨论的最后一个领域就是将股票的相对强势跟在第八章中讨论过的市场内部指标进行比较。事实上，在讨论市场内部指标的运用时，我们给出的一个例子就是股票的相对强势跟市场内部指标之间的关系。这一概念实际上可以应用在任何一个市场内部指标上面，说明这一点的最好办法就是举一个例子（见图9.15）。

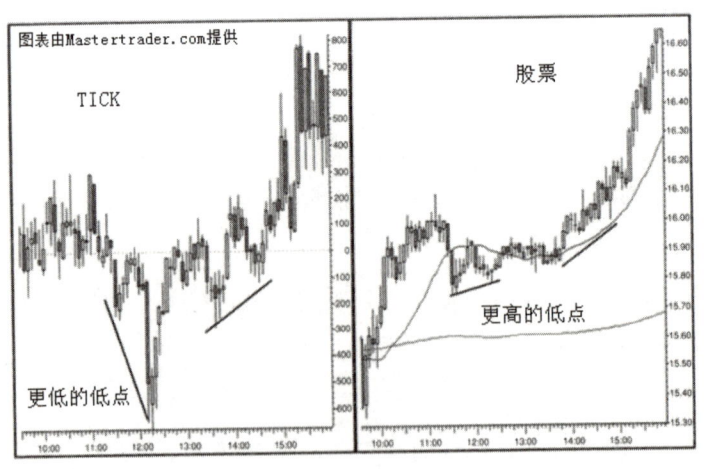

图9.15 一只表现出对TICK具有相对强势的股票

TICK和这只股票都只是在中午之前遭受了一次下挫。就在午后，

TICK 急剧下跌，几乎形成一个坚不可摧的谷底。而这只股票在这段时间内实际上形成了一个更高的低点。这被证明是关键的一步，因为这只股票在一个良好的坚实形态中得到了整固，在这一天的剩余时间内就会一路走高。

TICK 与市场之间的差异可以提示转折的到来。例如，标普 500 的趋势可能在走高，TICK 形成了更高的高点或者至少相同的高点，在 800 以上的水平。然而，在最近一次标普的新高中，TICK 只能走高到 650。这告诉我们，比起上一次，在这次新高中更少的股票以主动跳高的方式成交。很清楚，更多的股票在前行中表现得比上一次更为疲弱。知道了这一点，就可以推测出以下的可能性：上行趋势至少会走入一个整固的时期，并且可能会打破短期趋势。

本章小结

在前面几章中，我们试图获取每一个可能有利的证据以投入交易，但是最终的决定因素就是那一只股票的价格形态。也就是说，当股票表现出相对强势或弱势的时候，它们一般会被证明具有更高的可能性成为好的交易。记住，一只股票对强势市场具有相对强势或者对弱势市场具有相对弱势是很重要的一件事情。在下行的市场中具有相对强势并不一定是一件好事，除非你确信市场是在一个较小的分析周期内做短暂的回调，而在较大的分析周期内依然是多头趋势。

简单地说，相对强势的实质就是对趋势和价格运动进行比较分析。许多市面上传授的跟技术分析有关的概念都搞得太过复杂，这也就是为什么这么多人常常苦苦挣扎想要去理解这些概念。为了理解价格运行，运用技术指标过于复杂和主观地去做阐释，在交易培训市场泛滥成灾。说到底，这些培训大部分都只是在讲述他们多年来所读到的和听到的，所以这些东西也一直在流传，并且也没有改变的趋势。几年前在一次交易大会上，一个口齿伶俐的讲师在展示大厅的一群人面前回答问题。我正好路过，这群人中有人拦住我问道："你对他说的这些有什么看法？"我没有直接评论这个讲师，回答说："运用复杂和混淆的东西给那些不懂交易的人留下印象是一件容易做到的事情。"你看，我们大多数人在开始进入市场的时候都相信我们需要复杂的指标和概念来理解市场是怎样运作的。没有比这个更加远离真相了。但是，这样做确实能够卖出很多授权的指标和系统。

发现相对强势和弱势始终是一种找到股市关注对象的绝佳办法，只要入市的时间恰当，得到价格形态和市场内部指标的确认，就一定能有所斩获。当市场趋势向上运行时，表现出相对强势且形成良好而稳固的价格形态的股票几乎都可以作为交易战略来运作。

接下来，我们来看一看交易中最为重要的老生常谈的结论：趋势是我们的朋友。在第十章中，我们会学到比"趋势是朋友"这个事实多得多的关于趋势的内容，我们将讨论什么趋势更强势，什么趋势不能被信任，以及什么趋势可能随时会停滞或反转。

第十章 趋势是你的朋友：

只存在三个方向

在你进入交易或投资的世界时，你或许听到过许多老生常谈。这些老生常谈不少显得聪明伶俐，但却常常是糟糕的建议。但是其中有一些讲法，例如"趋势是你的朋友"，是极为精准和有益的指南。唯一的问题是，这些讲法并没有讲到究竟如何去做。

事实上，可能存在的只有三个趋势，这是因为价格可以运行的方向只有三个。价格可以往上走，可以往下走，或者可以横盘。当这些趋势中的任何一个形成了稳固的形态时，你可以很容易就识别出这个趋势。但是，形态变得非常松散或不规则，以至于很难被辨别，交易者往往会说这样的价格形态是没有趋势的。事实上，在某个分析周期内总有一个趋势在发生。无论你是否将这些极为不规则的趋势称为"无趋势"，让我们先将它们放在一边。我们只想把关注点放在容易识别的上行、下行或横盘这三种显著趋势上。

追随趋势似乎就是一个常识，但是大部分交易者却并不欣赏它的美妙。从某种意义上说，我们真正比市场更有优势的时间少之又少。因此，我们必须精准而机智地追随趋势。问题是：我们应该追随什么样的趋势？我们应该在什么样的分析周期内去看趋势？事实上，有时候市场或股票是否处在趋势中或者趋势往哪个方向走并不清楚。杂乱无章、两头不讨好的价格形态使得趋势分析得不出明朗的结论。即便你了解了趋势分析的基本知识，类似一个趋势何时不再能被信任的问题还是会出现。还有，怎样去辨识一个处于变化中的趋势？

什么形成了趋势？

在第二章中，我们通过学习单根 K 线和各种不同的基于供求关系而形成的 K 线来观察了解蜡烛图。我们还提出单根 K 线的高点和低点是供求关系第一个需要关注的领域。换句话说，每一根 K 线的高点和低点表示的可能是，在这些点位上那些卖盘和买盘之间的平衡发生了改变。根据这些 K 线是如何形成的，在这些区域可能存在或不存在一定数量的供给或需求（阻力或支撑）。这些 K 线聚集在一起就形成了图表上的形态，它们会告诉我们更多的信息。对图表的进一步解读就是去看这些 K 线在一起所形成的所谓"尖顶"，尖顶是供求关系发生改变的最好指示。每次尖顶形成，就有一场战斗发生并在某种程度上改变了双方的力量对比。

在本章中，我们要去了解趋势分析的许多方面，其中第一个和最重要的一个方面就是尖顶。价格是王道，而尖顶就是价格形态中因为供求关系发生变化而造成反转的一个片段。为了对趋势分析有一个更好的认识，价格尖顶是我们需要去了解的基础单元。一旦我们界定了这些尖顶形成的不同的方式，我们就每次都可以在任何分析周期内以一种客观、一致的方式去确认趋势和趋势变化。

尖　　顶

让我们先假设价格在回调，形成了一系列有着更低高点和更低低点的 K 线。一旦我们看到至少两个更低的高点和两个更低的低点，那么当一根 K 线以更高的低点收盘时，价格形态就出现了断裂。在空头处于控制地位的时候，他们第一次无法形成一根有着更低的低点的 K 线。如果那根 K 线以更高的低点和更高的高点收盘，价格形态就形成了我们所称的底部尖顶。请注意，在这个时点上，我们并没有说趋势在发生改变或者可以采取交易行动。事实上，这一类的尖顶并不会反转趋势。但是，我们还是需要注意这个变化并认识它的意义所在。请参看图 10.1。

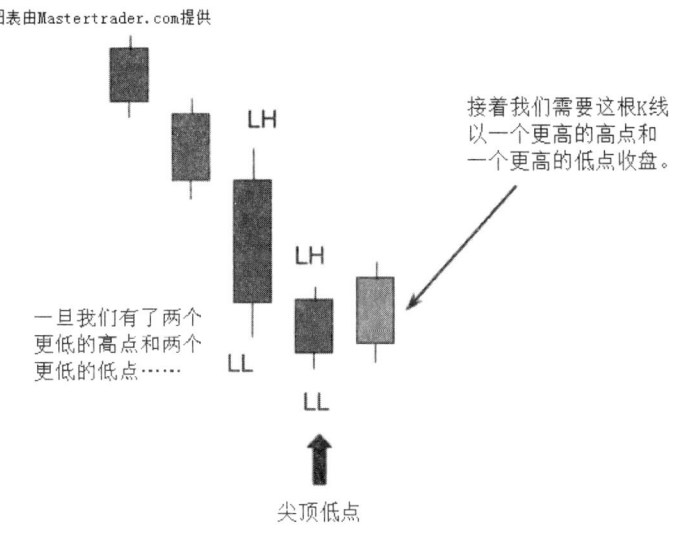

图 10.1 尖顶的形成

必须牢记的一点是,最后那根 K 线必须已经收盘。如果这根 K 线没有收盘,它依然可能制造一个低于前面那根 K 线的低点。只有在这根 K 线收盘之后,我们才能够确定这根 K 线有着比前面的 K 线更高的低点。就像看到的那样,这个形态开始在底部形成一个 V 形。这个 V 形可能不会持续,但它已经开始形成。尖顶的强弱各不相同,我们刚刚看的这个就是所有尖顶中最弱的一个,被称为次要尖顶。基于尖顶形成的方式,我们可以将尖顶进行非常详尽的细分。为简单起见,我们在讨论的时候将所有的尖顶分成主要和次要两类。之所以要做区分是因为我们对主要和次要的尖顶所产生结果的期待是不同的。

这里是另一个次要尖顶的例子。图 10.1 形成一个次要尖顶的理由是,形态中最低的 K 线一边有两个更高的低点和更高的高点,另一边有一个更高的低点和更高的高点。这就形成了一个次要尖顶。要注意到,在最低的 K 线的一边只有一个更高的高点的相同关系可以以不同的方式形成。看图 10.2,它就是以稍有不同的方式形成的次要尖顶。

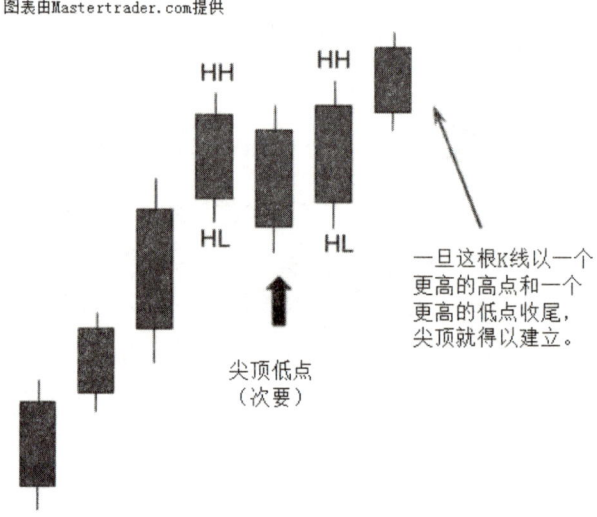

图 10.2 次要尖顶的另一种形式

K 线收盘之后一个次要尖顶就形成了，这时候这个价格形态就有两种可能性会发生。第一种可能，形态可能继续走低，这就意味着这个次要尖顶"失败"了。我在"失败"上加引号是因为从我们的期待来讲，这不一定是一个失败。次要尖顶并不重要，只是可以被用于确认走低趋势会持续。在图 10.3 中你可以看到这种情况。

第二种可能是，这个次要尖顶成了一个深 V 形态的起始，最终变成了一个主要尖顶。次要尖顶变成主要尖顶的方式各有不同、形式多样。为了不至于无所适从，很好的一个办法就是不要变得过于讲究精确的技术界定。我们想要保持客观，这就需要很多细分。但是，我们也知道技术分析不能那么精确。看一个尖顶是否会变成可能真正扭转走势的主要尖顶，需要我们专注于深 V 形态形成的直观概念。至今为止我们所看的次要尖顶都不属于具有深 V 形式的类别。当我们看到在最低 K 线的两边各有两根更高低点的 K 线的时候，我们就拥有了一个更强的尖顶。如果两边的 K 线并不是依次增高的低点，那么这个尖顶就依然是弱势的，我们还是将它看成是次要尖顶。没有依次增高的低点，就不会形成深 V 形态。图 10.4 就是另一类次要尖顶的一个例子。这里我们看到两边都有更高的低点，它们更像是横盘，最低的低点并没有真正形成一个成形的深 V 形。

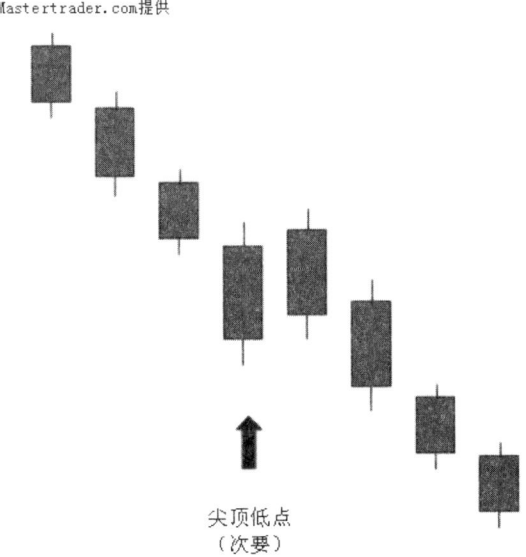

图 10.3　次要尖顶并不改变趋势

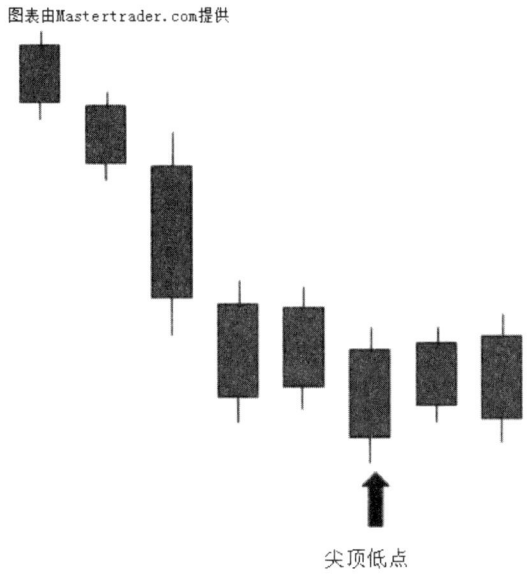

图 10.4　次要尖顶的另一个例子

现在如果我们在最低 K 线的两边各增加另一个更高的低点，我们就有了足够多的信息说，这根低点 K 线很可能就是最低点，变化正在发生中，我们将此称为主要尖顶。但是，请记住，在观察这一形态的时候，你还是应该考虑这个深 V 两边的更多 K 线。很多时候你可以看到每一边都有三个更高的低点，但横盘运行并不能真正形成深 V。比起形成深 V，价格横盘运行的形态越明显，我们就越要对将它看成反转类型的想法保持警觉。图 10.5 展示了一个主要尖顶的例子，因为它两边都有三个更高的低点。

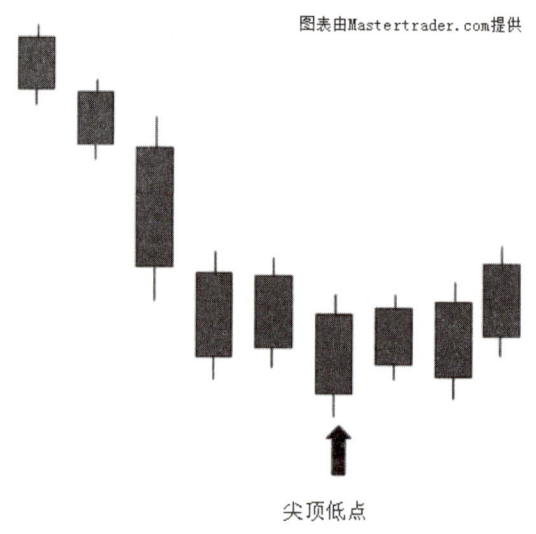

图 10.5　一个主要尖顶的例子

最后，最好的尖顶是在两边都有连续更高的低点的时候形成的。这样的形态使得深 V 形式有了保障。只要在最低 K 线的两边有两个连续更高的低点，我们就将此看成是一个主要尖顶。自然，两边这样的 K 线越多，这个尖顶就越好。当然，到了某个点上，再叫它尖顶就变得失去意义了，因为该形态早就反转了，从交易的角度看，这样的信息就不再有用了。图 10.6 展示了主要尖顶的一个例子，在低点 K 线的两边都有连续更高的高点和低点。

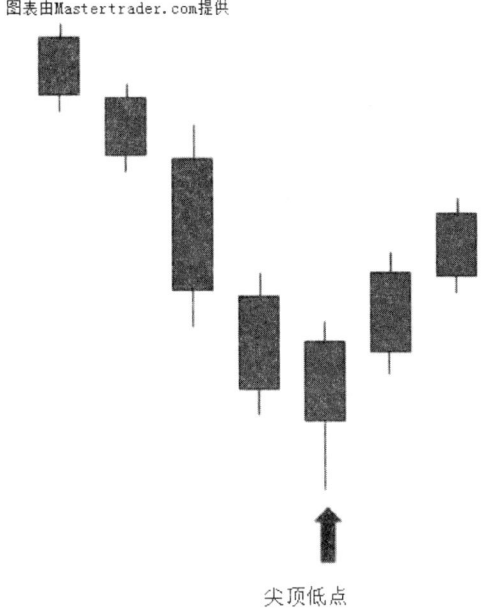

图 10.6　强势主要尖顶的一个例子

找出这些尖顶的目的是了解这些已经形成的尖顶类型，评估我们所讨论的深 V 形态的状况。形成一个良好 V 形的主要尖顶很可能会反转前面几根形成尖顶的 K 线趋势，价格会持续后面几根尖顶 K 线的方向。换句话说，一个底部尖顶形成的时候，价格跌落到尖顶里面，如果形成的尖顶是一个主要尖顶，那么价格就有着很大可能性会在尖顶成形之后持续拉升。

但是，如果价格的异动只是形成了一个次要尖顶，那么在很大的可能性上价格会继续走低。如果趋势很强，次要尖顶实际上可以作为站在空头位置上去捕捉价格下跌的一种方式。次要尖顶变得越强势，它就越可能会接近形成一个主要尖顶，交易者也越应该等待和观察直到更多的信息出现。图 10.7 展示一个例子，说明如何运用次要尖顶去捕捉当前的下跌趋势。虽然图 10.7 展示了一根阳线，但我想要在此强调 K 线比对的概念。如果那是一根上影线 K 线，它就告诉我们，卖家在利用这个价格运行到更高处的机会强力卖出。

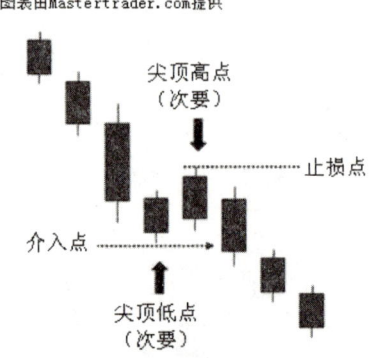

图 10.7 一个次要尖顶只是短暂地打破了价格形态

一系列尖顶

当主要尖顶形成的时候,我们期待短期的价格形态会反转。那就是尖顶的含义所在,它先是下行,然后转身向上运行。这是在较小的分析周期内看事情,尖顶更为宽泛的概念在于去看尖顶是如何一个接着另一个地形成的。如果你将所有的尖顶标注出来,我们就能通过这些尖顶是如何形成以及在何处形成的来了解关于更大趋势范围内的信息。例如,在一个牢靠的上行趋势中,每一个形成的底部尖顶都会在一个比前面的底部更高的区域,这就是形成更高底部的尖顶。一系列连续的更高的尖顶底部是处在上行趋势中的明证,这是趋势分析的第一个观念。它是基本的,但也是趋势分析中最为重要的一个部分。不要去管指标、移动平均线、基本面分析或者电视上专家的谈话,如果人们持续在更高的价位上买入股票,那么它的形态就是牛势的,这个事实无可争辩。图 10.8 展示了在一系列更高尖顶底部下的上行趋势的例子。

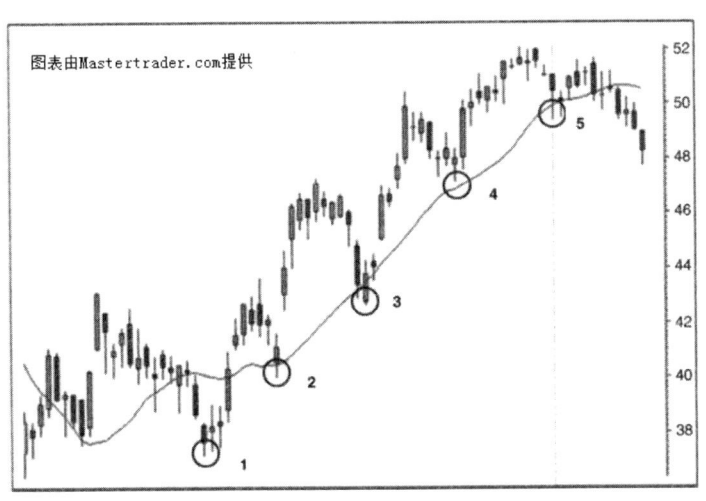

图 10.8 基于更高尖顶底部的一个上行趋势

请记住，在大部分时间里我们讨论的都是底部尖顶的形成。但同样的概念也适用于顶部尖顶。在顶部尖顶里会有一些更低高点的组合分布在高点 K 线的两边，它们适用的规则都一样。图 10.9 是一个主要顶部尖顶的例子。

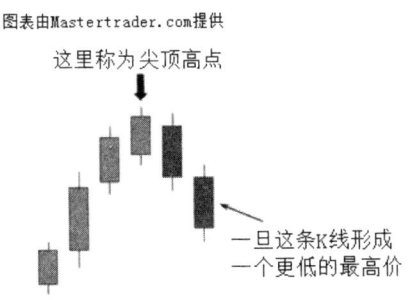

图 10.9 一个顶部尖顶的例子

记住，两种类型的尖顶都会在上行、下行和横盘趋势中形成。上行趋势同时会有顶部和底部尖顶，下行趋势同时会有顶部和底部尖顶，横盘趋势也同时会有顶部和底部尖顶。正是这些尖顶所处位置的相互关系决定了下行、上行或者横盘趋势的形成。

一般而言，我们看到了至少两个更高的顶部尖顶和两个更高的底部尖顶，才能说上行趋势得到了确立。记住，大部分时间里市场或股票都是处在杂乱无序和基本上是横盘的状况中。如果你依赖于任何单个的更高低点来确认一个形态处于上行趋势中，那么大部分时间里你都会失望的。杂乱的横盘形态会形成短暂的更高高点或更高低点而不会有什么连贯性。我们等待着，直到至少出现两个更高的顶部尖顶和两个更高的底部尖顶，这样我们找到良性的上行趋势的概率就会增加。

同样地，我们希望看到一系列（至少两个）更低的顶部尖顶和两个更低的底部尖顶，这样我们才可以说下行趋势已经确立。你可能会疑惑，这些上行和下行趋势需要什么类型的尖顶来确认。仔细想一下你就会明白，一旦趋势确认，那个前面的尖顶总是一个主要尖顶。例如，在一个下行趋势中，没有之前作为主要尖顶的顶部尖顶，一个更低的尖顶底部是不可能形成的。仔细想一下，只有在尖顶确实形成的时候，我们才需要去分析到了什么位置上它是次要的，到了什么位置上它又成了主要的。图10.10展示了一个确立的下行趋势，注意它是如何运行的。一旦你要挑战前面的一个底部尖顶，前面更低的顶部尖顶必须符合主要尖顶的定义。唯一的例外是，作为第一根更低的高点K线是一根非常长的阴线。

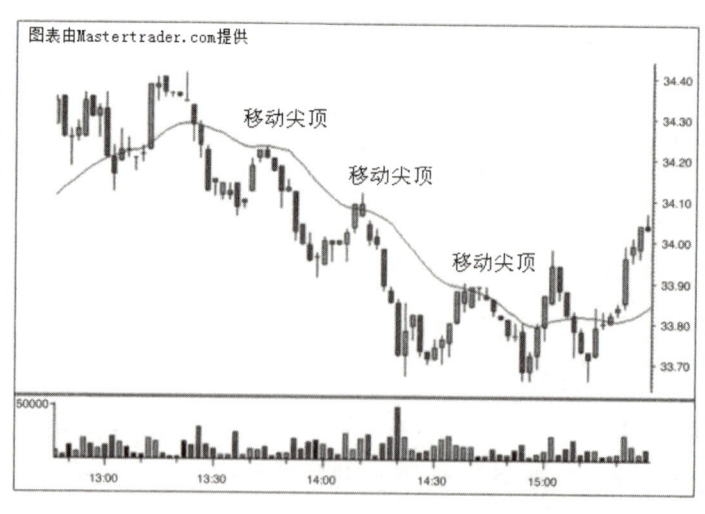

图10.10　更低的尖顶顶部确认下行趋势

在价格形态至少形成两个相似区域的顶部尖顶和两个相似区域的底部尖顶的时候，横盘趋势就形成了。换句话说，尖顶没有形成更高的高点或更低的高点，它们形成的是相等的高点和相等的低点。我们可以在图10.11中看到一个横盘趋势的例子。

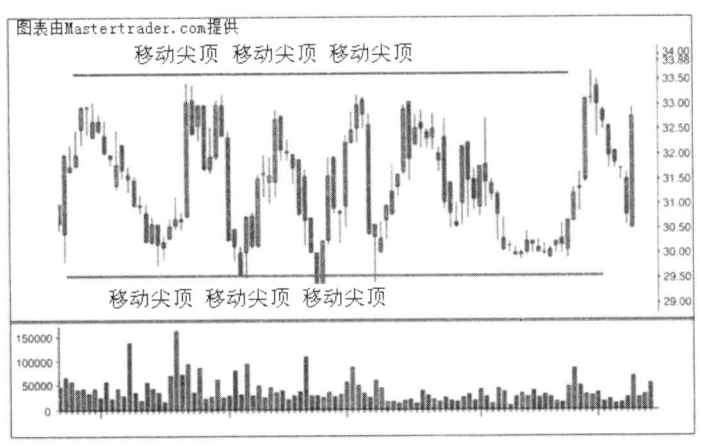

图10.11 一个横盘趋势的例子

即便在我们确认了趋势的时候，接下来我们还要搞清楚一个问题：这个新趋势会持续多久，它是否能够被信任？好的趋势常常会持续较长的一段时间，但这样的趋势更不容易形成。因此，我们不想出错，宁愿在形态确立前一直等待着。为了帮助我们确认一个形态在什么时候已经明确地建立起来了，我们需要参看两个主观指标：趋势线和20日移动平均线。

一些具有指引作用的主观指标

我在第一章中讲到过主观指标，我也明确说过它们在交易中具有一定的价值和位置。太多的交易者不恰当地把聚焦投向它们，将它们作为可以信赖的参照和买进卖出的基础。但是，它们在技术分析中确实具有一席之地，它们可以是我们参看和分析图表时许多需要考量的因素之一。这有着两方面的原因。首先，虽然它们是主观的，但它们却有着现实基础。例如，20 期移动平均线是最近 20 期 K 线的平均值。从数学上来说，它在统计上是真实的，价格不会频繁地偏离移动平均线一定的百分比。这些概念在数学上叫作正态分布，也叫钟形曲线（bell curve）。我相信你曾经听说过这些概念，因为它们确实具有坚实的数学根基。

20 期移动平均线用在这样一个目的上是最为恰当的：观察价格跟 20 期移动平均线之间的依存关系，什么时候价格追随着它，什么时候价格渐渐偏离它。不恰当的运用（因为它是主观的运用）是假设任何时间只要价格碰触到移动平均线就自动买进。得到确立的上行趋势在回调时会有一个处在 20 期移动平均线上方或非常靠近它的价格形态。移动平均线会处在一根斜线中，大部分时间价格都处在移动平均线上方。当价格向移动平均线回调的时候，它们应该会在移动平均线区域或附近形成更高的底部尖顶。当这种情况连续发生的时候，一个形态良好、可靠的上行趋势就得以成形。这些都是交易者在尖顶形成时可以关注的在回撤时买入的因素。

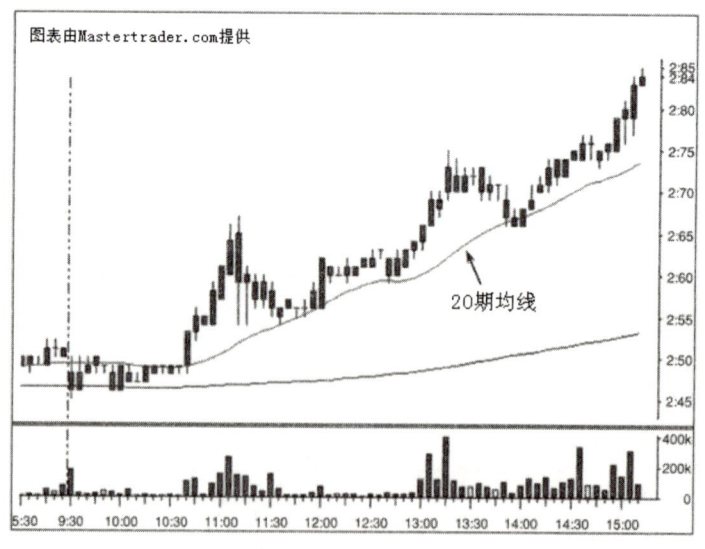

图 10.12　一个跟随 20 期移动平均线的上行趋势

同样，这一概念也适用于趋势线。我很少使用或参照趋势线，因为在一个很好的上行趋势中，攀升中的 20 期移动平均线起到的作用跟一根趋势线没什么区别。有时候，上行趋势不够陡直，跟不上移动平均线，但是价格依然在不断地形成更高的低点。我们常常将这种形态看成是股票从横盘趋势向上行趋势转变的过渡。趋势并不总是一蹴而就变得强势的，有时候一个横盘形态会渐渐变成近似上行趋势的形态。在这种情况下，移动平均线常常跟价格交织在一起，但是一个相对较好的上行趋势线可以通过将底部尖顶不断抬高的低点连接起来而形成。请参见图10.13。

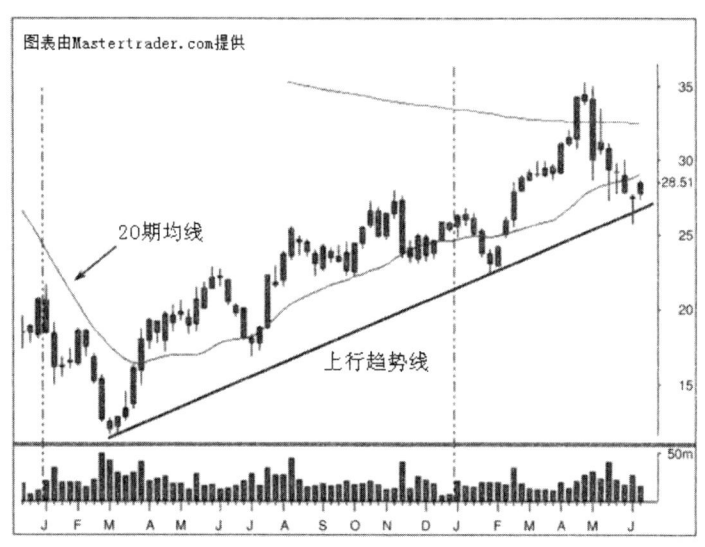

图10.13　一个更为平缓地追随上行趋势线的上行趋势

至此为止，在我们的趋势分析中，我们研读了所形成的尖顶，这些尖顶的强弱，以及它们彼此之间的关系，以了解价格是否以更高的高点和更高的底部尖顶而形成一个上行趋势，或者以更低的高点和更低的底部尖顶而形成一个下行趋势，或者仅仅是一堆横盘的乱摊子，谈不上上行或下行趋势的分析。一旦我们看到形似的上行趋势或下行趋势，我们就去看移动平均线或趋势线，目的是看清这个新的趋势是否在以一种可靠的方式成形。除了移动平均线和趋势线，我们还有一样东西需要在图表上加以参照，以便帮助确立这一新趋势的质量，它就是利落形态（clean pattern）。

保持利落

利落形态是在上行趋势中的回调以排列有序的方式展开的一种形态。当股票上涨的时候，回调也会随即发生，因为那些从上涨中获利的人会止赢卖出。之前的买家达到了赢利目标然后卖出获利，这很自然，也容易接受。他们有刚刚在几根K线之前买入的短线交易者，也有在很久之前买入的长线交易者。问题在于，我们是否还有足够的买家可以吸收掉止赢卖家并继续推高价格。

我们不想看到的是那些获利了结者没有机会如愿以偿退出的这种回调，我们也不想看到在买家应该看多之前人为地吸引买家的回调。在回调时看到具有长上影线和下影线的K线就是一个被认为不够利落的回调的例子，也是一个使得价格难以拉升的回调的例子。当长上影线形成的时候，它意味着许多买家跳上拉升的股票的行列，但是因为形成了影线，他们如今都处在一个亏损的位置上。同样的情况也发生在下影线身上，这表明许多买入行为产生了这根下影线。如果交易的价格变得更低，他们就在下影线以下交易，这表明所有这些制造了下影线或者在上影线K线之前制造了这根红色K线的买家目前都在水位以下，或许正想在回归到不亏的状况下卖出手头的股票，而不是长期持有。这也表明了价格还没有准备好恢复到上行趋势，或者它们会在制造了上影线或下影线的其中一个回升中走得更高，这是强势卖家依然存在的证据。图10.14是因为影线形成而无序挣扎的一个回调的例子。

另一个问题是回调时出现向下的价格缺口。这只会发生在日线图表上，或者，如果你在交易日中间寻找趋势的话，也可能发生在日内K线图表上。问题在于，那些想要止赢获利的卖家没有机会这么做。价格在一定的层面上成交，突然之间，它在一个低得多的层面上开盘。这些交易者往往会继续持有，希望价格回到原来的地方，这样他们就可以在前面那天的价格范围内卖出。当这种情况没有发生时，他们就变成在任何一个回升中都会卖出的卖家，这使得价格持续走低。图 10.15 展示了一个在价格形态中包含有向下缺口的回调的例子。

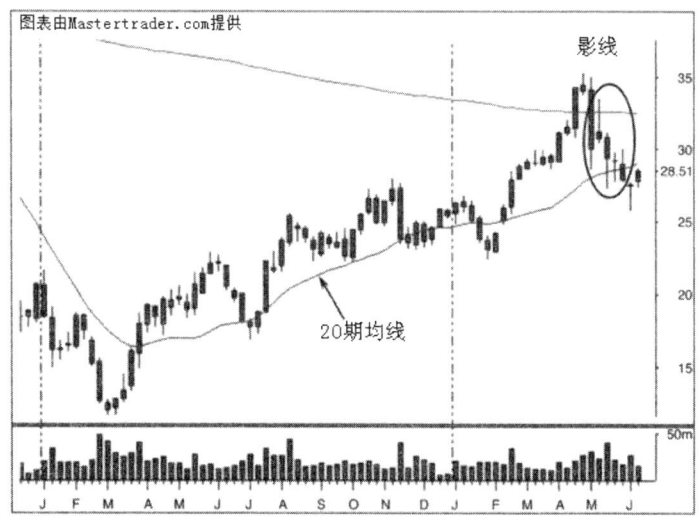

图 10.14　一个带有影线的无序回调

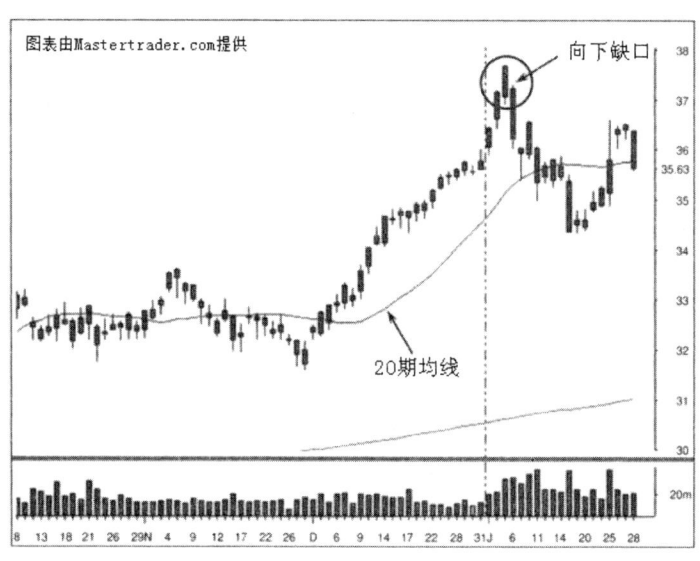

图 10.15　在回调中出现了一个向下的缺口

当价格向下形成缺口时,就在 K 线之间留下了缺口。当价格向上形成缺口但随之又继续下跌时,问题还是一样严重。这会造成重叠的 K 线,但是这里的问题是,没有人在价格走高的缺口上买入,在它背后没有多余的需求,它只是被用来卖出,这表明在这个回调中买家还是劣于卖家。记住,你的做多买入的点位是在买家再次压住卖家并在更大的分析周期内持续推高价格的那个区域。关于价格回调时形成的重叠 K 线形态,你可以参看图 10.16。

图 10.16 在向上缺口中卖出而形成的重叠 K 线

除了仔细检查回调的质量之外,我们还可以看一下整个趋势的质量,以找到运行良好而可靠的形态。我们想要看到无论是在拉升还是在回调中,价格形态没有失去控制。虽然趋势各不相同,但是价格形态的整个范围都被涵盖在一个狭窄的区域内。当整个形态是一个非常利落而可靠的高质量的形态时,现有的趋势就更可能会持续,而不管趋势是向上、向下还是横盘。在图 10.17 和图 10.18 中,你可以看到一个可靠而高质量的形态和一个晃悠而低质量的形态之间的区别。

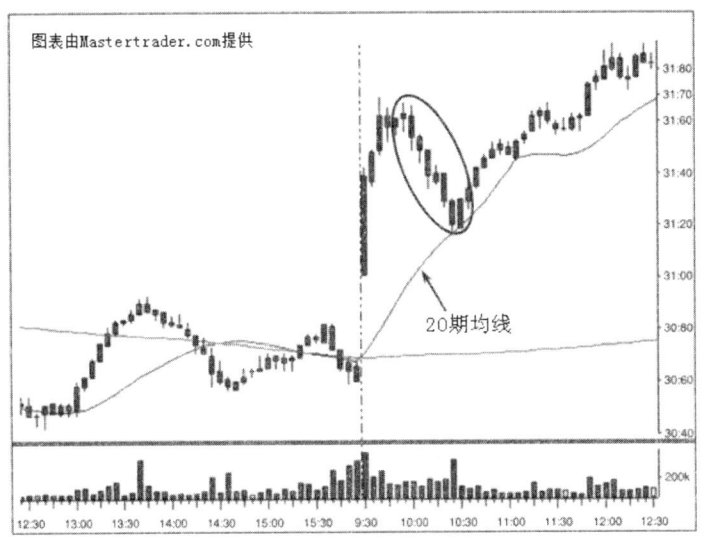

图 10.17　一个可靠而高质量的形态

图 10.18　一个松散的形态

关于趋势，或者说，关于趋势内部的回调，我们还有一个方面需要讨论：回调的角度。不要误会我，句子里有"角度"这个词并不意味着我们准备掏出量角器开始测量它们的实际角度。这仅仅是一个教我们如何去看待图表的示意。我们想要回调以一种有序的方式来到，而不是一蹴而就，做垂直跌落运动。快速回调并不能为所有交易者提供在他们期望的水平上退出的机会。换句话说，如果一个上行趋势突然之间发生了一次凌厉的垂直下挫，这个下挫的速度或许表示交易者无法在他们想要的情况下退出。这也意味着买家也很少，这造成了交易者的积压，他们想要在下一次拉升时卖出而不是参与买入。

图10.19就是一个急速下挫的例子，它的下一次拉升就变得很困难，不得不首先形成新低之后才有机会。首先形成新低的情况会增加价格轻松走高的概率，这是因为，新低会造成更多的交易者卖出他们手上的头寸，反过来减少了会在走高过程中出现的供给（卖家）。

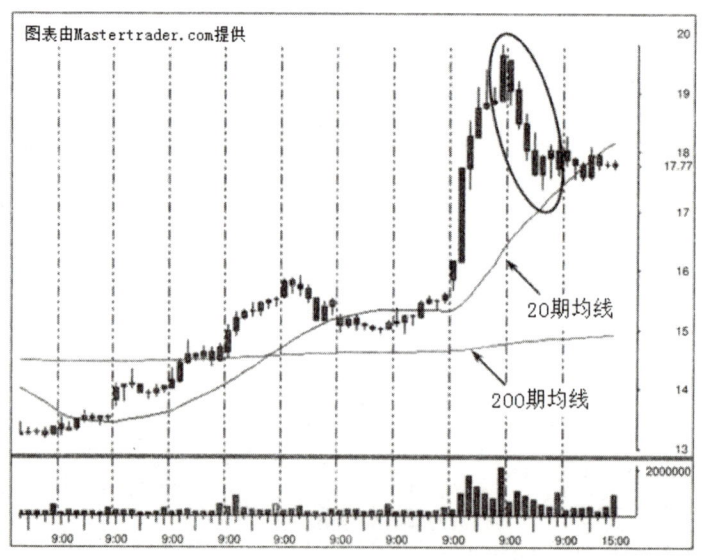

图10.19　有着陡直角度的回调

反应检查

图表上还有几个项目可以帮助我们确定一个趋势的质量以及趋势会持续的可能性。这些额外项目中的第一个就是图表上所形成的宽幅阳线和宽幅阴线。让我们假设价格处在上行趋势中，你应该也知道在上行趋势中应该包含有几根宽幅的阳线，这在上行趋势之前的横盘和下行趋势中很可能根本看不到。对宽幅阳线你需要关注的是，在一个高质量的上行趋势中这个牛市上行至少会保持阳线一半的成果。换句话说，如果一根宽幅阳线的一半以上被侵蚀，趋势就显示出趋弱的迹象。如果价格在宽幅阳线的下方收尾，趋势得以持续的能力就遭到了严重的挑战。图10.20展示了一个上行趋势中的宽幅阳线。

图10.20　上行趋势中的宽幅阳线

　　同样地，在一个上行趋势中，在一根宽幅阴线即将形成的时候，如果上行趋势依然强劲，阴线应该很快就被完全收复。如果一根宽幅阴线形成，而价格继续在阴线的下半部分徘徊并最终在阴线的低点以下成交，那么它就严重挑战到了上行趋势持续走高的能力。

　　让我们看看针对下行趋势的一些同样的看法。首先，你应该注意到，下行趋势很可能包含几根在之前的上行或横盘趋势中并不常见的宽幅阴线。在一个高质量的下行趋势中，宽幅阴线会被谨慎对待，因为价格会处在阴线的下半部分。如果宽幅阴线被收复，并且价格在阴线的高点之上收盘，这就是下行趋势或将结束的显著迹象。当价格范围扩展到下方的时候，勇敢的短期交易者就有机会逆势而动，并且这也会吸引那些做短期获利了结的交易者。如果下行趋势确实强劲，供给就会源源不断地涌现，价格就不能往上走多少。然而，如果价格在宽幅阴线的高点之上收盘，它就显示供给完成了任务，至少就当前而言是这样。你可以在图 10.21 中看到一个很可能即将结束的下行趋势。

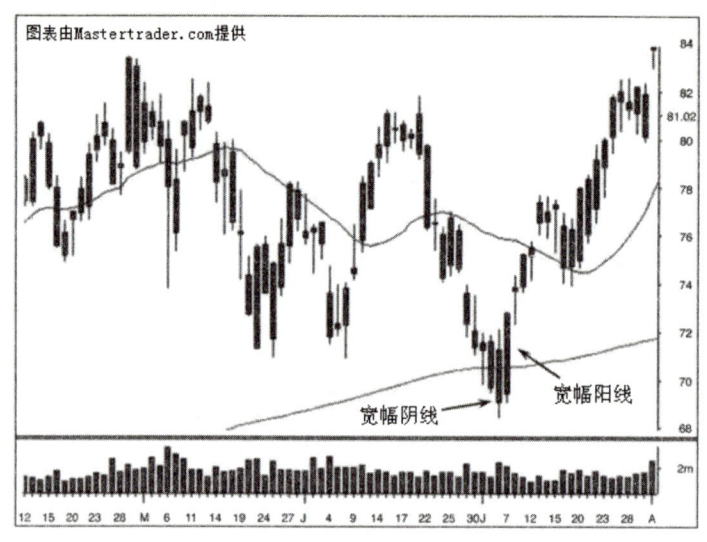

图 10.21　很可能即将结束的下行趋势

同样地，在下行趋势中，在一根宽幅阳线即将形成的时候，如果下行趋势依然还很强势的话，它应该很快就被完全收复。如果一根宽幅阳线形成且价格持续保持在阳线上半部分并最终在阳线上方成交，那么下行趋势得以持续的能力就会遭遇严重的挑战。

另一方面我们需要留意的是在接近支撑和阻力区域时它们对价格的反应。在分析一个趋势的时候，我们想要查看的是一个上行趋势是如何对支撑和阻力区域做出反应的。同样地，我们还想查看的就是一个下行趋势是如何在跌落到之前的支撑区域和回升到之前的阻力区域时做出反应的。

例如，在一个强势上行趋势中，我们应该总能看到价格在回调之后反转向上（在趋势之前的高点上或附近形成更高的尖顶低点），这就是我们在第四章中讨论过的次要支撑区域。高质量的上行趋势会对次要支撑位做出反应。如果价格被迫返回到更低的区域，上行趋势本身就受到了挑战。图 10.22 便是这样的一个例子，看看一个有着良好上行趋势的股票是如何恰当地应对它的第一个次要支撑区域的。

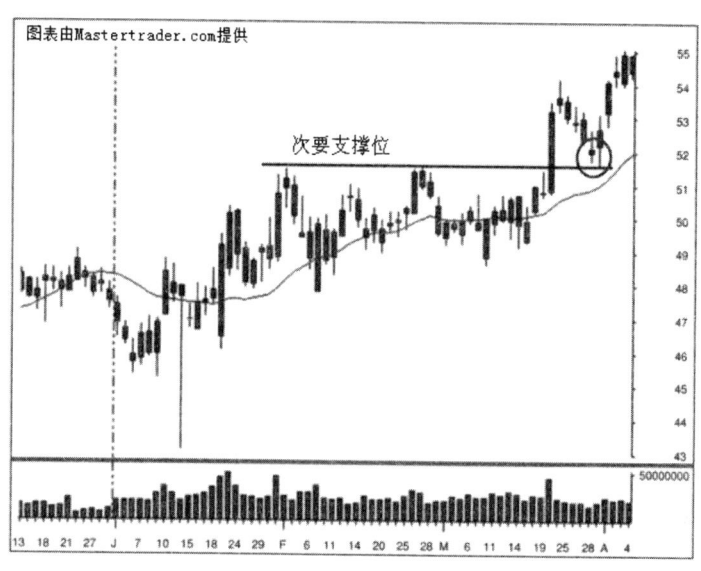

图 10.22　在一个上行趋势中，价格对次要支撑区域做出反应

随着一个上行趋势开始减弱，你会看到回调对次要支撑区域的反应没有那么迅速了。随着趋势继续转弱，你会看到回调实际上开始接近之前的低点。一旦回调一路回撤到之前的低点，我们没有看到更高的低点，因而也就不再处于上行趋势中了。以此类推，回升的情况也一样。当回升没有能够创造显著的新高的时候，这表明趋势开始减弱。随着这些回升在之前的高点那里停滞，上行趋势再次败下阵来，这一减弱的过程可以参见图 10.23。

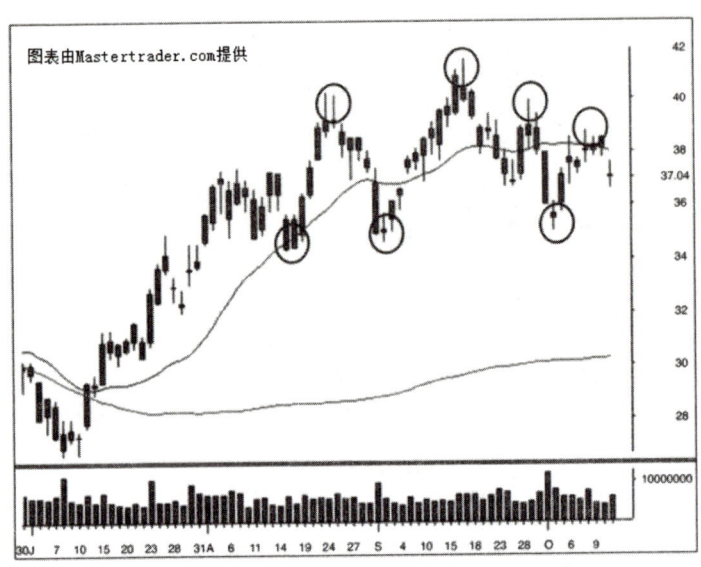

图 10.23　趋势正在减弱

这个时候你实际上见证到的是该股票趋势的转变，这只股票正在慢慢地从一个上行趋势转变到一个横盘趋势。一只股票可以以多种方式发生趋势的转变，而这种方式是更为常见的一种。上行趋势开始减弱，最终走向横盘。如果这个过程继续下去，你或许最终会看到回升低于之前的高点，而下跌则创造了新低。当这种情况发生的时候，我们或许就有了一个转变到下行趋势的案例了。

现在，我有一个重要的提醒要提出。之前关于趋势转变的段落看上去很简单，容易理解。但是记住，我们只看了上行趋势的一个方面。参看尖顶就是参看价格运行，是需要观察的最为重要的一件事情。但是，趋势的其他各个方面也都必须被考虑到。例如，碰到一个非常强势的上行趋势且价格远远离开 20 期移动平均线的情况，我们该怎么办？当一个很小的回调形成一个没有保持住的尖顶的时候，这是不是意味着股票突然之间走弱？看一下图 10.24。

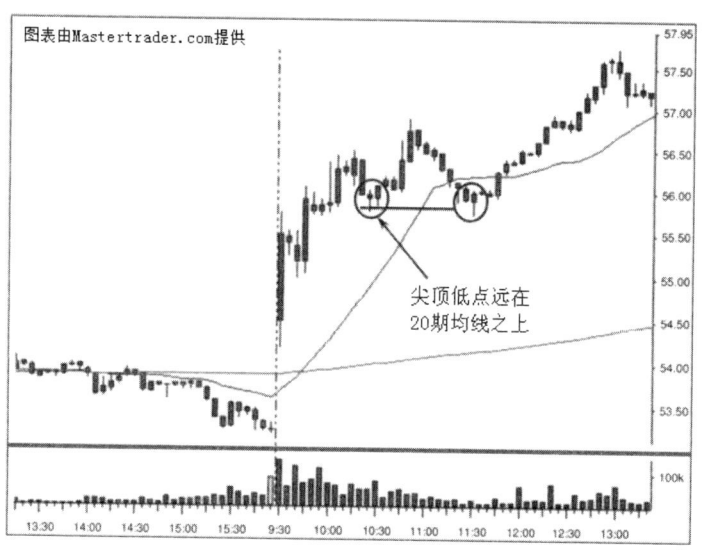

图 10.24　一只非常强势的股票在它第一个尖顶那里败下阵来

当股票在技术上制造了一个基于尖顶的更低的低点时，它发生在远高于 20 期移动平均线的地方。这就是我们所说的需要参看图表多个方面的所在。换句话说，为了全面地看待这一状况，我们说这只股票确实打破了它的趋势，但是，因为它发生在一个强势形态的 20 期移动平均线之上，股票不太可能会继续转变成横盘或下行趋势。如果股票在 20 期移动平均线之下打破了它的尖顶（也就打破了趋势），它走弱的可能性就增加了，有可能转变为下行趋势。尖顶的打破意味着趋势的打破，但是要搞清楚接下来会发生什么，你必须将尖顶被打破的位置考虑进去。

一个常识测试

在这里，我向你介绍另一个测试，很可能是你应该做的第一个常识测试。这是一个可以在任何时间做的测试，除非能够通过这个常识测试，否则你不应该持有任何仓位。

先把本章所运用的所有这些技术术语放在一边，有时候一个趋势的最显著迹象可以通过以下方式获得：将图表钉在墙上，退后 20 步，并向你

10岁的孩子提一个问题，问他这张图表是指向上面呢还是下面。有时候我们对所有这些精细的方法太投入了，反而错过了全景的画面。这就是典型的只见树木不见森林。当你有了极为强势的图表模式，你要找的是在回调点位上买入的说辞，而不要去看你认为趋势正在结束的理由。记住，趋势是你的朋友，我们总想找的就是去顺应趋势的交易理由，而不是逆势而行。当我们感到趋势正在结束的时候，我们确实想要去评估这种状况，这样我们就可以站在一边观望或者等待更多信息。但是，不要逆着趋势做交易，如果你不能绝对确定那是一个高质量的趋势，那就不要踏入其中。如果你将图表挂到墙上而它是往上走的，那么不要抱任何做空的幻想。

最后的几点想法

如果你是一个日内交易者，趋势确实会一天一天地持续。但是，你必须明白这样一个事实，在一天的最初30分钟时间内，价格是变化无常的，这是对各种其他因素的一个反应，而未必能体现出买卖之间的平衡。这意味着从某一天到下一天的趋势或许跟你所期待的参数表现不能完美匹配。如果大势依然是上行或下行的，那就持续跟踪这一趋势，但在参与之前要等待趋势纠正自己。有时候趋势一天一天持续走得很完美，但你不能依赖于此，交易者一般应该每天等待到10点之后。图10.25就是这样的一个例子，虽然你可以看到在新一天的开盘半个小时内K线走得很凌乱，但趋势走得很完好。

最后我想讨论一下趋势分析与实际踏入交易之间的关系。在我们回顾尖顶的形式的时候，我们讨论了一个主要尖顶是如何比一个次要尖顶更为可靠，也表示它在一个较小分析周期内反转的可能性更大。然而，别忘记，正是一个尖顶形成的地方彼此之间的关系才在更大的分析周期内形成了趋势，而这恰恰是真正交易的基础。例如，下行趋势通常都会在它制造更低的低点的时候形成主要尖顶。但是，这些主要尖顶不能用来做多头交易，因为在更大的分析周期内它是一个下行趋势。只有在上行趋势下我们才关心所形成的新的低点，因为我们想要确认它们是更高的低点。

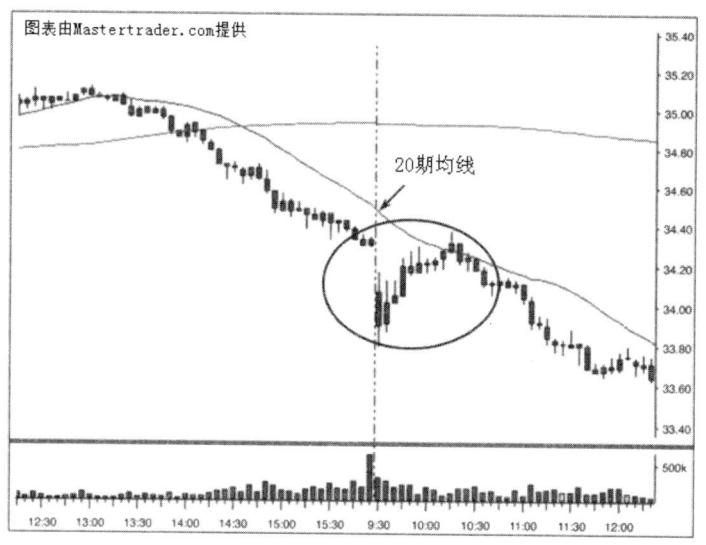

图 10.25 趋势每天持续时应该注意的情况

虽然一旦主要尖顶形成的时候趋势得到了最好的巩固，但是我们更想在主要尖顶形成之前进入交易。你可能还记得在上一章中，我们的普瑞斯丁买入设定是设在超过前面 K 线的高点的时候。这在技术上看就是在次要尖顶形成之前进入交易。如果你在进入之前等待那根 K 线收尾，那你就将在次要尖顶完成之时进入交易了。我们在进入交易这件事上如此具有攻击性的原因在于，我们是在一个趋势的方向上做交易的，我们认定当当前的 K 线走到高于之前 K 线高点的时候，它收盘时将形成一个次要尖顶，而接下来的 K 线就将完成一个主要尖顶。如果你在进入前等到主要尖顶的形成，你就会在所有的交易中慢了一拍。

本章小结

在趋势中做交易或许是交易中最为重要的一条规则。它是最古老的格言，但也是最正确的。记住，在不同的分析周期中发生着不同的趋势，当然在看趋势的时候要看分析周期。例如，在一个小时 K 线的上行趋势的回调中会形成一个 15 分钟 K 线的下行趋势，但更佳的交易是等待在上行趋势中的小时图表回升的时候所发生的 15 分钟 K 线下的上行趋势。

接下来，在确定我们所在的趋势时，我们首先要看价格，也就是看看尖顶彼此之间是如何形成的。更高的高点和更高的低点形成上行趋势，更低的高点和更低的低点形成下行趋势，接近相等的高点和低点形成横盘趋势。任何时刻，价格形态就是这三者之一。为了获得一个可以接受的交易，我们需要问的下一个问题是，我们什么时候拥有一个高质量的趋势？这就是指一个不断形成尖顶并有着稳固形态的趋势。我们也希望看到尖顶的形成跟一根 20 期的移动平均线或趋势线形成一个良好的趋势。我们还需要关注价格形态是如何对支撑和阻力区域做出反应的，以及对宽幅 K 线的形成是如何做出反应的。

当你合理地理解了趋势的时候，你就能够找到那些具有最高可能性的交易了。通过合理的趋势分析，你可以懂得趋势何时在减弱，以及知晓可能性不高的交易。这同样可以帮助你辨识趋势何时转变并变成新趋势的开端。一旦你了解了趋势，下一步就是确保你了解不同分析周期里趋势的相互作用。我们将在后面的章节中讨论多重分析周期。

接下来，在第十一章中，我们将涉及一个新鲜而流行的话题：怎样利用早盘缺口进行交易。

第十一章　击中缺口：

什么是缺口

　　缺口很独特，因为不论是什么引发了缺口，它常常会延伸到交易日，并制造出高的成交量、大幅的交易波动，以及一只常常忽略市场所作所为的股票。这一系列事件的组合常常为我们创造出绝佳的交易机会。在我们讲述机会之前，先来定义一下什么是缺口，讨论一下关于缺口的许多错误观念，随后同时在日线图表和日内图表上观察一下缺口。

　　缺口这个词指的是在日线上留下来的一个空缺，就是在一天的收盘和第二天的开盘之间的那个空缺。虽然这是缺口这个词原有的意思，但股票也可以在前一天的交易范围内形成缺口，其实与其说是缺口，还不如说是离开了一个价格密集区。这些缺口在日线上不是那么明显可以看出来的。缺口可以是向上的，也可以是向下的。它们可以在所有股票身上出现，也可以在市场上出现。在图11.1和图11.2上，你可以看到两种不同类型缺口不同的样子。

　　当股票（或者市场或者指数）在一个比前一天收盘价高出许多或者低出许多的价格上开盘的时候，我们在图表上就会看到一个缺口。当我们讨论缺口的时候，我们一般讲的就是日线图表上的缺口。缺口之所以发生，是因为这样一个情况：市场已经关闭了一段时间，在它收盘和第二天开盘的这段时间中，新闻和其他一些事件刺激了对一只股票的供给或需求。很自然地，日内图表在这个交易日的第一根K线上也会反映这样一个缺口。但是，在这一天之内的日内图表上却不会出现缺口。如果你曾经看到过类似缺口的东西，那只是因为股票交易非常惨淡，以至于在那些K线形成的过程中事实上没有交易可言。这个现象跟本章探讨的主题无关，这只是一个提示，告诉你该股票交易惨淡，你应该寻找另一只股票来加以研判。

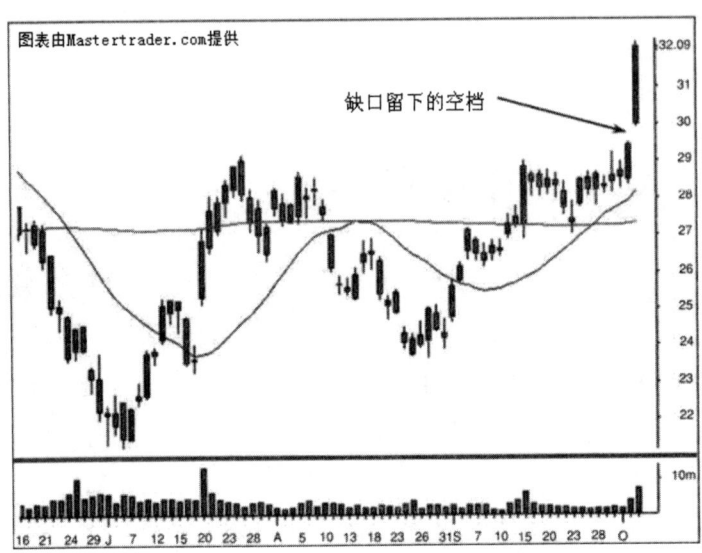

图 11.1 在日线上留下价格空白的缺口

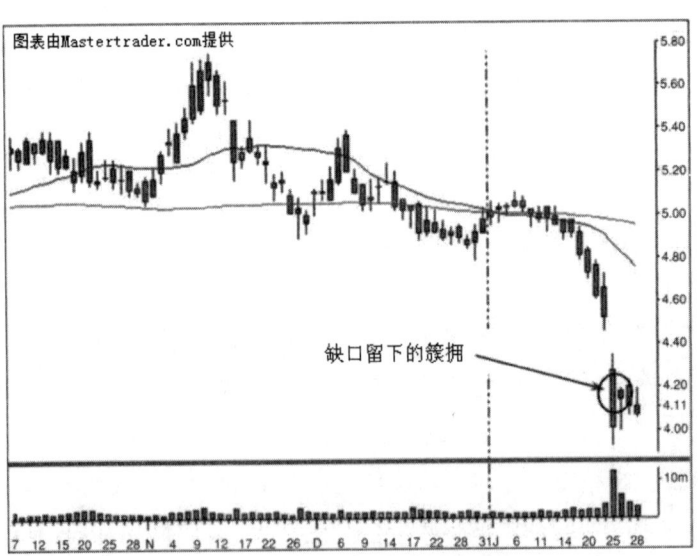

图 11.2 在日线上离开密集区的缺口

缺口是用前一天的收盘价与第二天的开盘价来衡量的。换句话说，它是常规市场主要交易的收盘到开盘的价格变化。市场时间之后和之前的交易活动并不会影响到我们对这个缺口的考量。股票可以而且确实在

第十一章

常规市场时间之前和之后通过电子交易网络进行交易，但是这在目前并不被认为是常规市场交易时间。例如，我们假设一只股票叫 XYZ，它在常规市场下午 4 点以 23.5 美元收盘。随之关于这只股票的消息传了出来，这使得在随后的时间内交易价格下挫到 22.25 美元。在第二天早上的前市场交易中，该股票甚至开始以更低的价格 21.50 美元进行交易。然而，在剩下来的前市场交易中，该股票持续上涨，结果最终在常规市场以 23.90 美元开盘。就本质而言，我们可以说，这只股票有一个 40 美分的缺口。

另一个需要处理的问题是，怎样才算得上是一个显著的缺口。每天都有几千只股票在交易，如果我们将一美分也算作缺口的话，那么从技术上说几乎每一只股票都有缺口。就我们的目的而言，不言而喻我们只对那些缺口显著的股票感兴趣。什么是显著的缺口？很不幸的是，这并不是一个容易讲清楚的问题。

有一种看法认为要界定怎样才算"显著"只需要指定一个数字，在这之上的都可以被称为显著的缺口。例如，任何一个超过 20 美分的缺口都可以算作是显著的。就像你可以意识到的，这样做的问题在于，如果一只 3 美元的股票有一个 20 美分的缺口，它确实是显著的，但如果是一只 300 美元的股票有一个 20 美分的缺口，那就显得微不足道了。更好的办法就是指定一个百分比。比如，任何一个超过价格 2% 的缺口都将被认为是显著的缺口。这个办法比使用一个固定的美元数字要好多了，但是这依然可能是不够准确的。对一只经常形成缺口的活跃的股票来说，一个 2% 的缺口几乎是毫无意义的。而对一只非常惰性的股票来说，这可能就是一个创纪录的百分比数字。

在一早检索缺口较大的股票时运用百分比是一个可以接受的方法，至少这可以将无论缺口大小的长长的股票名单限制到一个至少达到某个百分比的较短的股票名单中。然而，在决定哪些缺口显著并且我们愿意全天去关注它们时，或者我们寻求做波段交易时，我们需要一个与此不同的办法。我们需要查看每一张日线图，确定在那个特定的图表上怎样才算较大的缺口。我们需要看看在这张图表上之前已经发生的缺口，我们还需要去看这个特别的缺口会在哪里开盘,以及它看上去会是怎样的。我们想要找到那些在一个跟它收盘时有着较大不同的区域里开盘的缺口。图11.3 显示了一个较小的但却是显著的缺口(在本章后面,我们会更好地了解到,在日线图上怎样才称得上是显著)。

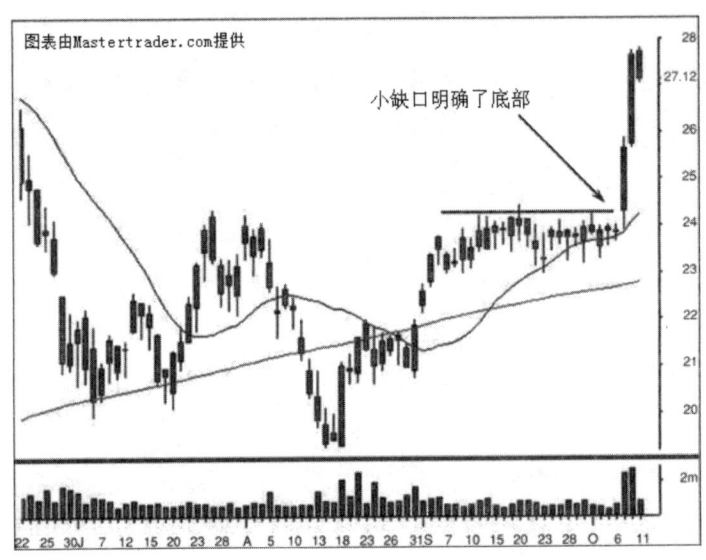

图11.3 一个较小而显著的缺口

是什么形成了一个缺口?

一个缺口之所以会形成,是因为在股票市场关闭的时候该股票的供需关系发生了变化。这个供需关系的变化往往是有新闻在背后推动。市场关闭之后这只股票的新闻出来了,而这个新闻对第二天的行情不是看涨就是看跌。这个新闻可能是该公司发布的声明,涉及新产品的发布、管理层的变动,也可能是分析师评级的升级或降级,一份营收报告被刊发或评论,消息版的公告,各种各样的传闻,公司主要人物买入和卖出他们自己持有的股票,或者任何其他交易者认为是好的坏的消息。也可能没有什么特别的消息,只是对这只股票的需求量变大了。这只股票形成缺口,也可能因为整个市场都形成了缺口。整个市场可能因为各种不同经济报告的出台、经济新闻、政治新闻或者重要的世界性事件而向上形成跳空缺口。整个市场，或者任何一个板块，都可能像一只股票那样形成缺口。当整个市场向上形成缺口，大多数股票也就会向上形成缺口，有些股票的缺口很可能会大于其他股票。

不管原因何在，缺口是在市场关闭期间发生了某个事件的结果，这个事件的结果就是，第二天开盘的卖压或买压使得其开盘价格与其收盘价格形成一个落差。这可能很重要，因为股票的突然走势，或者供需的突然变化，常常是更大走势的一个开端。有些波段交易战略就是利用这一机会进入那个缺口，还有一些日内交易策略则利用那一两天时常发生的走势。

例如，让我们假设一只股票在13美元那里收盘，在收盘之后，关于这只股票的新闻出来了，它被交易者认为是一个好消息。在那只股票第二天准备开盘的时候，我们或许在14美元以下的区域根本看不到什么卖盘。换句话说，因为这个好消息，没有人愿意以低于14美元的价格卖出这只股票。我们也看到，虽然没有交易，但是买家愿意给出13.75美元的价格去买这只股票。总有人要做第一笔交易，那第一笔交易就是第一个人愿意以市场上最低出价买入股票或者以最高出价卖出股票的结果。

关于缺口的形成原因，我想再说几句。虽然新闻常常是缺口形成的原因，但是我并不关心缺口形成的原因是不是新闻。如果是新闻，我也不关心是这个新闻的哪个方面引发了缺口。试图去解读新闻可能会引起混乱。新闻已经出来了，缺口也已经发生了。问题不在于是否好消息让股票形成向上的缺口——当然是这样——问题在于："现在股票已经形成了向上的缺口，那它是会涨得更高，还是往下跌，或者保持平稳？"是什么样的信息让你觉得股票不会保持平稳？那就是我们之所以运用图表的原因。不管那个新闻有多好，它可能早就已经完全表现在股票的价格中了，甚至在它被发布之前，就已经是这样了。那就是一只股票在公布了重大盈利报告之后交易价格会在数周时间里持续走低的原因。

关于缺口的幻觉

在市场上有很多关于缺口的错误信条。我们必须了解的第一件事是，在大多数情况下，新闻或者事件的出现会引发供需关系的变化，然而，当股票在上午9：30开盘的时候，几百万的买家和卖家都已经消化了那个信息，并已经做出了他们的决定，使得这只股票的价格形成了一个新的价格，重新获得了平衡。我们必须在一开始就认定，所有这些考量和理性判断已经建立了一个新的平衡，为这只股票形成了一个新的价格。我们没有理由去怀疑这一新的价格是错误的。

许多交易者做的第一件事就是试图去判断那个新闻的质量以及它有多好或者多差。这是一个巨大的错误。即便你确信自己可以接触到所有的新闻和信息，你也不知道巨大的资金流会往哪里走。我们也不知道这个缺口是否早已全部体现了那个新闻，还是给它打了一个折扣，或者走过头了。好消息并不表示股票会继续走高。好消息可能意味着，这个好消息已经万众期待，股票价格早就为此做了调整，今天的向上缺口实际上为未来几个月设定了一个高点。所以我们必须记住的第一条规则是：不论是好是坏，我们都不要去看新闻，它跟股票在缺口发生之后会往哪里走没有关系。

基于同样原因，有一个信条认为所有向上的缺口都看涨，所有向下的缺口都看跌。这完全不对。我们一会儿就会讨论到，有许多因素可以决定缺口往哪里走，但是一个向上的缺口是否会继续走高或者往下走其实跟该缺口是新手型还是老手型有关。两种情况都可能发生，它们各自会对股票产生不同的影响。

还有一个不实的信条是缺口必须被回补。从某种意义上说，如果你将时间期限延伸至无限长，我想大多数缺口确实都会回补。但是在几天、几周、几个月或者几年的时间期限内，它们不一定能回补。在一个很长的时间期限内，市场通常会产生很大的波动，缺口也就最终会被回补，但是缺口会回补本身并不是一个有效的交易法则。许多老手型缺口在形成缺口的当天并不会被回补，并且会持续走高长达数月或数年。

另一个不实的信条就是认为很大的缺口会渐渐消退（fade）。所谓"消退"就是指价格会朝着缺口的相反方向走。重复说一下，缺口的大小或许是我们检查的一个方面，但是很大的缺口并不意味着我们就会自动地开始朝着缺口的反方向做交易。不管缺口有多大，价格常常会继续往缺口的原有方向走下去。

最后，我们还必须讨论一下"延伸"这个词用在缺口上的情况。我在这本书中提到过好几次，延伸这个词是一个非常主观的用词，只应该用于描述一个图表的画面特征，而不应该据此做出交易决定。常常发生的情况是，一个延伸了的走势往往变得愈加延伸。在讨论缺口的时候，认识到延伸的虚假性显得尤为重要。让我们假设一只 20 美元的股票跳空涨到 22 美元。那是股票价格百分之十的涨幅，许多人就因为这个百分比而称之为延伸。如果你相信基本面分析，那么它的市盈率，以及基本面交易者据此判定一只股票是好是坏的其他会计数据，就上涨了百分之十，然而，我们知道事实上唯一可以让一只股票上涨的因素就是买家的增长，也就是对这只股票的强劲需求。如果你想要在技术的意义上使用延伸这个词，那么它必然意味着，买家正越来越少，而股票在往上延伸。具有讽刺意味的是，在股票从 20 美元涨到 22 美元的过程中，恰恰没有一位买家为了让股票形成那么大的缺口而购买股票。图表上的这个价格空档是在没有实际买卖的情况下被创造出来的。只是因为有潜在买家的存在才使得一只股票有了那样一个开盘价。所以，在一只股票形成两美元的缺口时，我们很难称之为"延伸"，因为那个时候还没有一个多头买过这只股票。

缺口与日线图

当我们在日线图上查看缺口的时候，我们有必要看一看几个相关的地方，以判定一只股票在缺口之后可能会走高还是走低。其中最为基本的部分就是要去判定该缺口是将成为一个新手型的还是老手型的缺口。如果该股票向上跳空，一个老手型的缺口喻示着这个向上缺口开启了一个向上的新走势。换句话说，在这只股票的日线图上，在缺口形成之前相当长的一段时间内，其趋势不是下行就是横盘。老手型缺口有时候连缺口的回补动作都没有，有时候则会在回补之后，基本沿着缺口的方向继续前进。参见图 11.4。

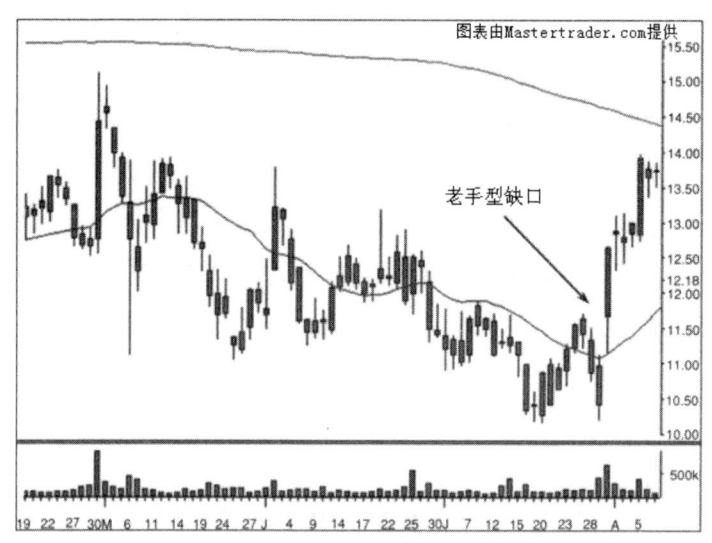

图 11.4　一个老手型缺口形成反转性趋势

如果一只股票向上形成缺口，一个新手型缺口喻示着这个缺口将终结现有的趋势。换句话说，该股票之前已经上行走了很久了，这个缺口对所有现有看涨做多者而言都将是一个获利了结的机会。一个新手型缺口可能创造了一个接下来很多天或很多周都不会被突破的高点。图 11.5 展示了新手型缺口反转趋势（至少在日内交易模式下是如此）的一个例子。不管日线图表的变化趋势是否能够被判定，但至少从新手型缺口那里价格连续下挫了五天。

一如既往，以上这些陈述也同样适用于向下跳空的新手型缺口和老手型缺口。一个老手型向下缺口表明之前的趋势不是向上就是横盘，而这个向下的缺口将开启一个新的走势。一个新手型缺口则意味着股票一直在下挫，这个向下的缺口将终止这一下挫，引入新的买家，并在将来会推动股票走高。

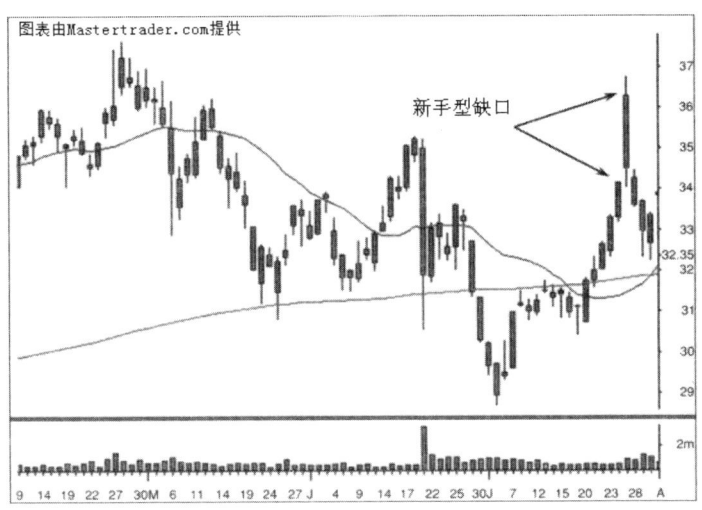

图 11.5 反转趋势的新手型缺口

我们对于一个缺口是新手型的还是老手型的判定取决于几个因素。第一，就是要看这个缺口将落脚在哪里，在支撑点还是阻力点。如果一只股票向上跳空，进入了阻力区域，那就喻示着在向上缺口之后股票将掉头往下。而如果缺口跳过了阻力区域，并且没有离开阻力区域很远，那就喻示着股票还将走高。图 11.6 是一只股票向上跳空并突破附近阻力区域的例子。

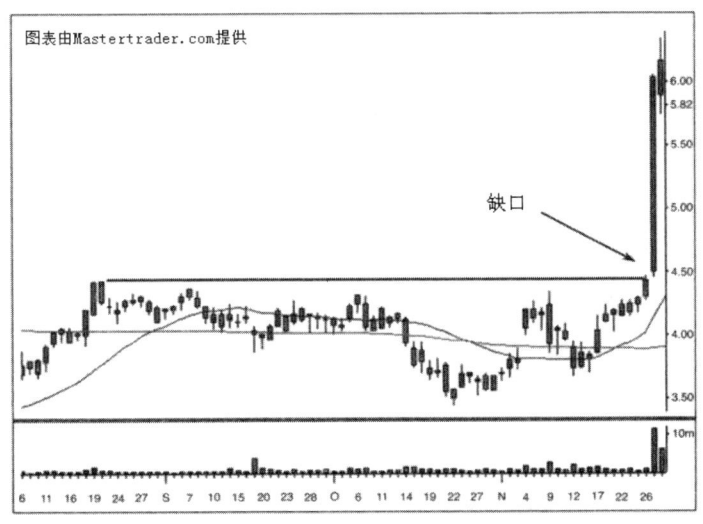

图 11.6 跳空缺口突破阻力区域

同样地，如果一只股票向下跳空，我们就会去看它在附近支撑区域的哪个位置落脚。一只跳空接近支撑点的股票在缺口之后更有可能向上拉升，而一只跳空越过了支撑区域的股票更可能继续下挫。图11.7是一只股票向下跳空但落脚在支撑区域的例子。

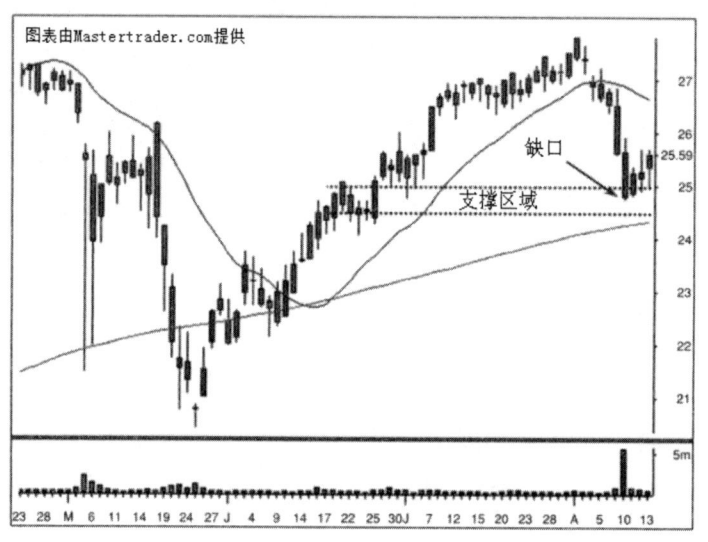

图11.7　股票向下跳空进入一个支撑区域

第三章中很多关于支撑和阻力的探讨同样都可以用在缺口分析中。根据股票走多远才进入该区域，支撑和阻力区域对股票产生的支撑和阻力的力量也不同。换句话，用缺口的语言来说，一只向上跳空缺口很大的股票对阻力区域更有可能做出看跌的反应。一只向下跳空缺口很大的股票对支撑区域更有可能做出看涨的反应。经过了长距离奔跑，股票也累了。也就是说，长途跋涉使得交易者不太愿意继续持仓，因为价格变化太大了。在那样的供给和需求的区域里，他们在买卖上都不太积极了。

但是这里还是需要小心从事。就像我之前讲过的那样，股票永远不会因为一个大的缺口而变得超卖或超买。比缺口的大小更为重要的是缺口之前的形态。这么说吧，一只已经连续几天走高接着又向上形成很大缺口并进入阻力区域的股票最有可能停滞在一早的缺口那里并开始下挫。同样的道理，一只连续几天下跌接着向下形成很大缺口的股票最有可能在一早的缺口那里反向拉升。请参看图11.8。

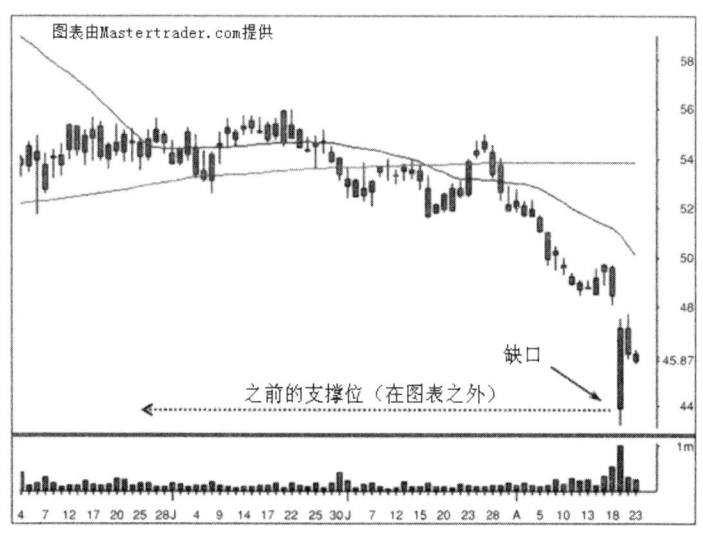

图11.8　一个陡峭的下挫形态加上走入支撑区域的一个很大的缺口意味着走势看涨

我们对日线上跳空缺口的分析有三个目的。首先，如果我们的缺口分析认定了一个短期看多或看空走势，通过找到一个相对合理的点位，我们或许会在日内交易的基础上交易该股票。我们将在下文详细讨论这一概念。第二，如果我们的缺口分析判定在日线上有一个长期的看多或看空走势，那么这就是一个日线波段交易的绝好形态。我们上面讨论的形态大多可以持有两到五天，在这些时间中缺口之后的看多或看空走势就会走完。

例如，在日线图表上，一个强势走高之后形成较大缺口的股票可以是一个很出色的卖空机会，如果股票以阴线收盘，则可作为短期波段交易加以持有。第三个目的是，将一个格外强势的缺口作为日线图表上的一个长期反转点位来加以运用。如果你研究过日线图表，你就会发现，长期的拐点在大部分的情况下是都由一个顶点反转或者一个反转形态的缺口造成。这些强势的缺口反转常常一下子就创造了以后几个月的低点。这些形态类型可能具有非常安全的切入点，因为他们的高点或低点已经被抛在了后面，而日线图表常常是很安全的领域。交易者也可以运用这一新的反转点，在即将到来的新趋势中的新回调中做交易。

在图11.9中，日线因为一个很牛势的缺口而形成了一个长期性反转。这只股票已经下跌了很长一段时间，在它形成一个很大的缺口之时已经达到了很低的低点，扫清了附近的阻力区域，为将来新的看多走势创造了空间。查看许多股票的日线图表，了解日线图表上显著的反转点位，看看是什么类型的形态造就了这些反转点位，这是很有意义的一种做法，从中也可以获得很有价值的学习经验。

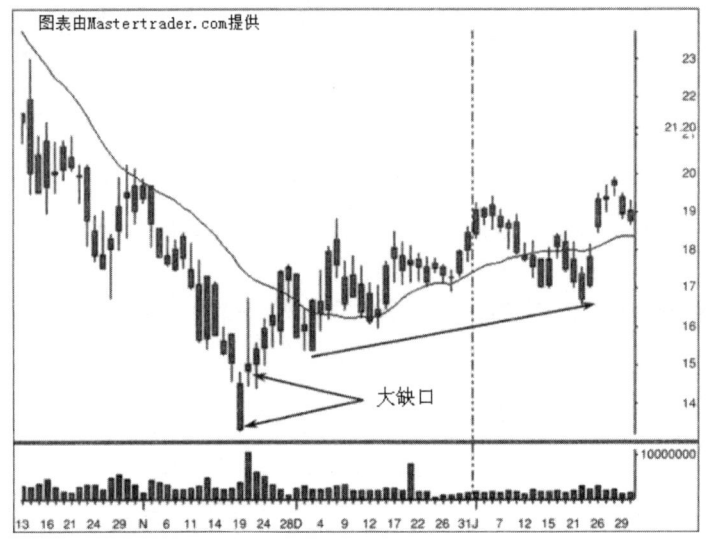

图11.9 日线图表上的一个看多缺口形成了一次长期性反转

回顾一下，看多缺口可能以各种不同的形式出现。它可能以向上跳空的老手缺口的形式出现，改变了之前的下行和横盘走势，通过很显著的一个缺口突破了阻力位。它也可能是以一个向下跳空的新手缺口的形式出现，在股票下跌了很长时间之后通过一个很大的向下缺口（尤其是在它相比前一天跌得很凶的时候）结束了下行走势。当形态走向极端的时候，例如在缺口吞没了整个一根大阴线的时候，那个被留在后边的低点可能适合做核心交易。

记住同样的概念也适用于看空缺口。这个缺口可能是看空的，因为缺口是以向下跳空的老手缺口形式出现的，它改变了之前的上行和横盘走势。它也可能以向上跳空的新手缺口的形式出现,在股票走高很长一段时间之后以一个很大的缺口(尤其是在它相比前一天拉升很大的时候)终结了其上行走势。当形态走向极端的时候,例如在缺口吞没了整个一根大阳线的时候,那个被留在后边的高点可能适合做核心交易。图 11.10 展现了一个看空的老手缺口。

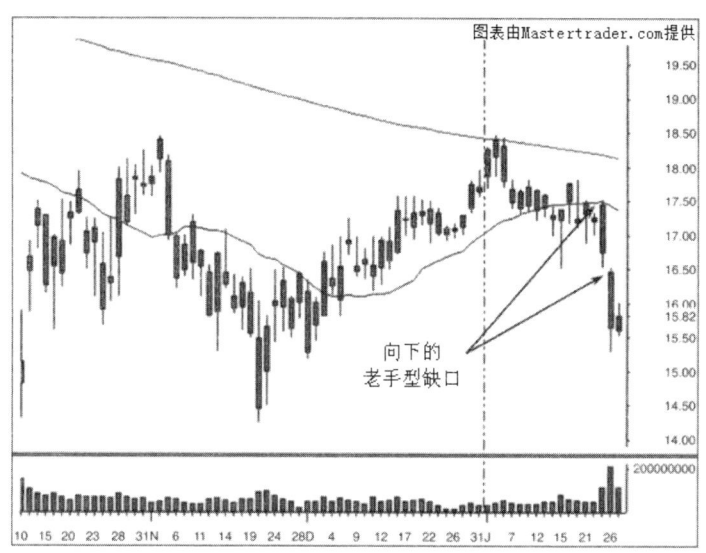

图 11.10　一个看空的老手缺口

同样,一个看多或看空的缺口可能在当天就会引发一波很好的上行或下行走势,而被日内交易者看好,想要从中有所斩获。在交易开始的最初 30 分钟内发生一波大的行情并不少见,这就是许多交易者喜欢专注于缺口行情的原因。

日 内 交 易

不同的缺口在开盘之后有着不同的反应。有时候股票可能有一个非常牛势的缺口,但是它们的缺口是如此之大,以至于之前的持有者继续卖出止赢,使得股票在第一天无法走得更高。这些股票可能会在接下来的几天里有很牛的走势,只不过在第一天会横盘或者下跌。图 11.11 就是这样一个例子，在日线图上有一个很牛的缺口，但是第一天的整体表现平平。

有些股票有一个惊动交易者的缺口，抓住了在交易错误一边的许多交易者。这些缺口在第一天甚至在刚开盘的几分钟内常常有着非常急剧的走势。作为一个日内交易者，其想法就是要找到这些潜力股，并找到办法以一种合理的风险回报比介入其中。

最有可能在第一天就有大的走势的是那些符合以下标准的股票：如果这是一个牛势缺口，它会清空附近的阻力，但是力度不会过分。它会反转近期的短期形态，让当前看空该股票的交易者大吃一惊，这在开盘时制造了一种紧迫性，当这只股票开盘的时候，这种紧迫性就常常会引发三种形态。第一种，股票可能在当天的低点开盘，但马上又开始上攻，有时候速度相当快。第二种，股票可能在几分钟内下跌了一点，接着又冲到当天的高点，一路上扬。第三种，股票可能在最初的 30 分钟到 60 分钟的时间里有一个有序的回撤，在远未填补缺口的时候早早就找到了支撑。让我们在日内交易的基础上看看在这些情况下分别如何交易，但在此之前，我想先提出一个警示。

在当天的最初几分钟内做交易风险非常大。股票会走得很快，并且它们在刚开盘之后常常更为稀薄（买盘和卖盘都很少），使得它们很难进入和退出。他们还可能具有较大的落差（买盘和卖盘之间的差异），使得进入更为费力。交易者如果不能在一个快速的走势中退出，那就可能被困住，这会造成比预想的更大的亏损。

说过了这些之后，让我们开始看看最安全的日内交易介入，和除了最为激进的交易者之外都会关心的一个形势：早上的回撤。一只缺口冲过了阻力区的股票可能会回撤，试探这一区域。记住，这个区域将会变成一个次要支撑区。如果你忘记了这一概念，请参看本书关于支撑和阻力的那一章。无论是交易中冲过了阻力区，还是缺口跳过了阻力区，当它回撤去试探那个区域的时候，它将会成为一个颇为有力的支撑区。如果这一回撤符合普瑞斯丁买入设定的所有要求，并对这个新的次要支撑区有反应，那它就常常是一个出色的缺口交易机会。图 11.11 展示了这样的一只股票，它向上跳空形成缺口，并在支撑区域形成了一个普瑞斯丁买入设定。

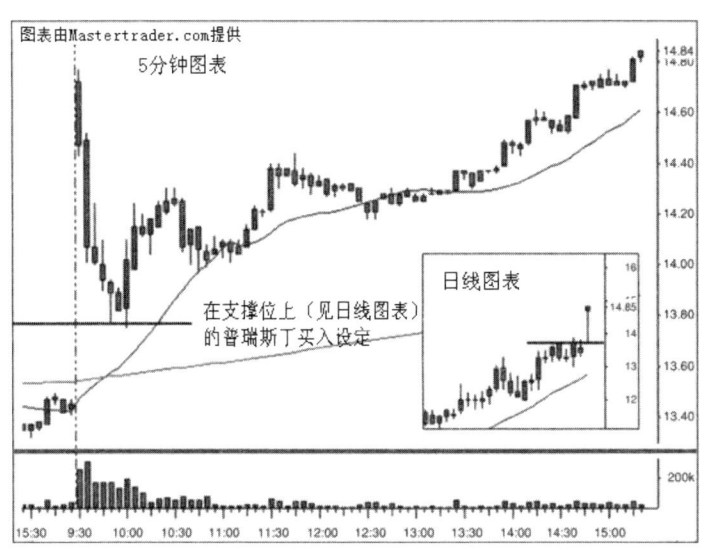

图 11.11　在向上跳空的缺口之后在支撑位上形成一个普瑞斯丁买入设定

在此，有两个最佳时机可供选择。早上在 10 点左右找到支撑的回撤可以在五分钟线的普瑞斯丁买入设定上做交易。只要那个回撤干净利落，它就也可以在 10 点 30 分左右在 15 分钟图表上做交易。这些都是最佳和最有可能性的时间。另一个运行良好的可能性是发生在午餐时间的 15 分钟线普瑞斯丁买入设定。许多时候这个缺口是向上的，但是如果这个缺口太大了，这只股票就需要半天的时间来消化获利了结者。在午餐时间的 15 分钟线回撤时买入是可以接受的，并不会违反不在午餐期间交易的惯例，因为这些都是应该做的交易类型——15 分钟线上的良性回撤。中午时段可能依然疲软乏力，所以你可能需要给最初的买入更多启动的空间。

虽然对这些激进的投机而言，早上的回撤是最安全的介入点，但是在开盘之时就进行投机才是目前为止最为激进的。要这样做，你必须在它开始上涨的时候就做多这只股票，并将你的止损点放在当天的低点下方一点的位置，这个止损点很切近，而这些投机通常在本质上不是那么有序的。你可能会问为什么有人会这样交易，理由很简单。风险更大，回报更多。如果你有一个正确的介入点，你就可以捕捉住整个走势，而止损点都相当贴近。记住，如果你以这种方式激进地投机并且也止损退出了，不要害怕，如果设定条件合适，你可以运用另外两个介入点重新去投机。有些交易者甚至抱着这样一种态度，就是在像这样的投机上运用两个介入点，以防止第一个介入点没有成功。图 11.12 展示了一个并不罕见的图表：一个在低点开始上行并没有任何回撤的向上缺口。注意，这根 K 线是没有下影线的。

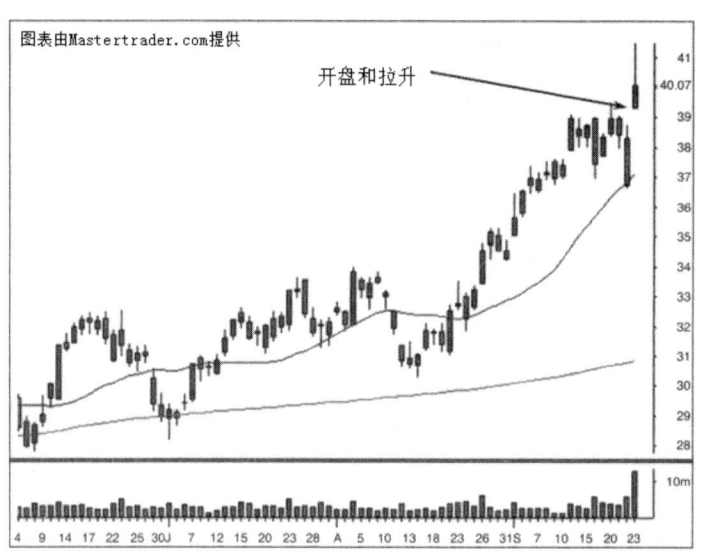

图 11.12　向上缺口在当天的低点开盘

　　第三种缺口交易的方式跟第一种相似，但是没有那么激进。它是让股票先在交易中下行，然后在其 5 分钟线的高点做多。这样做没有第一种方式激进，这一说法背后有几个重要的理由。首先，在交易 5 分钟后投机一只股票常常没有那么激进。大幅的落差已经在缩小，并且该股票通常也更容易介入和退出。还有，因为我们让这只股票先往下走，然后再在 5 分钟线的高点交易，这只股票已经以某种微弱的方式证明它是看涨的，因为它击退了最初的卖盘。我们有着更多的把握判断它所留下来的低点将会作为支撑点而坚守不破。这跟我前面的观点是一致的，因为介入点位置下面将会有一个 1 分钟线的尖顶在做承托，它不只是一根 K 线的低点，请参见图 11.13。

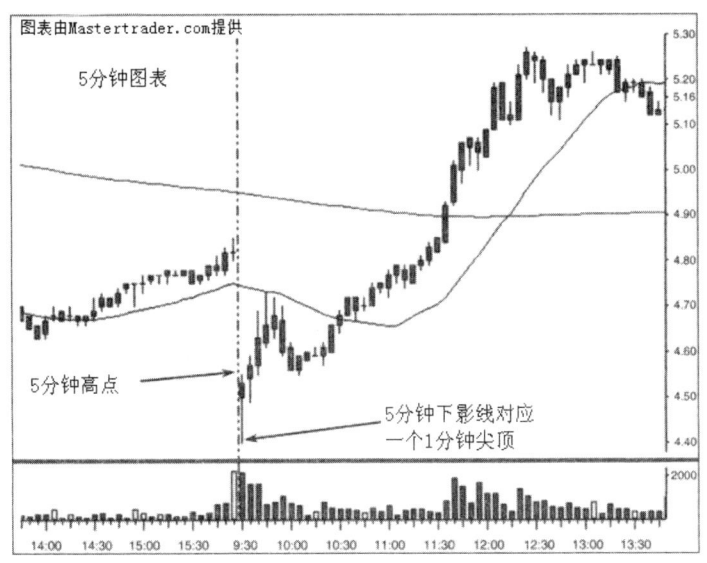

图 11.13　一个 5 分钟线高点是更安全的介入点

当然，缺点也很明显。介入点的样式可能会导致没有介入点。如果这只股票只在低点开盘，然后就一路上扬，就没有起初的下行走势了，并且在五分钟内最初的上行可能太快，以至于没有介入点，除非你运用最为激进的投机风格。任何交易总有代价要付出，风险更大，回报也更多。

当你变得越来越熟悉缺口并发现一种可以补充你找到的投机风格的方法时，记住介入点选择的这个部分。在缺口的质量和介入点的激进性之间存在着一种关系。真正高质量的缺口是唯一你应该尝试激进介入的缺口。对于那些不是那么明朗的或者更为过于延伸的缺口，需要给它们时间去澄清它们自身，等待在 5 分钟线或 15 分钟线上有质量的回撤。你会发现很多缺口最终都被弃置一旁，这同样是你可以做的一个选择。

本章小结

缺口在市场中提供了一个很特别的交易机会。有些交易者可能倾向于将早期介入的激进的缺口交易作为他们每日交易的主要形式。许多股指期货交易者则在每天早上的缺口那里做交易，等待缺口的回补，这在这一交易种类中发生的可能性要大得多。有些交易者可能将缺口看作是波段交易和日内交易的信号。有些交易者可能会关注缺口，并在缺口之后介入后期的趋势中。也有一些交易者可能会完全无视缺口。但至少，关注和了解缺口常常可以为你提供一些特别的交易机会。

接下来是很重要的一章，我之前已经提到过很多次了。事实上，如果不提这个话题，我们也不可能讨论这么多内容。现在，带着我们目前为止所学到的一切，通过不同的分析周期的视角，让我们将知识都综合起来加以运用。这就是众所周知的多重分析周期分析。

第十二章 分析周期比对：

多重分析周期的概念

当我们谈到趋势或者支撑位和阻力位的时候，你或许一直在问自己"我们在谈论的是哪个分析周期？"，你可能还会问："各个分析周期彼此之间是如何互动的，我如何以有利于自己的方式在交易中运用这种互动呢？"至今为止，分析周期都还不成问题。我们讨论到的每一件事都可以运用到任何分析周期中去，以后也一直可以运用到所有的分析周期中去。如果你有一个2分钟的上行趋势，你还有一个2分钟的普瑞斯丁买入设定，它是一个合理的买卖。如果你在2分钟图表上有一个阻力位，那它就是一个有效的阻力。现在，我们想要探讨的是，如果15分钟图表是一个上行走势，那么这个2分钟图表是否具有更大的胜算。我们是否需要去看日线图表？还有周线呢？

哪一个分析周期

有些人相信的一个常见错误概念是认为所有的分析周期都必须指向同一个方向。虽然从理论上讲，在某一个时间区间内这种情况会发生，但那是不必要的。我们真正想要看到的是，只要在我们所交易的分析周期内具有足够多的空间保持趋势相当一段时间，就可以了。除此之外，更为重要的是趋势的质量，我们所关心的那个趋势必须是一个高质量的趋势。这比去寻找所有分析周期都指向同一个方向要重要得多。

例如，如果你在做一个2分钟的上行趋势，你持有交易的时间长度大概会是几分钟到几个小时之间。即便是几个小时，也是合理时间的极限了。如果我们只需要那只股票向上走几个小时，那周线图表有必要也是向上走高的吗？如果我们打算在几个小时内撤出该股票的话，你真的会关心这只股票的走势是否会持续几周吗？如果你在一个 2 分钟图表上做交易，日线图表上的趋势真的那么相关吗？一个下行趋势中的日线图表或许只是拉升三四天，之后依然会走低，其中是否有足够的空间持有该股票两个小时？毫无疑问。请参看图 12.1。

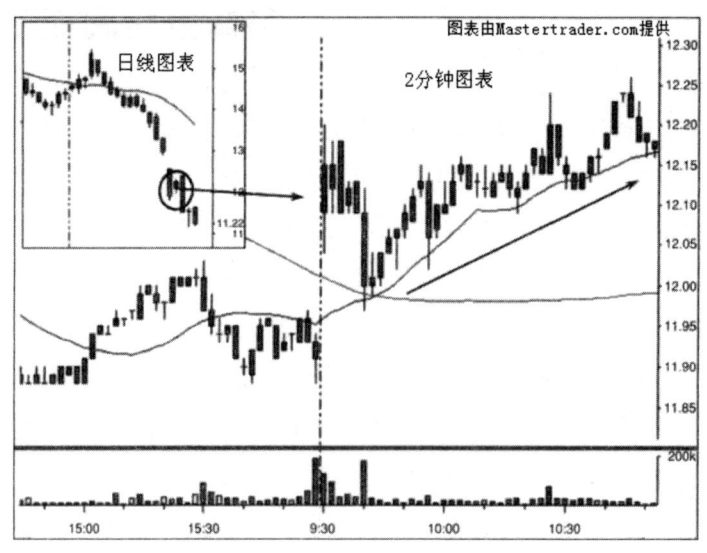

图 12.1　日线内的一个 2 分钟拉升

不论什么时候你要施展策略，你都要检查某一个分析周期。我们实际上关心的是在那个分析周期上的主导分析周期跟我们想要施展当前策略的分析周期是否处在同一个趋势中。为了简单起见，我们将更大的那个分析周期称为宏观分析周期，而我们想要介入的那个分析周期称为微观分析周期，我们想要看到它们之间的某种一致。请参看图 12.2。

接下来我们要问，对一个微观的分析周期而言，什么样的分析周期算是宏观的？换句话说，如果我们做的是 2 分钟图表，我们想要看到与其走势一致的是什么样的宏观分析周期？在普瑞斯丁做交易，我们通常参考的分析周期有如下几种：1 分钟、2 分钟、5 分钟、15 分钟、60 分钟、一天、一周。对于长期交易而言，交易者或许会参考月线图表，有时候交易者会使用 180 分钟或者 30 分钟图表作为对小时图表的一种补充。这些图表也都很好，但是在讨论中我还是沿用我们在普瑞斯丁使用的几种原始分析周期。

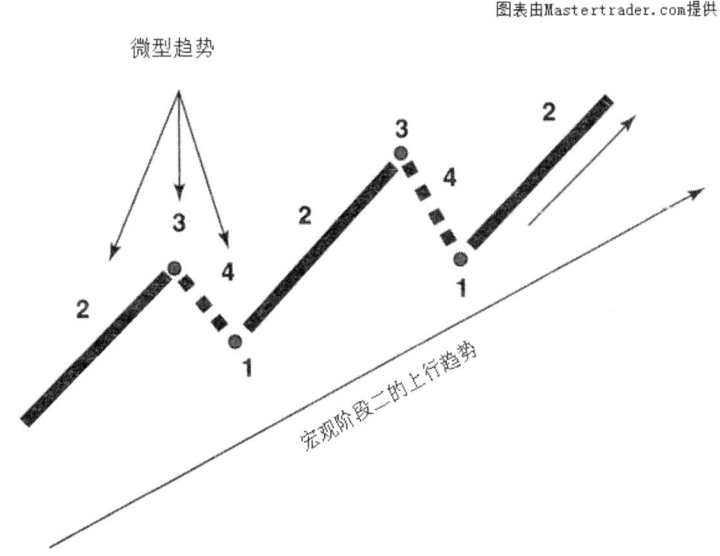

图 12.2　在整个宏观分析周期阶段二期间，微观分析周期走势与其走势一致

作为一项经验法则，对日内交易来说，我们想要查看在我们当前分析周期之上的再上一个分析周期。例如，当我们在 1 分钟或 2 分钟图表上做交易的时候，我们想要查看 15 分钟图表与其趋于一致。当我们在 5 分钟图表上交易的时候，我们喜欢看到小时线与其趋于一致。当我们在 15 分钟图表上交易的时候，我们喜欢看到日线图表与其趋于一致。请参看图 12.3。

对于更大的分析周期而言，同样作为一条经验法则，看当前分析周期之上的一个分析周期就足够了。例如，当我们在小时图表上做交易的话，我们想要看看日线是否与其保持一致，在日线图表上交易的时候，我们想要看看周线图表是否与其保持一致。

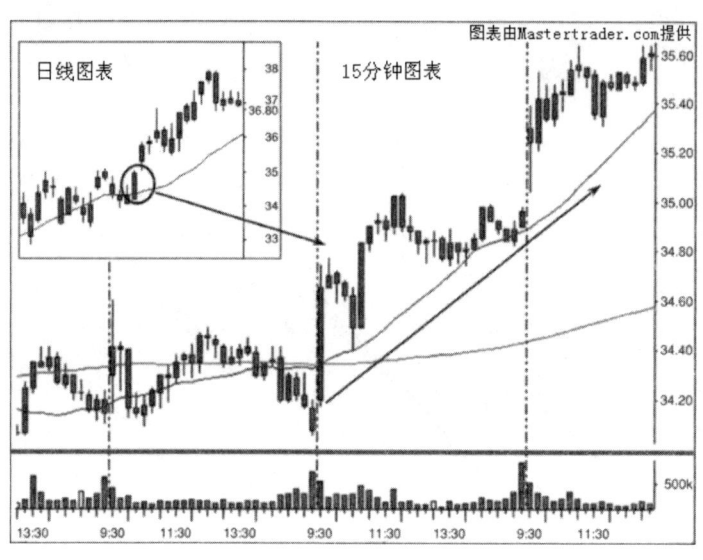

图 12.3 日线上行趋势下的 15 分钟线上行趋势

运用多重分析周期的第一个目标

　　用普瑞斯丁方法做交易最有威力也是最为基本的一个概念就是,找到那个强势宏观趋势,然后耐心等待微观走势和宏观走势达成一致。例如,如果你想要在 2 分钟图表的普瑞斯丁买入设定点上做多,那么你的第一个工作就是去找到一只具有很好质量的 15 分钟线上行趋势的股票。注意,在 15 分钟线的上行趋势中,有时候这只股票在往上拉升以创造新高,有时候它又向下回撤以建立更高的低点。运用宏观与微观的比对,你应该将注意力放到 15 分钟线回撤结束之后(即在 15 分钟线上行趋势又开始往上走的时候)的 2 分钟上行趋势。请参见图 12.4。

　　不遵从这一规则实际上可能会导致你遭遇到最惨痛的交易败局。例如,在近几年的几次重大下挫中,许多交易者固执地想要在日线图表的拉升中做多。但是,所有这些拉升都发生在周线的下跌行情中。这意味着,日线的上涨是短命的,新低很快就会到来。任何一个理解这一阶段匹配的交易者都绝不会在 2001 年或 2007 年的大崩溃中在日线图表上做多。你会为自己在类似图 12.5 那样的周线图表情况下做多股票感到坐立不安吗?

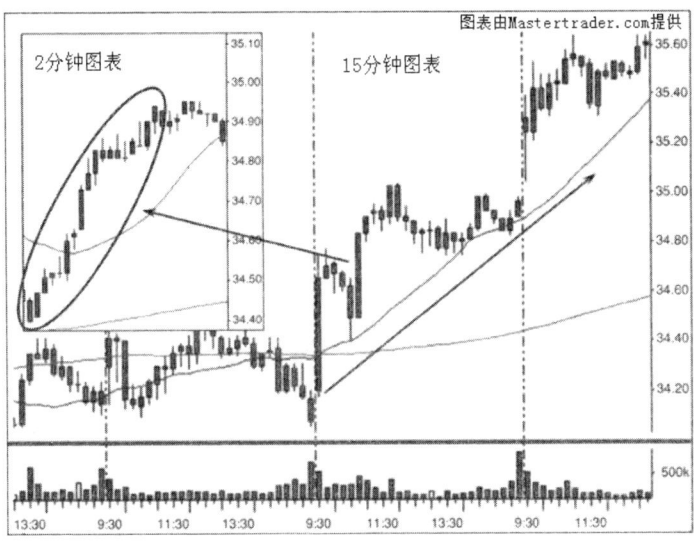

图 12.4　一个 2 分钟线上行趋势与一个 15 分钟线上行趋势保持一致

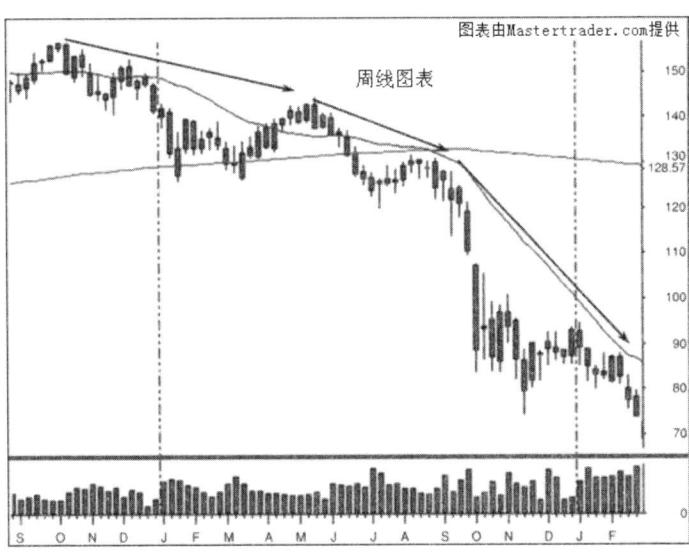

图 12.5　当周线图表处于下行行情时,这不是一个在日线上行时买入股票的合适时机

我们有时候会将这种阶段匹配称作交易中更大分析周期中的甜蜜之点（sweet spot）。例如，在图 12.4 中，你会在 15 分钟图表的甜蜜之点上做多 2 分钟线。那么这一概念反过来看又是怎样的呢？换句话说，如果你在图 12.4 的情况下做交易，你在 15 分钟上行行情中做多 2 分钟线，会不会到一定时间在 15 分钟线上出现一个所谓的酸腐之点（sour spot）？是的，有这样一个点。这在分析周期中被认为是一种冲突。

处理分析周期中的冲突

分析周期内发生冲突的例子有很多。作为交易者，我们的第一项工作就是去识别什么时候这些冲突可能会出现。然后我们的第二项工作就是去判定这些冲突是否足以保证我们可以退出交易或者否决一个新的交易。接下来，让我们去看看冲突可能会藏身其中的几个例子。

最简单也是最容易理解的一个概念是，当我们在一个宏观上行趋势中去做一个微观上行趋势交易，到了一定时候宏观上行趋势会遭遇到某种阻力。这些阻力各种各样，每一个都会导致不同的结果。图 12.6 展现了这一概念的一个基本例子。在这里一个交易者可以在发生的拉升中合理地做多，但是此时你可以看到我们在宏观上行走势中遭遇到了一个很显著的前期高点。

当这种情况发生时，我们有两个技术方面的考虑，以决定是退出一个交易还是拒绝在这个区域的一个新交易。首先一点，任何时候当你在做多并在判断发生了这种情况该怎么办的时候，你只需卖出一半仓位，保留另一半仓位。同样地，如果你还没有决定，放过一个新的交易总是一个更好的选择，因为错过赚钱机会总比亏钱要好。说过了这一切之后，我们现在可以看看该怎样处理这种情况，当价格达到一个前期高点，如果我们已经经过了很长的一段路，在这个宏观分析周期中我们经历了超过两到三次的尖顶，那么最好认真对待这一阻力区域，及时放弃任何新的交易，或者退出当前的持仓。这是因为在经历了很长一段路程之后，股价很容易受到前期阻力区域的影响。这虽然不是绝对的，但这是一个常识。

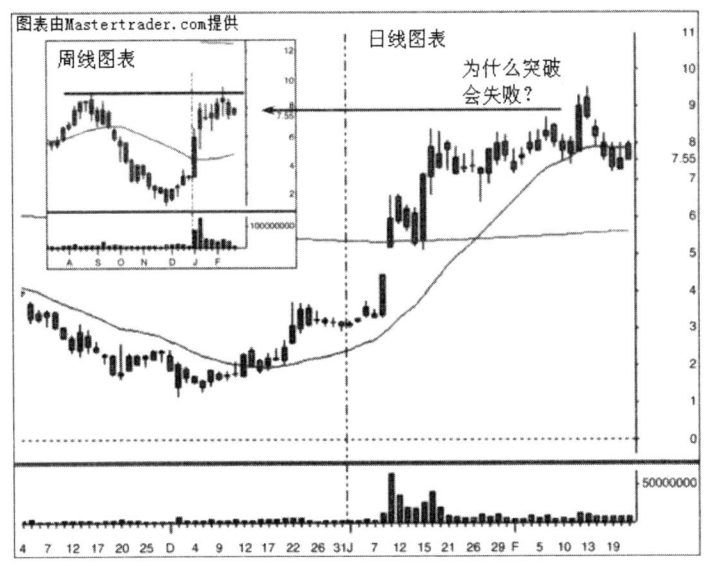

图 12.6 宏观分析周期遭遇到了一个前期高点

不过，如果我们在宏观分析周期上只是单纯地碰到了前一个尖顶的高点，那么继续做多就是安全的，因为一个上行趋势的基本定义就是创造更高的高点，也就是说，前期的高点应该会被很好地处理和攻克。

宏观分析周期可能会遭遇到的另一种类型的阻力是在它跨入更大分析周期上的下行趋势时出现的。这或许一开始听上去有点混淆，但是这个概念本身是很简单的。例如，我们在 2 分钟甚至 15 分钟图表上做多，因为它们处于上升趋势中。如果日线或者小时线实际上处在下行趋势中，此时 2 分钟和 15 分钟图表在上升，将我们带到了小时线或日线图表下行趋势中产生的一个卖出设定点，这是一个按兵不动或者卖出现有做多仓位的时刻。这听上去似乎有点耳熟，因为在本章的开头我们讨论了在当前使用的分析周期上需要检查多少层的分析周期。虽然我们决定在一个日线的下行趋势中做多一个 2 分钟的上行趋势，但这并不意味着在碰到日线下行趋势中的确定阻力区域时你应该忽视它。这似乎更多的是一种经验之谈。图 12.7 展现了一个很可观的上行趋势，它正在遭遇一个在下行趋势中应该小心对待的区域。

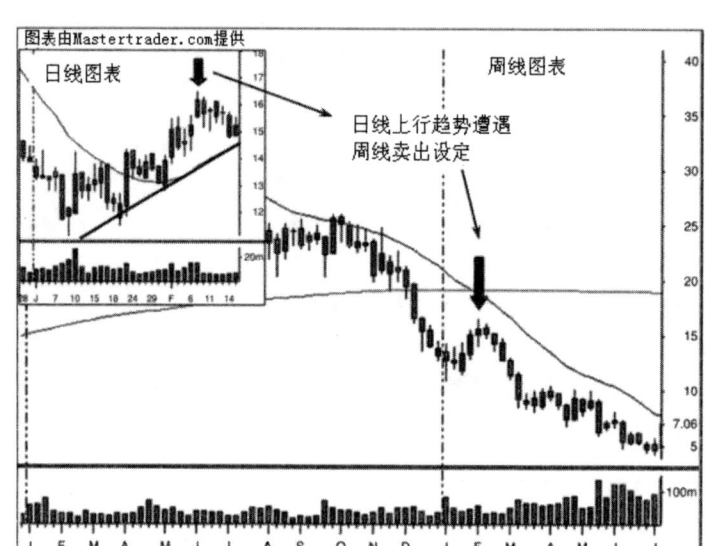

图 12.7 强势微观上行趋势遭遇到更大分析周期的下行趋势

那么,在前期高点那里继续做多还是在遇到显著下跌趋势区域的时候继续做多更安全呢?就这两者之间的选择而言,前者即在前期高点那里继续做多总是更加有利一些。在你继续读下去之前,你能想到它的理由在哪里吗?(答案很简单,你现在应该也已具备了解它的必要知识。)当你遭遇到一个前期的高点,就像在我们看过的那个例子中那样,它的价格形态依然处于上行趋势中。在一个上行趋势中碰到阻力跟在一个下行趋势中碰到阻力并不相同。下行趋势中的阻力总是应该被格外小心地对待,因为这可以让你跟随到主要趋势,这毕竟是交易的本质所在。

在宏观分析周期遭遇到阻力的时候,最后需要考虑的并不是它是怎样一种新类型的阻力,而是这一阻力的质量情况。如果你回到第三章关于支撑和阻力的讨论那里,只需注意一下那些各种不同类型的阻力,并记住那些形态较为强大的阻力是我们需要加以回避的。例如,让我们设想一个在宏观分析周期上回到前期尖顶的高点的价格形态,而那个价格区域是一个非常艰难的方形顶部,其间很多突破的尝试都失败了。这一强大的阻力类型我们之前已经讨论过了,这是可能会阻止我们创造新高的一种阻力类型。这里的情况也是一样，如果这个阻力是很强大的，即便这是一个在上行趋势中的前期高点，你还是可以坚决地卖出做多仓位，或者静待下一个介入机会。

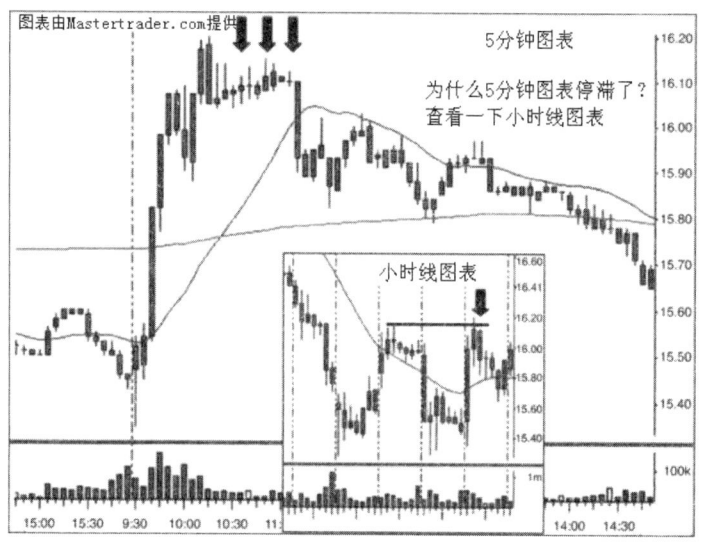

图 12.8　宏观分析周期里的强大阻力

一个强有力的概念

上面讲到的内容正好将我们带入了对一个概念的高深讨论，一旦理解了这一概念，多重分析周期当前的运用就被大大超越了。我们已经讨论过，当一个较小分析周期内的上行趋势遭遇到更大分析周期内的下行趋势的时候，我们该有怎样的期待，以及在较小分析周期的上行趋势遭遇到较大分析周期的下行趋势的时候，失败的可能性就更大。

因为更大的分析周期是我们必须小心对待的，当你有一个价格形态显示出它可能在下行趋势附近区域翻转过来的时候，有一个确认下行趋势将持续的办法，就是在较小分析周期的上行趋势失败的时候。这实际上就是将我们刚才讨论过的内容反过来看。我们查看的是为什么我们在那样的情况下不去较小的分析周期上做交易，因为它可能会失败。然而，较小分析周期的失败实际上导致了较大分析周期恢复了其原有的趋势。这就是神奇的地方。

这一概念实际上给了我们三条神奇的交易法则。第一，就像我们讨论过的那样，当较小分析周期遭遇到较大分析周期下行趋势的时候，不要继续在前者那里做多。第二，一旦我们在较小分析周期的上行趋势中失败，我们就可以得到较大分析周期下行趋势可持续性的最好提示。第三，或许也是最好最高深的一条是，我们实际上可以利用较小分析周期的失败，将它作为较大分析周期的下行趋势的介入标准。

很自然地，如果较大分析周期处在一个相应的下行趋势中，那么那个下行趋势中所触发的卖出设定就是一个合理的介入点。然而，当你有一个更成问题的下行趋势，或者你不是那么确定下行趋势究竟会在哪个点位上继续，较小分析周期上行趋势的失败常常是确认合理的做空区域的很好办法。图12.9展现了较小分析周期的失败触发较大分析周期运行的例子。

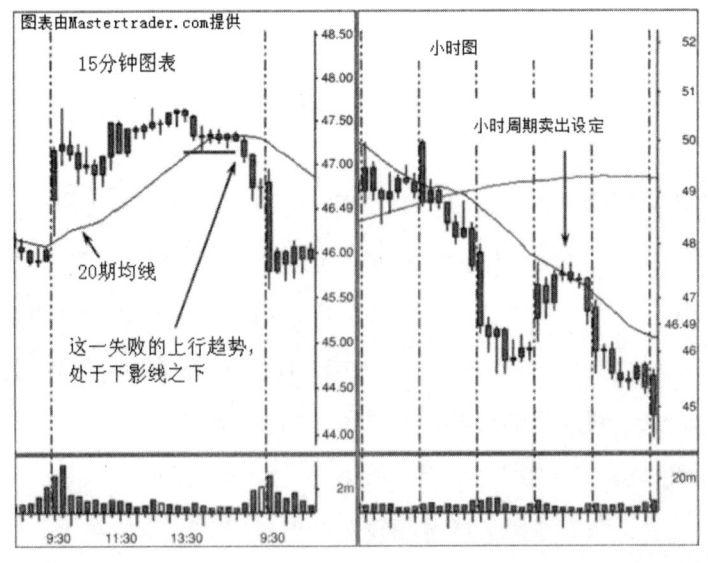

图12.9 较小分析周期上行趋势的失败使得较大分析周期下行趋势得以恢复

第十二章 分析周期比对：多重分析周期的概念

微观趋势中的预警信号

在较短分析周期内，当一个走势的衰弱发生在较长分析周期内某种危险区域中的时候，应该被谨慎对待。然而，如何处理在较小分析周期内那些一般的弱势呢？它们可不可以被理解为是较大分析周期将走弱的早期预警信号呢？

作为总的一个规则而言，它的答案是"不"，这一点在目前已经相当清楚了。记住在任何宏观上行走势中势必有微观的下行走势。换句话说，即便在较大的分析周期依然处于非常安全可靠的上行趋势中，在较小的分析周期内还是会有走弱的形态发生。所以总体而言，我们不能从"狗会摇尾巴"倒推出"狗尾巴会摇狗"，也就是说，我们不能从较小分析周期的情况自动推断出较大分析周期出了问题。

但是，还是有几种例外的情况。我想给出两个例子，来说明较短分析周期所出现的强势形态足以引起我们的重视。重视它，至少意味着在做较长分析周期时要格外小心。这也意味着，明智之举是完全避免去介入这样的上行趋势。在某些极端情况下，有些进攻型交易者甚至可能会将这些信号看成是做空的判断理由。

第一个例子是在"失败形态"标签之下的一种形态类型。运用失败形态有很多种方法，而第一种方法就用在当前这个关于多重分析周期的讨论中。这是一个相当简单的概念。它发生在你做多的时候，在上行趋势的中间出现了一个完美的牛势上涨，在突破点或者买入设定点拉升之后，空头马上接管了过去，使得该形态很快就失败了。这里最重要的一点是在以下两者之间做出区分，它是一个应该涨得更高但失败的完美的牛势走势呢，还是一个还没有准备好上涨的形态？

换句话说，如果这个形态冲过头了，或者在冲击之前的阻力区域，那么作为第一次的突破尝试，这是完全可以接受的，但是这并不意味着多头行情已经结束。我们这里查看的是那个附近的完美买入设定，就像我们期待的那样，它开始往上走，但是悲惨地失败了。同样很重要的一点是，要注意在失败之后，它并不会马上反弹超过距离突破点位一半的高度。有时候一只牛势股票会有一个剧烈的下挫，并随之马上返回。这就是所谓的"暴跌"（shakeout），这跟我们所讨论的突破失败有着很大的不同。这一类型的概念常常被简称为BBF，即突破K线失败（Break Bar Failure）。图12.10就是BBF的一个例子。

就所有这些技术分析而言，我相信如果你理解价格在图表上如此表现的原因，那一定是有益无害的。只是记住一套规则，你也就只有这套规则。而了解规则之所以形成的原因则可以帮助你发展出自己的新规则和更好的交易理念。不仅在现有分析周期上，而且在更大的分析周期上，突破K线失败都能被用于预示问题所在，其原因就是正在发生的极端熊势。当一只股票强势的时候，多头总是处于控制地位。如果形态疲软或者如果它不断扩大，那么一些熊势可能会渗入进来，而价格应该总是会折返。当一个完美的牛势行情没有能够掌控住多头的注意力时，这样的走势很可能会在将来得以持续，它就会延伸到更大的分析周期中去。重申一遍，很关键的一点就是要确保你看到一个真实的失败，而并非不过是一个价格疲软的形态。

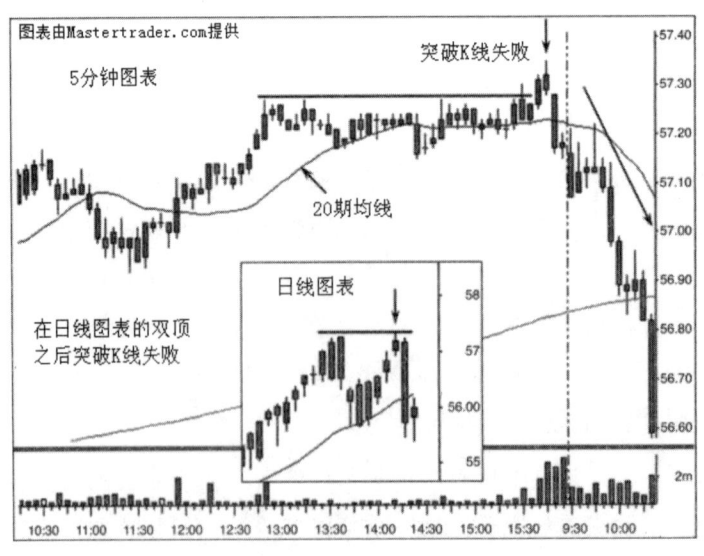

图12.10　适用于所有分析周期的一个突破K线失败

第二个在较小分析周期上给出较大分析周期出现问题的预示的例子是一个所谓的“M 形态”。M 形态是一种打断牛势上涨并预示现有分析周期及较大分析周期出现问题的形态类型。一个可与之类比的概念就是终结下跌趋势的“W 形态”。

两种应该发生的走势最终形成了 M 形态。第一，价格通常不断惯性上扬，或者轻微加速，进入最后的高点。这并不总是必需的，但是通常会出现。第二，一个相当于现有分析周期趋势的改变。换句话说，下一个上扬企图返回到那个高点，重新试探之前的高点，但是没有能够成功形成一个新的高点。那里的回撤破坏了那个始于最后拉升的尖顶，它事实上破坏了上行的趋势，将一只股票置于假定的下行趋势之中。图 12.11 展示了一只形成 M 形态的股票例子。

图表由Mastertrader.com提供

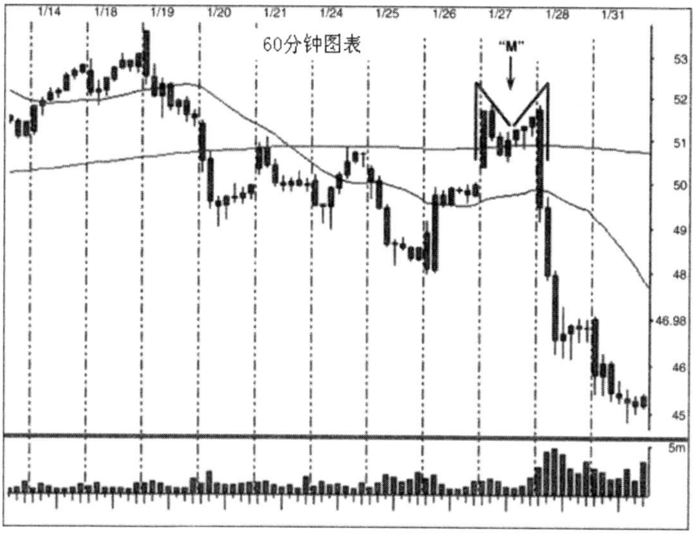

图 12.11 M 形态终结了一个上行趋势

现在正是一个提醒你始终记住一条规则的好时机。我们的工作始终是去分析所有的信息并尽可能从价格运行形态中得出我们的结论，我最近讨论的例子试图表明，一个熊势的短期形态可能喻示着长期形态的一个改变。情况并非总是如此，你必须检查手边的所有信息才能下结论。至少，你应该对此采取足够的质疑态度，如果你不确定正在发生什么样的情况，你可以静观不动。你需要更多的证据，以便实际利用这些形态并在这个时候做空股票。

还有一件需要注意的事情是，在本书的进程中，我专注于讨论价格运行于单一方向上的情况，这样可以保持行文简明扼要。在这一章中，我始终讨论的是在一个牛势或熊势宏观分析周期里的牛势微观分析周期。但是请记住，所有这些概念也都可以运用到相反的情况中。换句话说，一个闯入宏观分析周期的前期低点的微观下行趋势可能预示着下行趋势的结束。就像在技术分析里的任何事情一样，你可以搜索整本图书，用看空语汇替代这些看多语汇，这些概念依然能够成立。

隐藏的形态

多重分析周期的最后一个我想覆盖的领域就是称为"分析周期下移"（zooming down）的情形。它是指，为了对实际上正在发生的情况有一个更为清晰的了解，而将分析周期做下移的处理。

它最常用的情况之一就是当一个牛势上行趋势中的回调撤退到了一个次要支撑区域，而且看上去对普瑞斯丁买入设定而言是个绝佳机会，但还没有很好地形成一个普瑞斯丁买入设定的时候。它只有两根 K 线，或者还没有形成我们想要看到的必要形态，但依然显得牛势十足。只要这个回撤是正确的，并且我们处在一个适当的支撑区域，我们就可以为了找到足够多的 K 线以构建合理的买入设定，而下移一个分析周期去做观察。图 12.12 描绘了一个牛势分析周期中回撤但未形成合理的买入设定的例子。这个更小的分析周期实际上形成了一个良好的普锐斯丁买入设定，从而推高了股票价格。

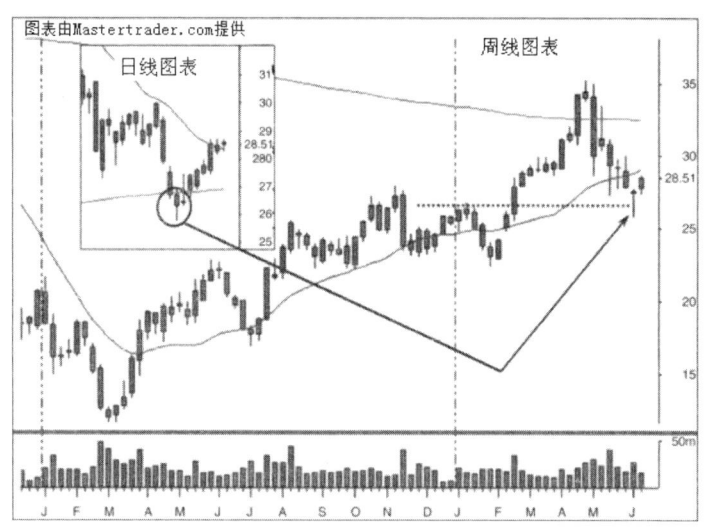

图 12.12 利用日线图表进入周线图表中的无序回撤

我们使用隐藏形态的另一种情况,是在当前的分析周期中产生了一个非常宽幅的 K 线使得介入或退出极为困难的时候。宽幅 K 线可能会产生一个很大的止损点,如果从其他方面看这一设定点是较为合理的,那么就有必要通过分析周期下移去找到一个更好的介入点。在这种情况下,"更好"这个词就含有"更精确"的意思在里面,并不一定是"更高概率"的意思。当我们在做分析周期下移的时候,我们实际上就是在做交易中最为古老的交换之一。我们为了更高的回报-风险比率而放弃了某种程度的可靠性,这是你在交易中始终会发现的一种交换或代价。

图 12.13 展示了一个很好的普瑞斯丁买入设定,但是问题在于,最后一根 K 线太宽了,以至于在那样的宽幅 K 线上等待介入会给我们一个很宽幅的止损点,这种交易的回报-风险比率就会更低。但是请注意,这一形态也是一个可靠得多的交易,因为这样一个形态很难会在一根为了抵消那根大阴线而必然形成的阳线之后半途中止。当概率开始变得偏向于安全性而不是回报-风险比率的时候,我们可能就想要下移一个分析周期并在那个更小的分析周期内所发生的普瑞斯丁买入设定那里做交易。

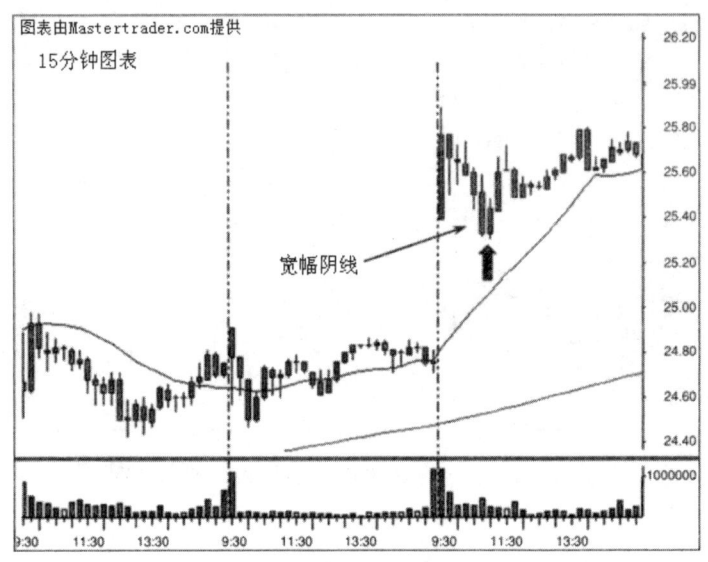

图 12.13 15 分钟线图表上形成的带有一根宽幅 K 线的普瑞斯丁买入设定

图 12.14 是同样的形态显示在更小的分析周期上，给了我们一个具有合理回报-风险比的介入点。当然，这里的代价就是，在更小分析周期上更早地介入，因为还没有抵消那根大阴线，它就有更大的机会半途停止上涨。

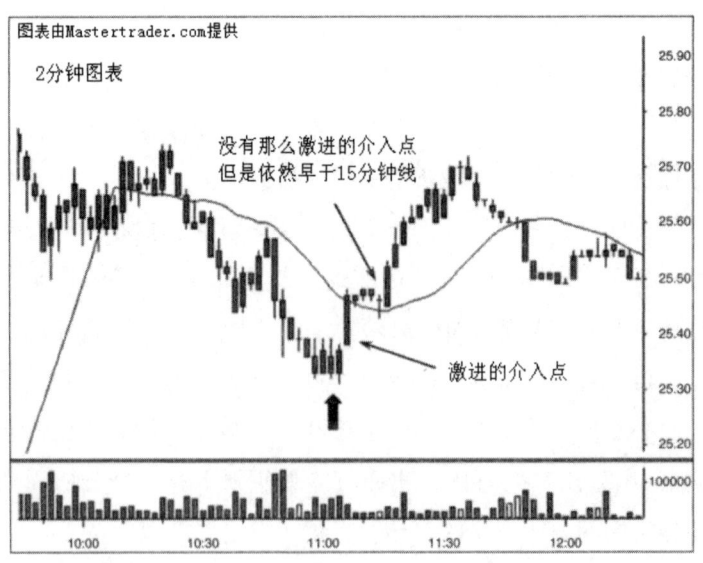

图 12.14 图 12.13 的 2 分钟图表提供了一个更好的回报-风险比

发现隐藏形态的另一个时机是当现有分析周期看不清而更小分析周期形成了一个拥堵区域的时候。有时候现有分析周期表现出一个回撤遭遇了一些微弱的阻挠，但是分析周期下移之后，我们看到其间发生了一个严重的失败，或者至少是一个非常拥堵的形态已经形成，减少了我们做多的胜算率。请参见图12.15，在图上我们看到一个有点拖沓但是还可以接受的回撤。

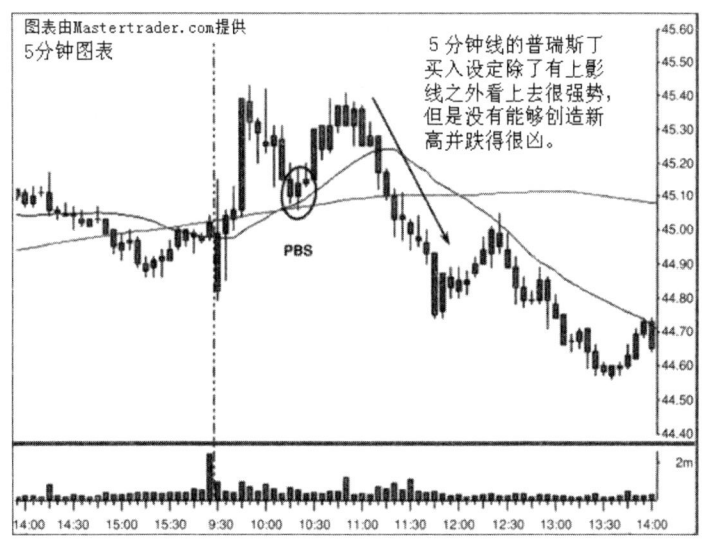

图12.15　有点拖沓的回撤

而图12.16显示，这个形态中的阻挠实际上要比它在原有分析周期内看上去更为严重。通过下移一个分析周期，我们看到了一个更为拥堵的形态和一个已经发生的失败，降低了下一波可能上涨的概率。

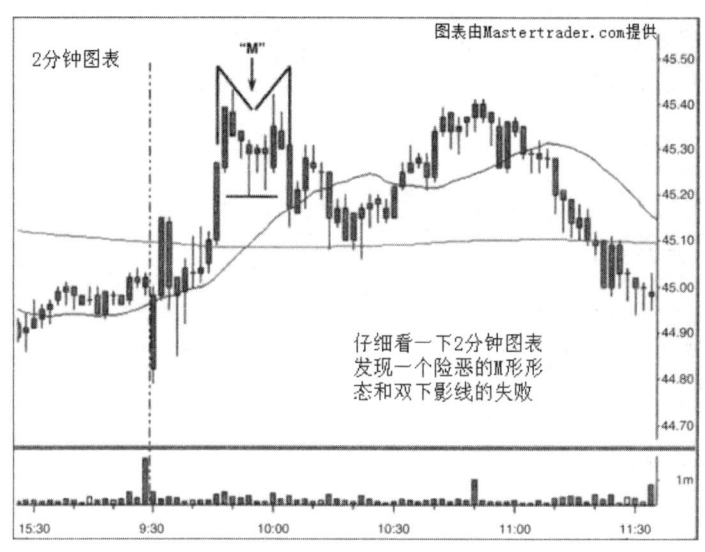

图 12.16　在更小分析周期上显示出更多的拥堵

本章小结

一旦你了解了价格运动的基本概念，利用多重分析周期分析就成了增加你每一次交易胜算的最佳方式之一。利用多重分析周期分析能够让我们做到几件重要的事情。它可以让我们始终与趋势保持相随相从的关系。追随趋势是技术分析中最为基本也是最为重要的一个概念，我们常常在查看较小分析周期的时候丢失了面向更大分析周期的视野。多重分析周期分析可以让我们在见到树木的同时也看到森林。

多重分析周期分析还可以让我们有能力通过周期下移去透视表象背后的事实，从而更好地观察当前的价格形态。在价格形态的知识基础上增加多重分析周期的概念，你就可以开始进入交易技术的更高层面。

在我们结束这一章的时候，你应该对之前所学的知识有了一个更加综合而全面的认识。我们将在接下来的几章中讲到几个非常重要的概念，下面一章，是我最喜欢的一个主题：让失败为你工作。

第十三章　让失败为你工作：

识别形态何时失败

　　你或许会感到奇怪，专门辟出一章来讨论失败有什么意义呢？如果你已经读到这里，很显然，你一定明白，不管你使用的方法有多么精确，不是所有的形态都会按部就班地展开的。投资股票始终是一件讲概率的事情，我们只是在每一次交易中尽可能将更大的胜算率把握在自己手上而已。所以，有些良好的形态可能会失败，那也正是我们会设置止损点的原因。如果我们始终能够在获利交易中最大化可能的赢利，并在损失交易中通过最初设置的止损点将损失限定在预期的范围内，只要我们选择交易的理由有说服力，那么我们就一定是优异的交易者。既然止损点是我们的出错保护措施，我们还有必要去讨论失败吗？这有几个方面的理由，我们将在本章中就此进行讨论。

　　首先，从心理上来说，在我们介入一次交易之前就决定在什么样的点位上将那个形态判定为失败是一件好事。这个决定有助于我们接受止损点，并在看不到形态恢复的希望时退出交易。那些总是期望形态恢复的交易者最终会变成亏钱的交易者。在介入交易之前，就界定在什么样的点位上可以判定形态失败，这样的做法有百利而无一害。请参见图 13.1。

　　第二点，基于类似的理论，当一次特殊的投资中断的时候，它并不一定意味着那个实施了的策略失败了。举个例子，我们或许期待股票在某个价格区间稳住，就在价格第一次开始上行之时，那个走势失败了，投资也根据在它启动时所采用的小幅止损点而中断了。然而，股票第二次的拉升很有可能成功。如果你通过分析周期下移去寻找介入点，你会发现这种情况常常会发生。例如，你希望在 60 分钟线图表的普瑞斯丁买入设定那里买入股票，你通过分析周期下移到 5 分钟线去寻找合适的介入点，而这个 5

分钟线可能就会使得你的投资发生中断，而60分钟线的普瑞斯丁买入设定最终显示却是成功的。这是否意味着你的整个策略是失败的呢，或者仅仅是第一次介入的尝试失败了？了解这些区别很重要，那样我们就能知道是否可以重启最初中断的交易。

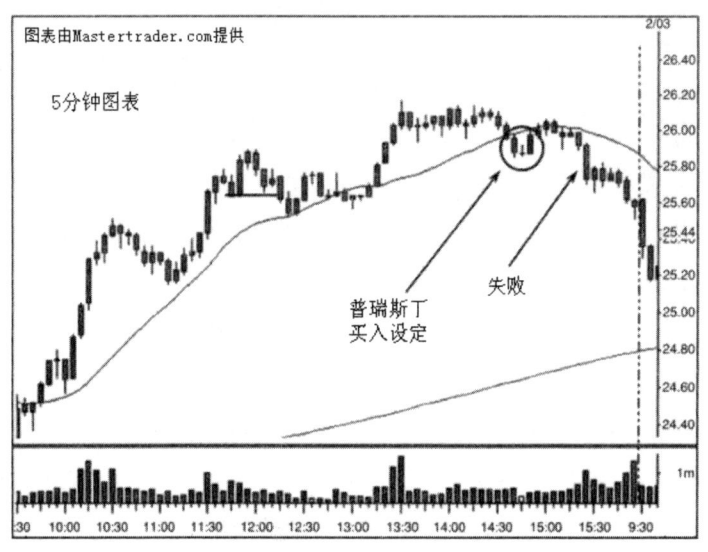

图 13.1　一个失败了的形态在"错误的"方向上急速走低

第三点，有时候出色的形态确实会失败，这种情况告诉我们，事情或许正在发生改变。趋势是我们的朋友，因为它很可靠，但是趋势也会发生改变。趋势改变的最佳信号之一就是趋势不再追随原有的典型形态，其走势难以为继。听上去这似乎是显而易见的，但是在适当的时间点上注意到失败可以帮助你在一个新的方向上找到新的投资机会。同时还要记住，在讲述多重分析周期的第十二章中（在讨论M形态、W形态和K线突破失败的时候），我们指出过，在较小分析周期上的失败有时候可能喻示着在较大分析周期上的失败的开始。不管我们是不是失败的受害者，我们依然想要能够从失败告诉我们的信息中去获取利益。从一次客观的失败那里开始的走势常常会建立起一个经受过检验的走势，这一点我将在本章稍后做详细讨论。

当我们通过像这样的失败进行投资时，我们可以通过以下两种不同的方式获取收益：

首先，我们感觉到失败将要发生，透过这样一个事实，我们实际上是在正确的方向上投资这只股票。

第二，因为许多人最终会在这次投资中失败，我们将通过触发交易者大量止损而在那个方向上获利。

我们将会从交易者止损点那里参与获利，而不是止步不前。这些主观的失败也可以设立一个经受过检验的走势。

是投资停止了，还是形态失败了？

就定义本身而言，任何时候一个形态失败，交易应该已经中断。但是，是不是每次交易中断，都意味着那个形态失败了呢？或许这只是用语上的不同，但是答案是否定的。理论上，某种失败已经发生了。那个特殊的介入点失败了，但是根据这样的信息我们还不足以判定形态失败了，我们应该在一个不同的方向上投资这只股票。

有时候当一只股票往上走出现问题的时候，它就只是横盘走。以下两种说法有着很大的不同，一种说法是，一个形态失败了，我们应该随它去，不去碰它；另一种说法是，一个形态失败了，所以让我们用另一个走势去处理它。需要检查的一个方面是去看看这个失败是否具有一个可交易的悬空区（tradable void），换言之，就是那个相关的支撑区域破位了，在其左侧附近的价格支撑区域不复存在了。

在图 13.2 中，你可以看见，在强势支撑区域有了一次投机，但是那个形态没有能够守住支撑位。我们所在的分析周期实际上失败了，那个回撤已经到了一个我们不再有兴趣做多的地步了。这是一种我们没有兴趣做多的失败类型。注意，在图 13.2 中，缺少支撑等于是说，在那个股票试图拉升的区域之下存在着一个可交易的悬空区。

在图 13.3 中，我们看到一个不一样的情况。这只股票企图在支撑区域的上部拉升，并且在较小的分析周期上触发了一个买入设定。当那个介入点失败的时候，这只股票下跌了。那里有一个悬空区，但那是一个小小的悬空区。从较大的分析周期看，这只股票守住了支撑区域。同样，如果投资策略是基于较大的分析周期的，那它就没有失败、只是在较小分析周期上的早期介入点失败了。

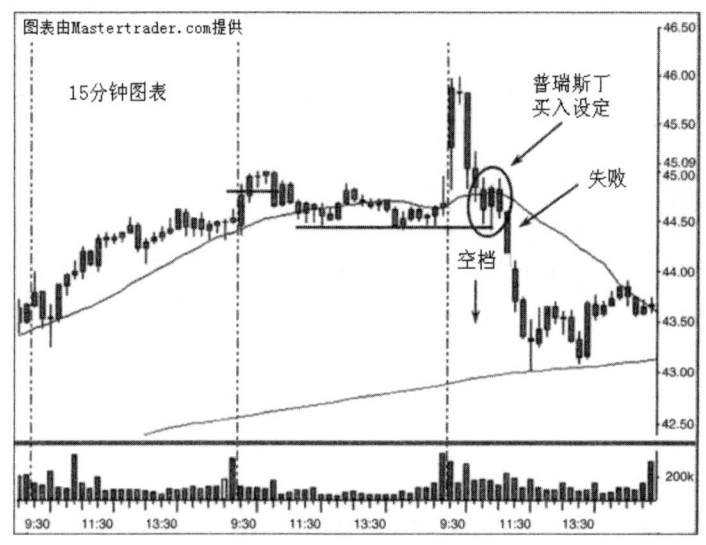

图 13.2　我们投资所在的分析周期失败了，附近找不到支撑位

同样，我们依然处在较大分析周期的支撑区域之上，或者，换句话说，在这个区域之下并不存在有一个可交易的悬空区。

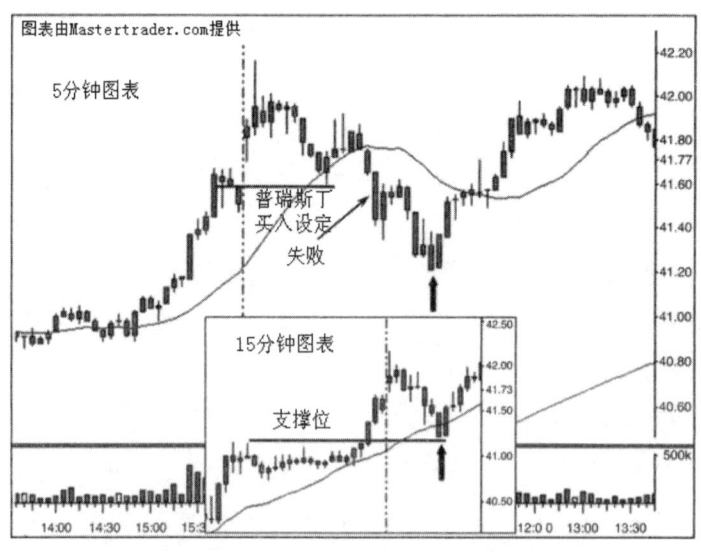

图 13.3　这个失败在较大分析周期上并非真正的失败

当良好的形态失败的时候

自始至终，我们都必须接受任何时间在市场中可能发生的任何事情。作为交易者，我们始终期盼着胜利的天平向着我们一边倾斜。但是即便我们胜券在握，形势对我们有利，依然还是会有这些胜算没有在实际运行中表现出来的时候。所以，优异的交易者的第一项品质就是要理解和接受任何事情都可能发生的事实，同时，当交易没有像预想的那样展开的时候（甚至在极为有利的情况下），去做出合理的反应。虽然趋势是我们的朋友，但是也必须明白，没有一个趋势会一直持续下去。如果趋势确实最终发生了改变，那么它就喻示着现有的趋势在某个时间点上会失败。如果我们在趋势失败的那个时间上还持有这只股票，我们需要相应地撤出我们的仓位。你可以参看图13.4，这次投资似乎处在一个很好的趋势中，而失败的结果则是趋势的方向发生了改变。

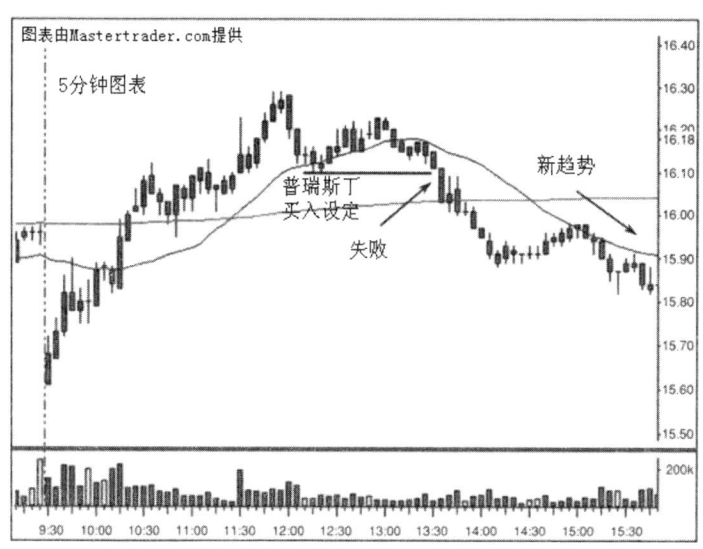

图 13.4 这个失败实际上导致趋势的方向发生了改变

在这样一种情况下，如果你顽固不化，不接受所发生的事实，那么作为一个失败的结果,当股票的方向发生改变的时候,你将会痛苦不已。走出这一处境的唯一合理的时间就是在当初的这次投资失败的时候。当一次不错的投资失败的时候,该做的第一条也是最重要的一条规则就是接受这个失败并退出来,要明白总有出乎意料的时候。是否应该在另一个方向上做投资需要看时机发生的情况。当一次交易失败的时候,假设一个新的趋势即将开始是一种不明智的想法。常常发生的情况是,股票价格以一种令人迷惑的形式横盘而行,试图创造新的支撑位或阻力位。

你是否具有一个新的策略,将决定你是否在新的方向上做一次新的投资。换句话说,或许较大的分析周期进入了阻力位,或者当前的走势变得尤为漫长。这些情况可以形成一些策略,让你可以在之前的趋势被打破的时候马上采取相反的立场。如果没有像这样的事情发生,那么一般来说最好还是等待,直到你形成了一个新的策略:让新的趋势在新的方向上展现出来,开始在新的趋势上投资。许多趋势在它们发生改变的时候会形成很繁杂而散漫的形态。

良好的形态之所以失败实际上有多个原因。一个非常常见的原因是在一天中错误的时间段操作股票。持续往一个方向走的强劲拉升在进入午休时间后常常会无法持续那个趋势(参见图13.5)。另外,大幅上扬在进入反转时间后常常会改变方向,也可能打破之前的趋势。

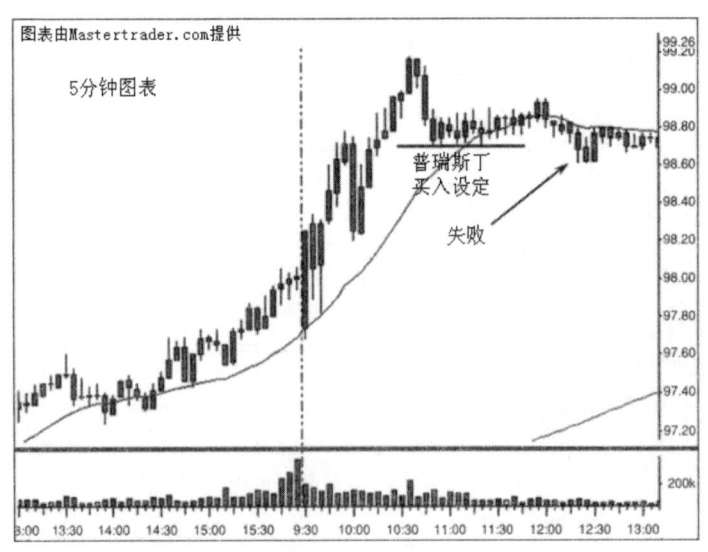

图13.5 午休时间的萎靡不振导致下一个回撤的失败

良好形态失败的另一个常见原因是在一个过度延伸的形态上操作股票。在之前的两章中我们讨论了在一波行情之后的放量或者宽幅 K 线常常可能喻示着当前走势的终结，因为这些行情成了最后一拼，耗尽了最后一批买家或者卖家。在这些行情之后的第一个回撤常常会失败。图 13.6 就是这样一个例子，它表明，一个过度延伸的走势无法再次拉升，因为买家都已经耗尽了。你应该能够认出这些形态，并且预计到这些失败（如果我们决意要称之为失败的话）。

同时，也请记住我们在第三章关于支撑和阻力的讨论。当股票形成非常艰难的尖顶区域的时候，价格常常很难超越那些尖顶，这就可能导致形态的失败。在上行趋势中，如果股票上行乏力，形成了一个圆形或方形的顶部，那么下一次回撤在拉升的时候可能就不能创造新高。图 13.7 展示了一只股票因为之前的参照点是一个拥堵区域，所以无力持续现有趋势的情况。

当我们确实具备了一个清晰的策略来投资这个新的趋势时，我们常常会发现在新方向上的第一步走势是一个对等走势（measured move）。让我们看一下一个随着较大分析周期进入阻力区而预期到较小分析周期失败的时候可能做出的投资。在图 13.8 中，你可以看到，只是因为较大分析周期不再处于一个清晰的趋势中，原有分析周期上的趋势就被打破了。这导致较小分析周期的失败，此时出现一个等同于失败走势距离的走势并不是一个罕见的情况，我们把这个情况称为对等走势。对等走势既可能发生在那个失败难以预计的情况下，也可能发生在那个失败很容易预计的情况下。

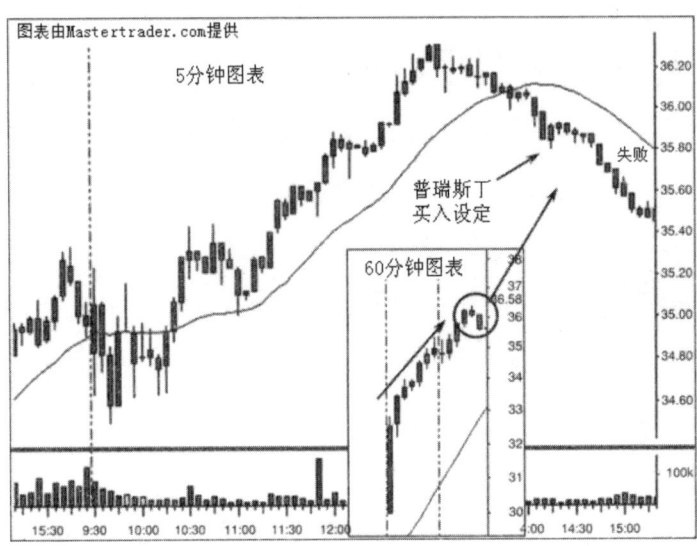

图 13.6 耗尽行情常常意味着下一个拉升会失败

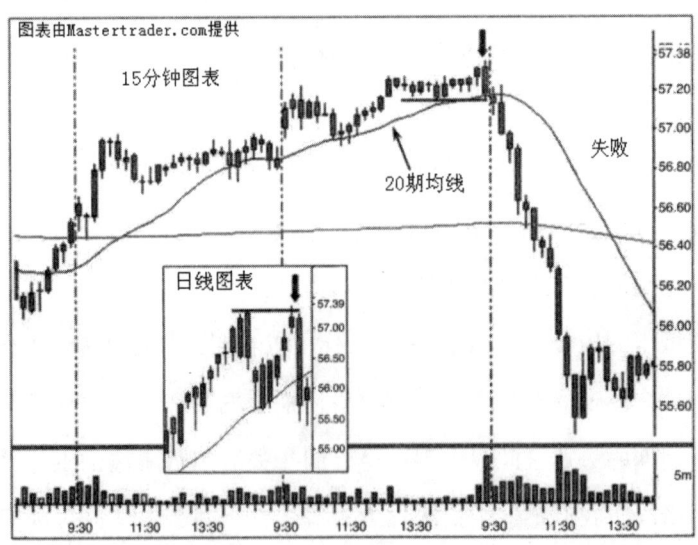

图 13.7 之前的拥堵形成了一个艰难区域，使得价格很难走得更高

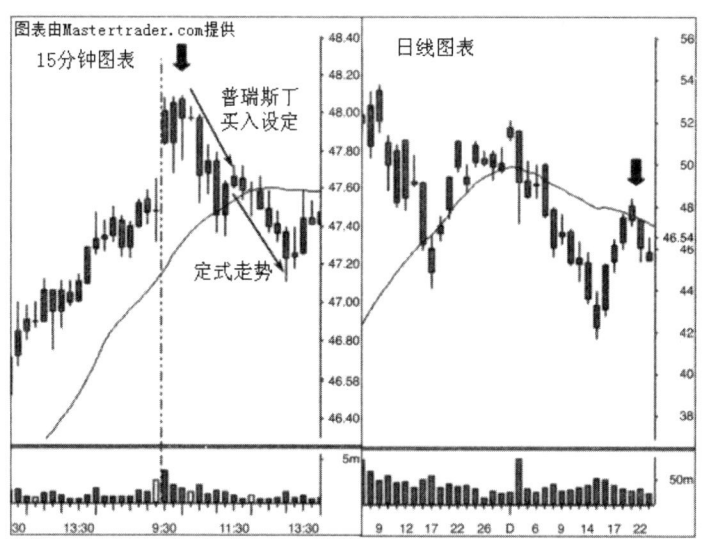

图 13.8　较小分析周期失败，导致一个下行的对等走势

很自然地，这里讲到的情况也包含一些说辞上的歧义，因为如果出现任何一种这样的情况，多少我们都应该预期到形态将会失败，所以它也不是一个好的形态。唯一真正令人惊讶的失败就是那些本来完美的形态，它们失败的原因我们永远也不能理解。任何时候都有各种问题可以影响到趋势的延续，一个形态会变得越来越可能失败，人们对其失败的预期也会越来越大。在某些点位上，这个形态可能变得很糟糕，它的失败就成了显而易见的事情。在这样的一些点位上，某些形态被预期会失败，因为只有新手才会对它们有所指望，而好的交易者只会利用失败并从中获利。

利用可预知的失败

当市场表现平平的时候，这个市场就是一个零和游戏（实际上，将佣金和耗损考虑进去，它就是一个负和游戏），也就是说，赢利的总和等于亏损的总和。有时候，一个亏损的交易者是一个好的交易者，他站在胜算概率更大的一边，但是那个胜算最终没能实现。然而，更多时候，这些亏损者常常是那些没有什么市场经验的人。这些交易者常常凭直觉行事，而没有什么真正的策略可言。他们依赖于那些从直觉上看有利的事情，但是他们的判断很少是正确的。这个市场是弱肉强食的，没有经验就会亏钱。大多数亏损的交易以及大多数亏损的交易者都是依赖于那些没有得到合理运用的信息，比如那些主观指标。那些有经验的交易者实际上可以在形态失败之时从中获利。

上述的第一个例子来自在下行趋势中的弱支撑位上做投资。不管他们意识到还是没有意识到，许多交易者具有一种不变的牛势偏好。他们总是在寻找机会买入那些下跌的股票，即便它们很可能还会继续下跌。图 13.9 为我们展示了股票在下行趋势中遇到它前期尖顶低点的时候试图反弹的一个例子。一个有经验的普瑞斯丁交易者知道，这个前期尖顶低点预计会失败，因为价格处在下行趋势中。前期尖顶的自证预言常常会制造一个小小的反弹，当交易者进入这个点位做多的时候，他们注定会失败。当交易者纷纷开始止损的时候，有经验的交易者可以做空，并从那些错误的多头所触发的止损点位上获利。

第二个例子涉及那些我们之前讨论过的主观指标。主观指标常常让交易者找到借口在没有真实的价格支撑的时候去做交易。许多交易者将主观指标看成圣杯一样，那样他们就不用真正去学习和领悟价格的运行和表现。这方面的例子很多，但是最为常见的一个例子就是将移动平均线视作支撑位。说到支撑，200 期移动平均线或许是最为周知也是最可能成为自证预言的一个支撑概念。人们这么相信它，以至于没有其他原因，就是因为这条平均线在那里，就会引起一只股票的反弹。但是，如果 K 线左侧没有切实的价格支撑，那个反弹只会是暂时的，移动平均线所能提供的只是下挫中的暂时解脱。经验不足的交易者会在 200 期移动平均线之上股票反弹的时候做多，而有经验的交易者只会在这个反弹上做空（参见图 13.10）。

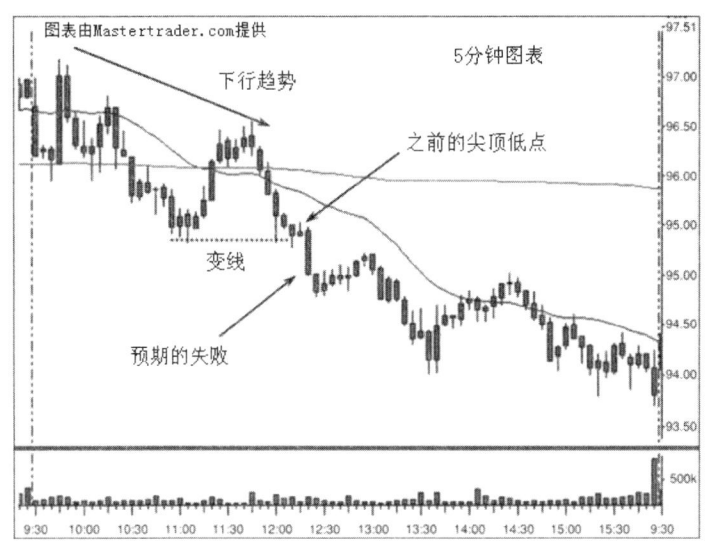

图 13.9　前期尖顶低点并没有提供任何真实的支撑

这里可能依然会有一些说辞上的歧义。对一个普瑞斯丁交易者而言，我们现在兜了一个圈子，回到了这样一个点上，所以这些都不是真正的失败，因为我们知道它们会失败，我们就在那个新的方向上投资。这些情况也是最具有玩味性的，因为我们实际上是在更有胜算的一边做投资。

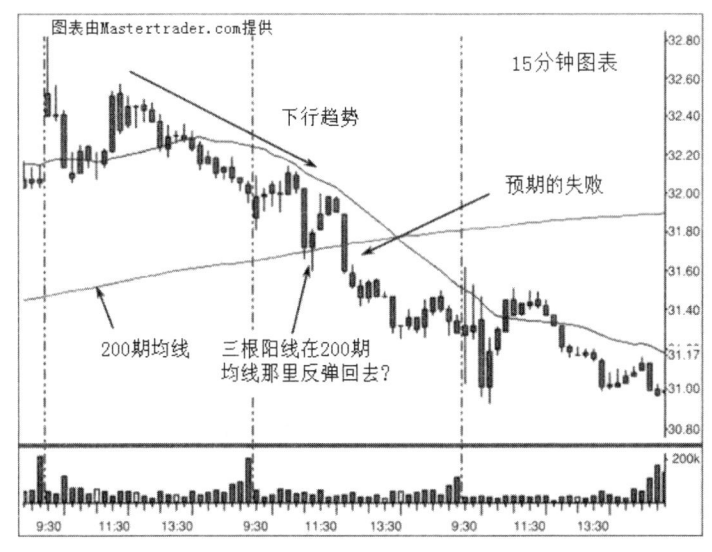

图 13.10　200 期移动平均线只能提供一个暂时的反弹

意料之中（或者意料之外）的失败

很显然，有些情况是模棱两可的，我们无法看清那个时刻价格将下跌还是上涨。所以，我们也不知道是该期待这个形态失败呢还是成功。那么，我们该如何处理这些模棱两可的情况呢？有两个办法：

1. 有一句古老的谚语，我们可以将它看成是一条很好的交易规则：失去赚钱机会总比亏钱要好多了。这句话跟我们的一条主要交易概念是一脉相承的，本书也多次讲到过这一点："如果清晰的可交易形态不存在，那就放过这个交易。"虽然本书花了很多力气为你展示了各种各样的价格形态，但请最好记住"实际的交易应该建立在最为清晰和最佳成形的形态之上"。如果你不确定正在发生什么事情，那就站一边不要介入。在这么多的股票和交易市场以及各类分析周期中，总有出色的交易等你去介入。

2. 为了更好地分析某一个失败是如何形成的，我们可以运用K线比对的技巧。如果形态开始失败，但是不清楚这个失败会发展到什么程度，那就评估形成的每根K线，并根据价格形态的发展继续重估获利的概率。同时，这也可以帮助你确定何时是一个退出坏交易的合适时间，退出那个曾经的好交易，站在一边，或者在一个新的方向上做新的投资。

本章小结

记住，在市场上任何事情都有可能发生。毫无异议，许多事情会一再地发生，成了一个高概率事件，这就给了交易者巨大的获利空间。关键在于辨识并追随这些事件，并只在它们出现的时候采取行动。记住，最失败的形态实际上是交易者期待的落空。最初的形态是由一个相信会发生一些什么的信念所创造的（不管这最初的信念是有根据的，还是空穴来风），而现在发生了意料之外的事情，这就迫使交易者以某种方式做出反应。我们优先研究失败的形态是因为它是一个出色的心理上的工具，它可以强化我们退出一个不再符合预期的交易的决心。预先界定这样的时刻并且了解什么时候我们的预期落空了可以帮助我们在恰当的时间以恰当的方式做出反应。

不管一个趋势是如何强势,所有的趋势都会在某个时点上走到尽头,我们聚焦失败的形态是为了让我们注意到一个趋势或形态正在发生改变。趋势没有能够按照我们所期待的那样运行,这是趋势在改变的第一个信号。知道要远离那样的趋势,或者,准备好在新的方向上投资,对交易者是很有好处的,通过了解好的形态是如何失败的,我们可以做好这样的心理建设。

有些交易者认为的失败可能是其他一些更有经验的交易者非常期待的结果。通过注意那些由于对技术分析没有完整理解而引发的错误动作,或者通过运用主观指标,我们实际上可以为自己创造新的机会,在其他交易者感觉失败已经发生的时候,我们却在正确的方向上做投资。通过掌握失败这一概念,你丰富了自己的交易维度,将你的交易水平带向了一个新的层次。

不管怎样,我们已经在关于如何找到最好的交易这个问题上做了全方位的讨论,现在该是时间讲讲进入交易之后该怎么做的问题了,也就是如何管理好自己的投资,对于赚钱而言,这或许是最重要的话题之一。它就是第十四章所要讲到的内容。

第十四章　管理好交易与头寸：

缺失的一环

作为一个交易者，在你不断成长起来的时候，你会变得越来越习惯于技术分析，也越来越了解价格是如何以一种可预测的方式运行的。在阅读图表时，当看到走势按照你所设想的那样运行时，你赢得了自信。了解价格的运行方式需要你花费时间去接受教育，也需要你的实际经验，但是这一切都还是在一个每个人都可以学习的层面上。毫无疑问，老师的素质和教育的质量决定了你在阅读图表方面学得有多好。

在获得了适当的图表阅读经验之后，做好交易的下一个目标就是管理；也就是，如何将图表上的一个价格运动最终变成你银行户头上的一笔钱款。交易管理中的第一个主题就是如何管理好头寸，这里涉及几个不同的层次，我们将在本章中加以讨论。如果你在自己的亏损交易中亏掉了一大笔钱，而在你的盈利交易中只赚到了一小笔钱，那你就很难成为一个成功的交易者。

接下来就是管理交易的能力。这里我们也会有几个交易者可以不断深入的层次。整体的目标是在大的价格运动发生的时候抓住它们，同时在你的投资已经获利最大幅度的时候，也不要放弃那些有意义的获利空间。就像所有的交易一样，这里面当然也包含一些艺术性的成分。但是，其中也有一些相当可控的规则可以引导你做好对交易的管理。

管理头寸——股份数

当一些人没有受过培训就来到这个市场上开始几单交易的时候，他们的头脑中很可能没有什么头寸管理的概念。根据自己账户的大小，他们或许对此有一些模糊的认识，比如应该投 100 股、1000 股、2000 股或者 5000 股，但是他们这样做的背后看不出有什么节奏和理由。在某些时候，他们可能会明白，他们的股份数不仅应该跟账户的大小有关，也应该跟自己所做股票的价格有关。一只 5 美元的股票在运气好的那一天里或许涨了 20 美分，而一只 150 美元的股票或许上涨个几美元也没有什么问题。买入同样数量的这些股票，结果却会大不相同。但是，虽说这是正确的一步，但还远远不够。

作为一个交易者，在你去学习和运用头寸管理的这几个概念之前，问自己这样一个简单的问题："如果你发展成了这样一个交易者：你的盈利交易要比亏损交易多出一定数量，而且你所有盈利交易的获利百分比要高出亏损交易很多，这是不是就意味着你是一个赚钱的交易者呢？"这可能会让你惊讶，但答案确实是否定的。这是因为交易者将大部分的头寸投到了最终亏损的交易上去了。

如果你盈利的交易占了很大的一个百分比，而所有那些盈利的交易在图表上都有较大的运行幅度，但如果你在这些盈利交易中占有的股份数量很小，你的银行账户上也不会有很多美元进账。同样，如果你投入相当大的股份数量，但是大部分卖出得太早，只抓住了走势幅度的小部分，那你也不会有多大的获利。不久，如果你对某一个交易特别有信心，而最后它让你亏掉了，你的很大一部分股份数量或许最终就变成了亏掉的美元，将你的盈利交易都抵销掉了。读到这里，许多交易者或许都回想起自己经历过的这样一个现象：你感觉自己是一个盈利交易者，因为你做对了很多交易，但是一两个亏损交易抵销了你所有的盈利交易，你的盈利额回到了负数。

要避免这种情况，有一个办法就是确保每一个类似交易的亏钱数量大致相同。这一点保证了所有的交易都是同等的，这有许多好处。首先，当所有交易都是同等的时候，你就可以以同样的方式去管理它们，而不会厚此薄彼。当一个交易包含更高的风险的时候，交易者往往会以不同的方式去管理它，将它过早地卖出。第二，关于当天一个账户的管理问题，我们将要讨论其他一些情况，而如果每个交易亏钱不同，那么这些情况就很难处理。第三，可能也是最为重要的一点是，如果你追随一个交易计划并且只介入高质量的交易，那你就很难为自己的厚此薄彼寻找借口。所有的最佳交易都必须担负合理的风险，而低质量的交易根本就不应该介入，这就叫作股份定量。

分配股份，让所有相似的交易都有相似的风险只是数学上的一件简单事情。当我们介入一个交易时，我们介入这个交易的确切价格，我们失败后退出一个交易的确切价格，以及我们获利后退出交易的大致区域，基于这些点位，我们对介入价格和退出价格之差总是能了如指掌。让我们举一个例子，比如，我们将介入一个做多的交易，我们愿意在这个交易上冒300 美元的风险。如果我们在 20.50 美元的价位上介入，并在低于 20.20 美元的价位上止损出局，那就是一个 30 美分的差距〔从技术上来说，即便你介入和退出时没有任何耗损（slippage），也将会是 32 美分，但是为了简便起见，我们还是用 30 美分这个数字〕。图 14.1 为你展示了可以用来进行计算的方程式。

图表由 Mastertrader.com 提供

$$\frac{\text{你预设的美元风险额度}}{\text{止损的亏损额度}}$$

例如：
风险额度=300.00
介入点=20.50
止损点=20.20

$$\frac{300.00}{(20.50-20.20)} = 1000$$

图 14.1　如何计算你的股份数量

你可以在图 14.1 中看到，你可以购买 1000 股，如果不将耗损和佣金计算在内的话，在止损的时候你将亏损限定在 300 美元。通过使用这个简单的数学公式，你确保所有类似的交易在遇到止损的时候有一个相同的亏损额。注意，我所说的亏损 300 美元没有将耗损和佣金计算在内，耗损的意思是在你想介入的时候股票的价格发生了变动，因为在你想要的价格上没有足够多的股份提供。例如，如果你想在 22.50 美元的价格上购买 1000

股，而市场上只有 300 股挂在 22.50 美元的价位上，你只能买到 300 股。剩下的股份数你只能付出更多的股价去购买，或者你一直挂在 22.50 美元的价位上碰运气，很有可能一直买不到。如果你提交一张在止损位上放弃的市场订单，那么你可以在 22.50 美元上买到 300 股，其余的要看市场供应情况。那意味着你或许会支付 22.51 美元、22.52 美元甚至更高的价格才能买到其余的股份。你所支付的额外数量就叫作耗损。

在核定股份数量的时候，你可以有两种不同的方式来计算耗损和佣金。最简单的方法就是使用一个比你真正想冒险的数值稍微低一些的数值进行计算。例如，在上述例子中，如果每单交易你想冒险的数量是 350 美元，那就用 300 美元来计算股份数，这样加上平均耗损和佣金，你的整体损失就会低于 350 美元。另一个方式就是根据你在每个股票上愿意付出的耗损而给出一个额外的数值。换句话说，在上面的例子中，如果那是一只非常活跃的股票，你预计它会在买入和退出的时候平均多支出 4 美分，你可能就会将整体止损的数值界定为 40 美分，其中包括介入的耗损和退出的耗损以及几美分的佣金。了解了这种情况，你就知道不同的交易会有不同的风险数值，就像你可以猜到的那样，不同类型的交易使用不同的风险数值是可以接受的一种做法。接下来，我们来看看为什么我们可以改变风险数值。

首先，不同的分析周期可以为不同的风险数值找到理由。很明显，一个每月或每三个月介入一两次交易的核心价值交易者（core trader）在每个交易中采用的风险数值就很可能要比起一个每个小时做三四次交易的频繁交易者大多了。对交易者来说，根据核心价值交易、波段交易、日交易和频繁交易所依赖的不同分析周期设置不同的风险数值，这并不是一种罕见的做法。

另外一个你可以用来合理增加交易的风险数值的理由是其发生频率。或许你对一个日交易投资有一个非常可靠的策略，而它只在每一周或两周才会发生一次。如果你对此有一个轨迹记录，证实这是一个精确的交易，你希望更多地做这样的投资，但就是没有机会，因为它出现的频率不够高，当它确实发生的时候，你在这样的交易上冒更大的风险就是可以接受的。对那些喜欢在早上做缺口交易的交易者来说,早上的缺口交易就是这样的一个活生生的例子。有些缺口投资是相当可靠的,但是它们并不会经常发生。图 14.2 就是这样一个有力而罕见的交易的例子,如果你能够精确地按照策略交易,你就有理由在每个交易中冒更大的风险。

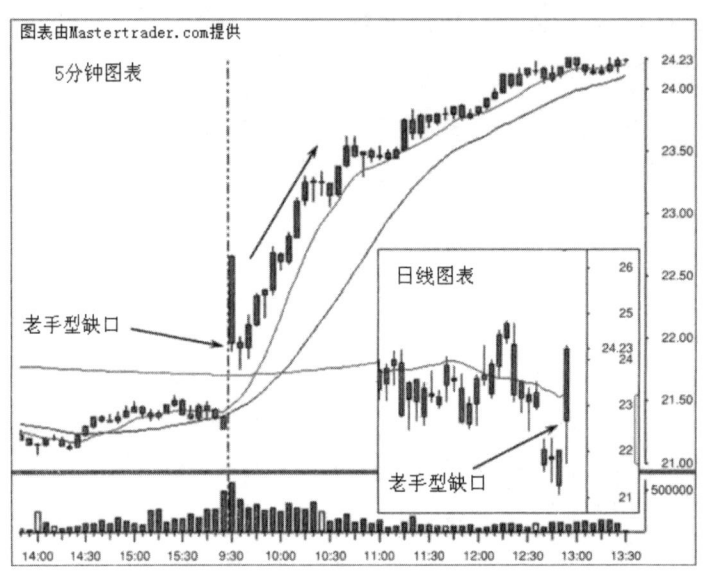

图 14.2　罕见的缺口投资引发了一个可靠的大幅走势

还有最后一类允许你在一个交易上增加风险的情况。这种情况只适用于那些颇有建树的交易者,他们可以通过策略去追踪和记录交易情况,并且已经证明一个很好的界定清晰的策略有着格外高的成功率。这跟其他那些在狂热的当下决定冒更高风险的交易者(他们当时会觉得这是一个很棒的交易)不同。许多交易在那个狂热的当下会让人感觉很出彩,却可以像任何其他交易一样迅速止损出局。只有一个经过证明的交易记录才可以为你自己找到理由,在一个个别的、界定清晰的交易上增加风险系数。

上述的例外都有一个共同点:它们都是界定很清晰的例外,他们都是以交易计划的书面形式预先做好了这样的决定。永远不要在市场开放的时候去做决定提高金钱的冒险总值。是的,关于这个交易是不是波段交易并去冒更大的风险或者这个交易是不是你喜爱的缺口投资这些问题上你不得不做决定,但是这些决定做起来都是有客观依据的。如果一个交易预先不是那么明朗,那么交易者永远不应该在开市期间做决定在一个交易中去冒险增加风险数值。

冒多大的险

现在你知道如何计算用以固定亏损值的股份数量了,那么亏损值如何来确定呢?这个问题没有一个固有的答案,因为每一个交易者的情况各不相同。其中一个顾虑点就是你的交易账户是否对你的财务未来而言是一个基本账户,或者那个账户是否被认为是一个高风险的资本金。换句话说,如果你将自己一辈子积攒的钱都放在那一个账户里,而如果这就是我们讲到的"那些钱"的话,你就必须对此采取非常保守的态度。如果你已经有钱来保障自己的未来,即便现在的这个账户亏损了,它不会在财务上影响到你的生活,那么你就可以在这个账户上采取更具进攻性的姿态。不管怎样,决不应该在任何一个交易中冒超过交易资金百分之一的风险。这里所说的冒险值,我是指你在一个交易上因为止损而亏损的钱数。百分之一是一个很高的风险,应该只在做长期投资时加以考虑。更为现实一点来说,交易者在日交易上应该不能超过 0.5% 甚至 0.25%,除非有记录已经证明其可靠性。记住,这些只是经验法则,你必须将你整个的财务状况考虑进去,其中或许还包括跟其他专业人士做交谈(如果你咨询他们的话)。

比确定风险值更为重要的是确定按照那个风险值来操作。接下来的几个段落或许是本书中最为重要的几点内容之一,因为它们给出了让你免于灾祸的建议。在你已经证明自己可以成功交易之前,刚才讨论的风险值不应该被使用。在所有交易者可以证明自己所选择和运用的策略和所决定去投资的方式可以持续赚钱之前,他们都应该从模拟交易开始做起。许多交易平台可以让你进入模拟交易模式,在那里你可以在你的交易平台上模拟真实的交易。这套系统用起来很不错,你应该非常认真地对待这样的实践机会。在可以证明以下几点之前,你不应该多冒一美元的风险:

- 你知道如何使用你的交易平台。
- 你知道你的交易计划是有效的。
- 你能够有效地遵守你的交易计划。
- 你的交易计划获得了成功的结果。

在所有这些标准都达到并且真正做到位之前，千万不要用真金白银去做交易。

有些人把模拟交易看成是浪费时间，并且有些交易如果用真金白银你是不会做的，但是在模拟交易中你就可能做，最为重要的是，你还会做不在计划内的交易。一旦你界定了一个交易策略并且已经证明它具有良好的胜算率，模拟交易就没什么意义了。要知道，虽然交易的设定条件（形态）是类似的，但是每个交易在当时都具有不同的市场形势，所以结果也会不同。模拟交易的要点在于，看看你是否能够执行自己写下来的计划。用这种方式做模拟交易就可以使它变成一个很有价值的学习过程，我们不应该小看其作用。

一旦你在模拟交易上证明了你的成功，你就可以以一笔非常小的冒险额度开始进入正式交易：10个美元或者更低。这时你会发现你的交易能力有着很大的不同，哪怕你只投入了一个美元。那是因为这变成了你的正式记录，并且你开始对达到目标和防止损失有了关心。当然，在这样低的投入水平上，即便你的交易取得了成功，你也不会赚到什么钱，因为佣金会比你可能赚到的任何利润都要多。在这个水平上，这是正常的，你可以将佣金看成是为学习交易而支付的费用。相比其他学习途径而言，这是一笔很小的开支。许多交易者在第一天交易就开始冒很大的资金风险，并且当没有钱赚进的时候大受打击。这样的挫败感导致他们去冒更大的风险，想要把钱赢回来，很快他们的账户里就没钱了。

此时你可以沿用原有的方针：在你证明自己可以赚取毛利之前，不要将风险额度提高到10美元以上。赚取毛利的意思是，在不包括佣金或其他会计费用的情况下你是赚钱的。随着你购买股票的数量越来越多，这些费用就会变得微不足道了。一旦你可以在不包括佣金的前提下持续赚钱，你就可以增加你的风险额度。慢慢地增加这个额度，并且只在你已经可以确定其为成功交易的情况下才可以增加。你或许想要在每一个水平上设定一个在一周或者类似期限内必须实现的毛利目标，但必须保持客观，并且在目标达成之前不要冒进。你可以不断地这么做，直到你达到了我们在本章前面所讲到的那个风险数值为止。

你应该还可以建立一个降级的标准。换句话说，如果你连续两周没有达到目标，或者你在一周内有所亏损，你可以将自己降级到之前的那个风险额度。这可以确保你不会往前冲得很快但最后却陷入一个长时间亏损的水平上。你会发现，风险额度越高，交易就越难，因为随着冒险金额变得对你愈加重要，心理因素也开始在其中扮演着愈加重要的角色。

管理好每天的资金

一旦我们设定了包括每单交易亏损额的资金管理规则，接下来要做的就是在整个一天中管理好资金。讲到其他资金管理规则，如果你是一个日交易者，设定好参数是一个好主意。至于波段交易，这个每日资金管理方法就用不上了。波段交易者需要将账户作为一个整体来管理，过一会我就会讲到这些问题。

我们想要设定的第一个参数就是当天的亏损额度。大多数处在挣扎线上的交易者都可以将他们的问题追溯到那几个很糟糕的坏日子（也就是说，这一类坏日子将许多好日子里赚到的钱都亏空了，在清空了他们的账户的同时，也摧毁了一个交易者的神经）。交易者必须接受这样一种情况：总有那么几天，事情总是出错，最好的选择就是在损失扩大之前退出股市。这样做给了你有一天重返战场的机会。要做到这一点很简单，就是设定一个资金限度，达到这个限度你就停止交易。这恰恰就是专业人员受到的教导，当他们达到一天的亏损限度之后，系统直接就关闭了交易。

有些交易者可能会觉得这不是一个好主意，因为他们会辩解说，有些时候他们损失了不少钱，但是最后还是扳了回来。这或许是真的，但无关紧要。问题不在于关闭交易是否有意义，也不是根据以往你处理这类灾难性日子处理得有多好。这实际上是某种形式的保险。有些日子或者有些交易可以变得如此凶恶，以至于它们会对账户造成不可挽回的损失。

这个方针很简单：就是设定一个当天你关闭交易的美元额度。唯一的规则是，这个美元额度必须跟你在一个单一的交易上损失的钱有一定的相关性。根据你做交易的频繁程度，这个额度也有所不同。例如，如果你是一个相当活跃的日交易者或者微利交易者，如果你有一个当天500美元的关闭交易额度，而每个交易冒300美元的风险，那就没有什么意义了。那就意味着，在关闭交易之前，你只能失去一个交易。作为一个活跃的交易者，很可能至少有三到四次失败的尝试之后你才会在当天退出交易。如果你是一个不那么活跃的交易者，每天可能最多做两三次交易，那样你可能在退出之前只能允许一到两次的交易失败。图14.3展示了一个表格形式的例子，你可能在自己的交易计划中设定这样一些亏损额度作为退出的条件。

图表由Mastertrader.com提供

	100,000美元账户
股份数量分配：	资金的1%=$1000
每日最大风险：	$250.00
每单交易最大亏损：	4
止损	股份数量的最大值
$0.10	2500
$0.20	1250
$0.30	833
$0.40	625
$0.50	500
$0.60	416
$0.70	357
$0.80	312
$0.90	277
$1.00	250

图14.3 资金管理表格的实例

波段交易中的一些考虑

讲到波段交易，规则有所不同，因为持有股票过夜的风险不一样。

只要风险得到适当的控制，做波段交易和核心交易本身并没有什么不妥。很久以前，交易者会惯性持有股票长达数周或数月，甚至都不管营收报告如何，也不关心其他一些变化。虽然这样一种长期购买和持有的方针对投资者而言不再是一种可以接受的方式，但很多人却走向了另一个极端，觉得任何过夜的事情都太冒险了。任何风险都是可以通过合理的头寸定量而得以控制的。但是，你确实必须了解，当你持有股票过夜的时候，股票可能不是上涨便是下跌，如果那个走势跟你的仓位有冲突，那么你除了眼睁睁看着之外只能接受那个损失。请参看图14.4。

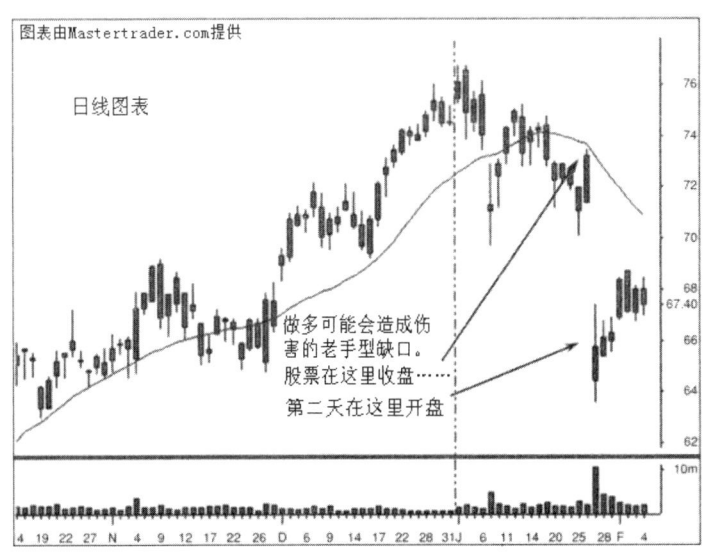

图14.4 在波段交易的头寸定量中必须将过夜造成的大幅缺口这一可能性考虑进去

需要注意的是，人们往往有这样一种误解，认为如果交易者有保护性止损单的话，他们就不会受到缺口效应的影响。这是完全错误的。保护性止损单只是意味着你可以在一开盘的时候就退出交易，那个时候的价格是新的价格,而如果这个价格不是你希望的价格,你就要承受全部损失。你不可能退回去,在前一天的价格上卖出或退出你的仓位。因为存在不可预料的缺口,我们不得不在做波段交易的时候附加上额外的规则。

每个类似交易通过股份定量而保持同等风险额度的法则依然适用于波段交易。不过,你所计算出来的股份可能需要根据其他一些计算而有所减少。换句话说,你得出的数字是一个波段交易的最大值。想象这样一种情况,你在一个活跃度很高的股票上制定了一个紧巴巴的止损点。虽然 0.15 美元的止损可以为你当天持有 2000 股找到依据,因为你知道你可以在亏损达到 300 美元时退出,但是你还必须考虑第二天早上可能出现一个缺口的情况。如果这只股票的缺口超出 1.50 美元,那就将是你计划亏损的 10 倍。在做波段交易时,你必须将其他一些因素结合到股份定量中去考虑。

首先,你必须理解股票的潜在活跃性。有些股票就不应该过夜持有,比如药物类或高深莫测的生物科技类股票。图 14.4 展示的就是这样一只股票。这一类缺口并非罕见,它们常常因为药物得到批准和 FDA(美国食品及药物管理局)的评论而形成巨大的缺口。第二,还有各类其他股票也会频繁出现较大的缺口。参看图 14.4,计算一下你预计一个灾难性的缺口会是怎样的,勾画一下它对你账户的影响是怎样的。在一次灾难中,你不想亏掉你账户的百分之十。另一条规则就是限制你用于购买任何一只股票的总资金,控制在你账户的一个固定百分比内。不管一个交易多好,或者其他参数多么到位,你都不想将账户值的百分之五十都投入一个交易中。遵循应用于波段交易的这些附加规则可以帮助你避免由于意外的过夜缺口而造成的灾难。

交易管理的基础概念

对交易进行管理有各种不同的方法。你所选择的方法在很大程度上取决于你所采用的分析周期,你希望持有的时间长短,以及你所期望达成的目标,同时也跟你持有仓位的个人能力有关。有些交易者很难持有任何仓位超过几分钟的时间,而另一些交易者则不能理解为什么你可以将股票卖掉。在决定该如何管理一个交易之前，首先要决定你对这个交易的期望，还有你的个人取向。

但是首先要认识到，交易管理最为关键的时刻或许是在心理因素涉入的时候。一个交易者不用多么丰富的技术知识就可以妥善管理好一个交易。虽然交易管理还有更为高级的管理技术，但是对普通交易者而言，如果他们能够遵循它去做，那么基础的技术就已经够用了。真正的问题实际上是，一旦身在其中你如何按照这些方法去做。交易者有一种强烈的倾向，就是过早退出，想要锁定获利以保本，或者锁定极小的获利。虽然这些方法可能满足了你不想沦为亏损者的内心需求，但是它们无法在一个交易中促成最大的获利。你必须意识到，这些问题是如何影响到身处交易中的你，这样你就能避免因为不遵照交易管理规则而产生的内疚。

虽然要掌握交易管理的心理学不是那么容易，但是有一个诀窍可以在一定程度上帮助到交易者：去管理那个交易，而不是去管理那些资金。交易者在看到利润开始出现的时候常常会做出反应，因为他们不想让这些利润溜走。然而，最好还是看着图表，在合适的时间做出合适的管理决定。因此，将你的平台上显示仓位的屏幕隐藏起来，无法看到净利润，这样可以帮助你更好地管理好交易。做出坏决定的问题出在你一直看着资金，而不是图表，这就是所谓的"数钱"行为，这是一个坏习惯。如果你想在交易中获得客观的利润，你就要让那些钱累积起来。如果你每次在股票翻红之时就立刻反应，做出糟糕的管理决定，那么你就永远也不能获得一笔好收益。

交易管理的目标很简单：心中有一个目标并坚持去达成这个目标。从某种意义上来说，根本没有必要去进行管理。从这个投资的开始就有一个介入点位、一个限制下跌损失的止损点以及一个可以达成的合理目标。其中并不一定需要什么交易管理。就像图14.5中所显示的那样，如果你选择去做这个交易并达成了目标，那么交易管理唯一能做的就是降低你的利润。

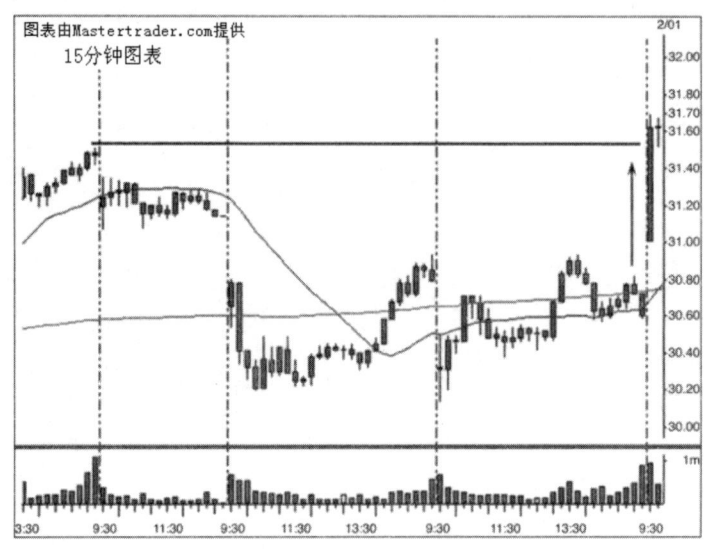

图 14.5 如果所有交易都达到目标，那就不需要交易管理

对许多交易者来说，管理成为一个问题的原因在于设定目标很困难。虽然我们可以在设定介入点和止损点的时候保有相当大的精确度，但是目标却始终是一个笼统的区域，甚至对许多最有经验的交易者来说，也常常只是一种猜测。你很可能遇到过许多这样的例子，你以为自己选好了一个非常大幅的目标，那只股票却向上直跳，越过了你所选中的区域。反之，你还可能设定了一个相当保守的目标，结果发现股票上涨到预想的一半都不到。你还可能遭遇过这样的情况，一只股票眼看着离你的目标就只有几个美分，结果却在那里开始回撤，很大一部分都获利回吐了。对许多交易者而言，这里就是交易管理应该介入的地方。如果整体目标永远也不会达成，那就尝试锁定部分获利。毫无疑问，你的第一个目标始终应该是以某种方式进行管理以达到目标。当事情很清楚，目标将无法达成的时候，你就想要启用 B 计划，尽可能多地锁定利润。通常，对于一只股票不再能够达到目标的定义是，它没有能够追随趋势，没像预想的那样持续往前直达目标。

第十四章 管理交易——跟趋势保持一致

从头到尾管理一个交易的时候，你必须记住几件事情，并且能够将它们任意组合起来运用，但是始终记得你的主要目标是什么。

不管什么时候实现，你想要的就是达到目标。跟大多数交易者想的正相反，管理的第一个概念是什么也不做。记住，在你进入交易的那一刻起你就有一个保护性的止损点——你得到了保护，所以没有必要采取任何行动。至少从理论上来说，你已经花费了漫长而艰难的时间去寻找可能找到的最佳投资。进入一个交易之后45秒钟就说这个交易不再可靠，这可没什么意思，除非真的有什么重大事情发生。万一这个交易不能获利，你的止损点在那里保护着你。你想要管理的是在走势成功朝着你的目标移动时对获利的保护。因此，第一步就是什么也不做，直到价格从进入点那里上涨到相当高的一个点位。你必须自己界定那个点位，但有人建议继续等待直到你第一个目标的百分之五十的位置，或者直到至少已经有两根可靠的K线向着你的目标挺近。一旦你到达那样的门槛（参见图14.6），你就可以开始实行一个适时止赢的管理方针。

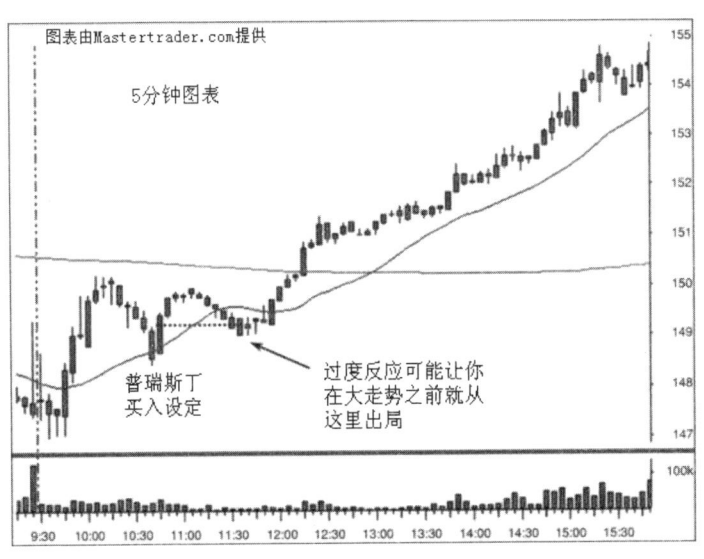

图14.6　在交易开始向目标走出一大步之前没有什么可以管理的

最为安全的交易管理办法就是在你的分析周期上形成尖顶的时候抬高止损点。这是移动止损中一个很出色的方法，因为一个趋势（比如说，在这个例子中是一个上行趋势）是通过一系列更高的尖顶高点和更高的尖顶低点而形成的。因此，不论何时一个尖顶形成，如果你在它之下交易，你就打破了上行趋势。如果你打破了上行趋势，那就有必要考虑退出交易，因为一旦趋势打破了，你达到目标的可能性也就大大降低了。参考第十章讲到的尖顶内容：如果你想抬高你的止损，最好就是在一个比较显著的尖顶形成的时候么做。不要因为一个次要尖顶而抬高止损，因为这些尖顶经常被冲破而趋势实际上并没有被打破（如图 14.7 所示）。

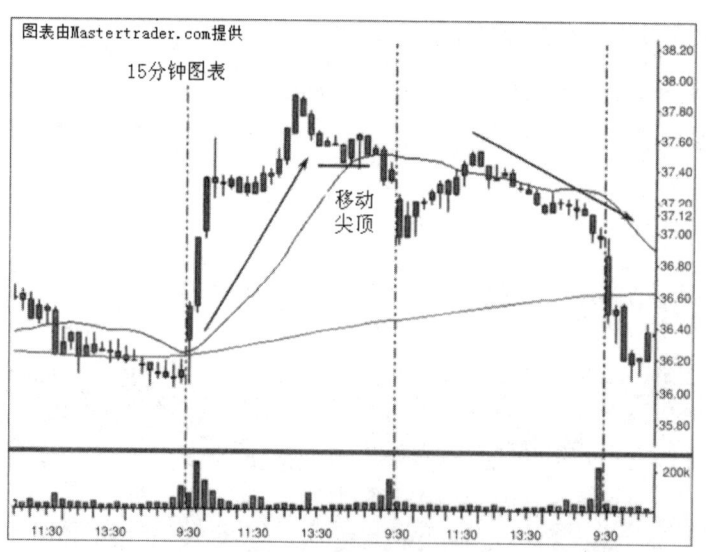

图 14.7 一个显著的尖顶被打破，达到目标的可能性就降低了

虽然这是一个很好的起始点，但它可能不会完全实现你想要的目标。在图 14.8 中，看一下伴随价格行为发生了一些什么。你有那个能力去抬高止损点，但是只能是一个很小的数量。

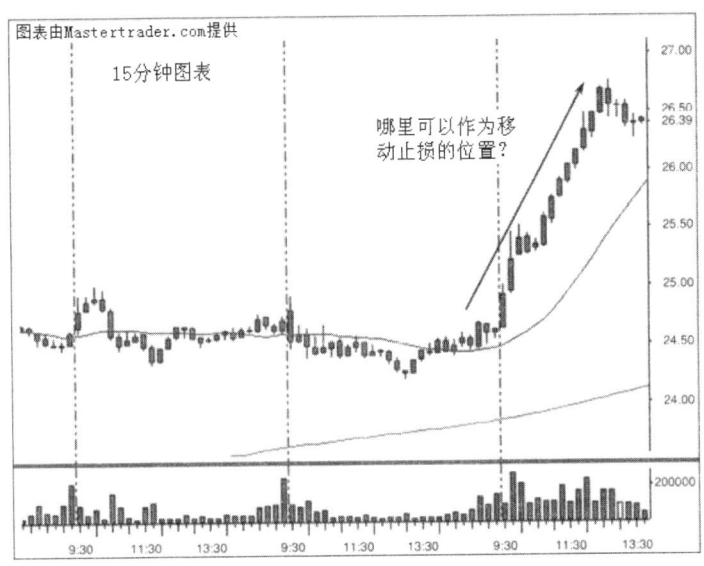

图 14.8 强势上行常常使得交易管理变得更加困难

接着价格几乎一路直奔目标，而没有形成另一个尖顶。这意味着，一次投机可能在离目标一步之遥时，回头一路走向负数，如果对你来说，这个想法难以承受，那么你可能需要采取第二种形式的交易管理。换句话说，一旦一个交易非常接近目标，比如75%或90%，它可能会促使你去执行另一个层面的管理。你可能开始在一个较小的分析周期上对尖顶进行管理，或者转到K线比对的移动止损，以盯紧你的现有利润。但是请记住，这样做的前提是你必须在交易计划中提前设定好。如果没有这么做的话，你会发现自己总是想移动止损更为紧密一点，并在它们通向目标道路上的一小部分时就止赢获利。

管理交易——分析周期下移

最后，让我们来看看前面讲到的各种情况如何处理的几个例子。记住，目标是一个笼统的区域，它们是被用于设定最初的交易的。随着交易不断发展，你必须查看股票前进和回撤的类型，以及相比整体市场它的表现如何。另外，你还需要查看时机以确保股票没有在一个主要反转时刻冲到高点。当将所有这一切都考虑进去之时，可能就会发现这样的一些时候，即你跟目标非常靠近，此时需要一种锁定利润的方式进行管理，而不是在原有分析周期上追随尖顶行事。

图 14.8 就是这样一个例子，股票强势上行，但还没有达到预期的目标，基于尖顶的移动止损在很远的后面。假设在你交易计划中，我们归结出一个门槛，一旦我们达到目标价位的 90%，你有权使用更为紧密的移动止损方法。如果你允许自己进入 K 线比对的移动止损方法，你能够在越过 90% 的门槛之时使用每一根连续 K 线的低点。在运用 K 线比对方法的时候，你有两种选择，一种是在之前 K 线的低点被攻破之时退出交易，或者等待退出直到当前 K 线在之前 K 线的下方收盘。这是一种非常简单的收紧移动止损的方法，但它也有不利的地方，就是将之前的 K 线作为参照点。请参考本书早前的讨论，记住，虽然每一根 K 线都是支撑或阻力的参照点，但是许多 K 线内部实际上没有真实的支撑。

另一种选择是下移一到两个分析周期，使用较小分析周期上的尖顶。图 14.9 展示了图 14.8 中快速上行的下移分析周期。

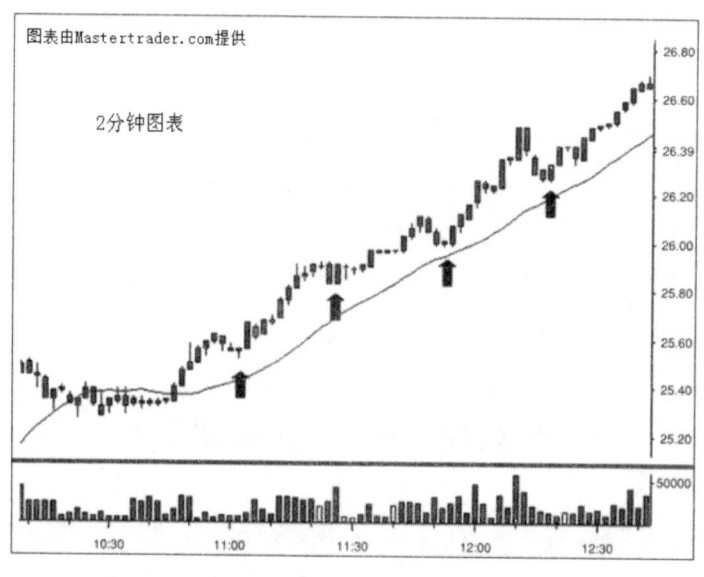

图 14.9　较小分析周期上出现了清晰的尖顶图表

通过运用这种方法,一旦股票越过90%的层面,你就有权进入较小的分析周期,就像在本章前面讨论的那样,抬高你的止损点到其所形成的尖顶位置。

本章小结

交易和资金管理的心理学是你交易生涯中极为重要的一部分。在你作为一个交易者的成长过程中,你务必多多回到本章做参照。虽然在技术分析领域有很多需要学习的——而且很多信息也是归结于此,但是这些知识也都是能够被学习和掌握的。交易和资金管理的问题在于,许多交易者学习了那个技术,但是他们却从来没有在合适的时间采取正确的行动。

记住不要掉入数钱的惯性中。管理那个图表并且预先设定资金管理规则。不要根据你所赚到的或亏损的钱而做出反应。始终记住,在交易中任何事情都可能发生,而这就是你预先决定在哪个区域会退出的原因。记住让交易自己发展,不要在交易一开始的时候过度管理。确保你所有的资金管理规则和所有的交易管理规则都写到了你的交易计划中,并得以持续地跟进和遵循。每天检查一下,确保它们得到了遵守。你的目的是将情感因素从交易决策程序中剔除出去。

如果你发现自己难以贯彻上述策略,用下面几个问题来提醒自己:

·你是在用让你担惊受怕的资金来做交易吗?担惊受怕的资金赚不到钱。任何一天如果你为了生存而去赚钱,你会永远也成不了一个成功的交易者。

·你是否苦于自己严重缺乏信心?没有成功的交易记录,就很难管理好交易,因为你不确定结果会是什么。

·如果你出现了麻烦,你能否减少你的股份数量?大多数糟糕的决定都来自把太多资金用于冒险。将股份数量消减到你不用再担心开盘价格的仓位上,你会发现这样你就可以将交易管理得更好。

作为最后一个话题,让我们继续阅读第十五章,内容是如何将前面一些话题综合到一起加以运用,并看看一些专业人士是如何应对处理每一个交易日的。

第十五章 一个典型的交易日：

将策略整合进日常行为中

这一章将带你经历一个日交易者典型的日程安排。本书所讲的所有知识只有在你将它们合理组织起来之后，才能真正显示其价值。许多交易者往往会被过度的信息或经验搞得不知所措，从而变得心猿意马，无法做出有效的决定。记住这一点对你很有好处：虽然起初你想要学习各种理念来帮助你成为一个优秀的日内交易者，但是最终在到了下单做交易的时候，你还是需要变得专注。

开始你的一天

你将做的第一件事情就是带着你的观察股名单来到市场上，这个观察股名单可以帮助你找到你想做的那类交易。你可以带的更为重要的一个名单是由扫描日线图表而得到的那个名单。作为一个波段交易者，查看日线图表是很紧迫的一件事。但是，对日内交易者而言，日线图表有着更为重大的价值。如果你想要找到一个日内交易的强势股票，没有比在日线图表上其趋势早已表现良好的股票池更好的了。当你查看日线图表，你应该寻找那些真正突出的技术设定。在名单的顶部找到那些运行良好、干净明快、质量高的上行趋势和下行趋势。每天早上将那些可以刺激新的走势的宽幅K线也带到办公桌上也是一个很好的主意。随着你经验的增长，你还能学会辨识日线图表上失败的形态，以及同样可以投资的整固形态。当运用这些股票作为日内交易的观察名单之时，下一步就是找到那些顺应日线走势的设定。

每天早上还要带着的另一个观察名单则要在市场开盘之前的有限时间

里才能形成：其上有跳空缺口的股票名单。经常有跳空缺口的股票具有特别的形态和大幅的走势，是日交易者做巡视的一个好地方（需要重温这一主题，请参看第十一章对交易缺口的论述）。

下一件你要在早上做好准备的事情是，通过在市场本身运用普瑞斯丁方法形成一个市场倾向。通过在不同的分析周期上查看当前的趋势，以及哪里是支撑位和阻力位，试图去找到那个你认为市场将上涨或者下跌的区域。换一个角度看，就是你想要知道，在这一整天中，或者在这一天的不同时间段里，自己是应该买入回撤还是做空拉升。你的市场倾向是你该如何做的依据和向导。

在观察支撑位和阻力位以确定市场倾向的时候，不要忽视前市场活动。许多大幅的反转是在美国市场开盘之前形成的，这些区域是很有价值的支撑和阻力区域。为了看到这样的信息，你不是要去看纳斯达克的电子迷你期货合约或者标准普尔500，就是要去关心开盘之前的几个小时，去查看QQQ（为与纳斯达克100指数的价格与收益表现普遍对应而设计的指数交易基金）和SPY（标准普尔500的指数交易基金）的前市场图表。图15.1就是一个运用期货来观察前市场活动的例子。

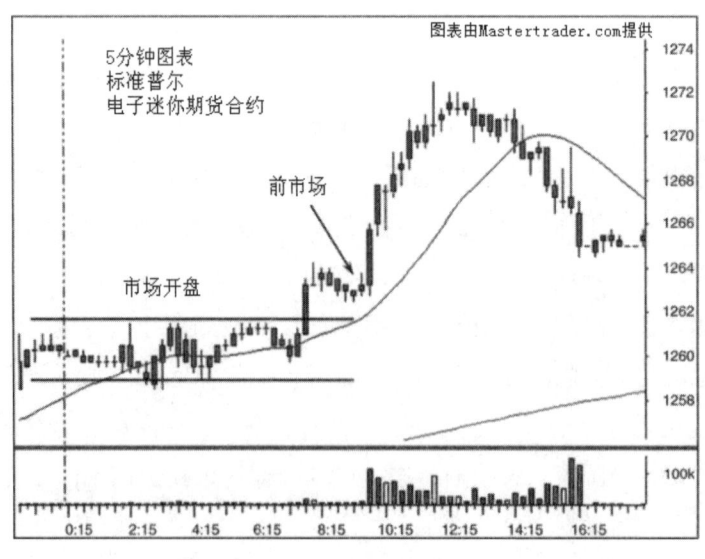

图15.1　从标准普尔电子迷你期货合约中看前市场支撑位

接下来你要去看一下长期市场。花一点时间复习一下讨论内部市场指标的那一章。在市场开盘之前，在你的图表上设置好，将长期市场内部指标的图表显示出来，看一下它们是否在确认当前的市场趋势，或者，你是否应该对反转保持警惕。当市场内部指标表明它跟市场这几天一直在告诉你的状况不同，这常常就是一个很大的暗示，让你坐下来，观察这个上午会变成怎样。不要在一开盘的时候就一心只想要去交易，尤其是在内部指标释放了警告信号的时候。10点或者10点半是趋势转向的一个高发时间。当市场处在一个明白无误的趋势中并且内部指标也同时确认这一趋势的时候，优秀交易者往往是最为主动和积极的。

在回顾日线图表的时候，你或许早就注意到各个行业的形态了。强势行业中例外股票的日线图表是寻找灵感的好地方。除此之外，你也要看到在整体上各个行业之间是相辅相成的。在趋势强劲的市场上，行业轮动的概念是很明显而真实的，你会注意到，虽然有些行业存在抛售的情况，但资金很快流向了另一个主要行业。如果你没有意识到这一点，你可能会形成一个错误的市场倾向。例如，很可能半导体类股票在过去几天内出现了严重的日内下跌，但是如果资金流向了金融行业，那么那些股票就会加速走强，整个市场会呈现出很强的牛势。与之相反的则是当一个行业在抛售并且资金也撤离了市场时发生的情况。很明显，因为弱势行业出现下挫，但其他部门没有相应的拉升。

不要轻视形成市场倾向这一环节。在本书之前的讨论中提到过，市场是可以托举所有船只的潮水。虽然找到那些无视市场而表现特立独行的股票是一件好事，但是它们没有那么容易被找到。当你确实发现它们的时候，它们常常在上午晚些时候才表现出来，在这之前却没有那么明显。跟随市场的起伏可以大大增加你的获利能力。

计划你的交易，按计划做交易

这个时候，你应该准备好打开市场了。下一个问题或许就是你每天问得最多的那个问题：你打算交易什么？然而，这个决定不应该在这个时候做；它应该在很久之前在计划形成中就已经做好。交易计划的重要性在本书屡次被提起，正是在做计划的过程中，你才真正需要去理解万事都要提前做计划的重要性。当你在白天观察它们的时候，所有的交易从某个角度看都似乎很优秀。很重要的一点是，你要计划好你究竟打算做哪个类型的交易以及你介入的条件是什么。这些必须要以某种方式做好客观的记录，以便日后回顾的时候可以看看自己是否成功实施了交易计划。

在你的计划中需要确切地写明一天的什么时候允许做交易，还需要指出具体的设定条件以及介入的必备前提，计划必须讨论市场倾向是否需要考虑进去，以及市场倾向将会如何形成，它还必须勾画出交易将如何管理以及目标如何达成。它是你当天的指南，它的目的是要在市场开放时间里缩短做决定的过程。毫无疑问，你必须查看图表，并且决定哪些形态符合你计划中的标准。不过，这个时间是不能用来制订新的策略或计划的。如果你在交易日中间改变计划，那等于你没有计划。

注意，到了这个时候，在你做第一个交易之前，你一直在留意许多事情。为了形成各种观察名单，你已经看过了许多股票，并检查了市场形势，无论是前市场还是之前几天的市场状况。现在重要的是将所有的信息放到一起，为了一天中最初的三十分钟，将它们综合起来作为指引，找出最好的交易想法。你可能一开始查看了几百只股票，然后将它们缩减到观察名单中的几十只，但现在是时候找到其中最好的一两个投资机会，在当天最初的三十分钟里做观察。现在不是你跳来跳去寻找还要做点什么的时候，专注于几个你感到是早上最好的股票，等待合适的介入机会。耐心等待介入机会的到来，不要追着这只股票而乱了阵脚。

作为计划的一部分，你应该将具有一定效果的交易自检要点放到一起。这是将你需要的东西进行最后的归结，为的是确认你的策略并进入交易。图15.2就是这么一个有效交易的自检清单。

图表由 Mastertrader.com 提供

设定（在你的计划中）	介入标准
普瑞斯丁买入设定 & 普瑞斯丁卖出设定	在多分析周期上的趋势
早上的缺口名单	紧密与有弹性
成交量放量	相对强弱
PBO&PBD	移动均线
宽幅线影线——上影线 & 下影线	相对于风险的良好回报——缺口
失败的形态	不关心新闻报道
CBS/CSS	适量成交量
吞没 K 线	顺应市场内部指标

图 15.2　确认高质量交易的自检清单

在整个交易日中间，很重要的一点是要留意反转时间以及交易日的各个主要阶段。如果你打算检查整个交易日的活跃度，那么，如果你给中午的活跃度打"一分"，那么下午的活跃度将会是"三分"，而早上的活跃度将会是"五分"。当然，每一天都稍有不同，但这是一个可做参考的平均数。早上常常极为活跃，以至于那些陷入交易错误一方的交易者很难从中摆脱出来。上午一早常常到处是反转，也会出现很多交易者感到没有可玩性的形态。你可能听说过交易者应该回避开盘后 30 或 60 分钟时间的说法，这是没有道理的，有经验的交易者知道如何在一天的第一个小时内进行交易。但是，这跟一天中其他时间内的处理方式是不同的。同样，许多交易者会对中午的时间感到挫败，因为常常无从知晓市场的走势。向上突破和向下突破都失败了，之前的趋势常常停滞不前或者被反转了过来。只要你找到符合设定条件的交易，一天中最后三分之一的时间是达成交易的好时段。

收盘之后

市场收盘之后你所花费的时间可能是你的交易活动最为重要的时间，

对于一个新交易者而言尤为如此。如果你去看一看大部分新交易者是如何花费他们的时间，你很可能会发现，他们90%的时间都用于在市场运行期间坐在电脑屏幕前寻找交易机会。他们可能只花5%~10%的时间用于做准备，0~5%的时间花在收盘之后。尤其对于新交易者而言，这些数字很接近于真实情况。你不应该只是将全部时间都放在市场开放的时间上，你应该选定一定量的时间用于交易，并将其他时间用于处理其他事情。将你全部时间的三分之一用于收盘后进行分析或许是你在刚开始从事交易时的最为重要的一步。

当市场即将关闭的时候，你想做的第一件事就是要重新检查和巩固你的观察名单。在市场关闭之前30分钟内，你就可以开始做这件事，因为最后30分钟内往往没有多少交易的机会。你要在市场收盘之前，将名单上的所有股票做一次回顾和整理，看看哪些在第二天依然有效。一天下来，你很可能在扫描和寻找投资机会的时候已经积累了许多想法。你应该对此也做一个检查，看看哪些想法可以在第二天派上用处。去掉所有其他的一些想法，只为第二天留下一个扎实可靠的名单，你可以将这一做法当成是收盘之后必做的事情。当然，就像你当天做的那样，第二天你还会从每日观察名单和缺口股票名单上增加更多的想法。

接下来，你要巡视一下你当前的市场倾向，看看它是如何展现出来的，并开始形成对第二天市场倾向的一个看法。留意当前趋势在各个分析周期上都发生了一些什么，支撑和阻力区域是如何被处理的。一个很好的主意是将市场日内图表打印出来，并为第二天标上支撑和阻力区域。

接下来这一步可能是最为重要的，你必须重新检查这个交易日里所执行的每一个交易。建议你将每一个你所做交易的图表都打印出来，将你交易计划上说的跟实际做的进行一个比较。你需要问自己的第一个也是最重要的问题是，打印出来的图表是否实际反映了你交易计划中设想的那个策略？你会发现，你在交易生涯早期所犯的大多数错误和大多数亏损都可以被归结为：做了不在交易计划内的交易。你要重新检查一下那个策略是否有效可靠，你是否使用了合理的介入标准，你如何管理交易，以及你实际上是如何退出交易的。

第十五章 一个典型的交易日：将策略整合进日常行为中

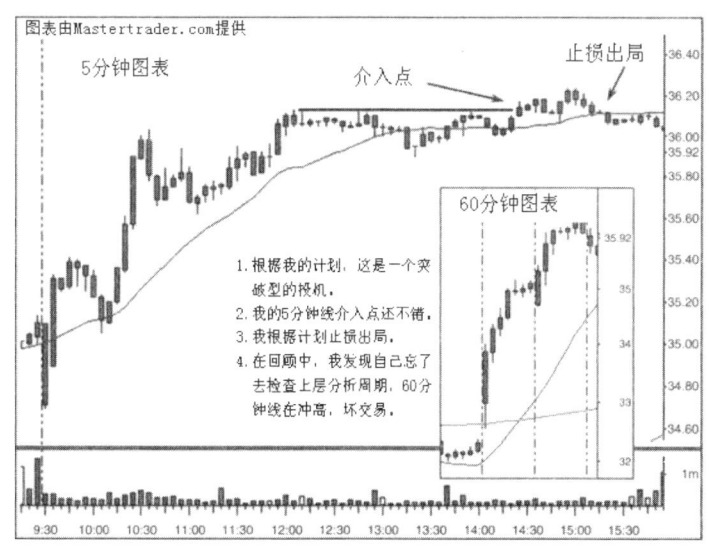

图 15.3 一天交易结束之后所打印的图表可以帮助你消除错误

不要在交易时间内做这样的回顾和检查，这一点很重要。任何时候在你做完交易之后马上去检查它，你就很可能会为它找到各种理由。你必须等到收盘之后在你头脑清楚的时候，才可以对你的所作所为做一个非常客观的回顾。如果你是一个非常活跃的微利交易者，以至于这样做成了一种负担，那就随意打印其中的三分之一或者四分之一，这样也可以回顾和检查你的交易倾向。不要因为你是一个很活跃的交易者就跳过这一步。一个很好的主意是，在打印出这些图表之后，你可以用一支铅笔或钢笔在图表上手工做标记。图 15.3 就是在图表上做标记的一个例子。

打印这些图表可以帮助你看到并消除最为常见的错误。当你找到问题时，将那个错误的性质写在图表下方。将那些有问题的图表放到一起，标出重复次数最多的问题。在你发现这些问题时，下决心消除这些错误；这样做可以让你不断提高交易水平。

最后，关于这一过程，有几件事情你必须记在脑子里。首先，如果没有一个写下来的界定良好的交易计划，这个过程就无从启动。如果你没有一个计划，你的行为就无从对照。第二，你起初会发现，最为常见的错误就是你做了不在计划内的事情。如果你不能马上识别你所打印的图表，你就需要停下来，要不检查一下你的交易计划，要不严明纪律，按照计划行事。第三，如果你看到你大多数的错误都是管理中的问题或者没有达到目标，那就考虑一下你所交易的股份数量是否太多。大多数管理错误都来自在交易中害怕将太多资金置于风险之中。将股份数量削减一部分，直到你能够妥当地处理仓位。

最大化赢利面，妥善处理亏损面

如果你遵照之前提到的程序，并以持续剔除错误作为你的目标，那么作为一个交易者，你就一直在最大化自己的潜力。如果你从模拟交易开始，慢慢增加你的风险额度，直到它达到了你希望的限度，那就很难对你的账户造成大的伤害。如果你依然存在问题，那么最可能的原因就是缺乏技术知识。你要做的就是去接受更多的教育，取得更多的经验。

一旦你获得成功，问题可能依然会出现。坚持做收盘后的交易分析，同时确保自己按照交易计划中确定的方针来设定合理的股份数量。好的交易者可能还是会遇到偶然的不良处境，重要的是要学会妥善地将它们处理好。第一步也是最好、最有效率的一步就是放自己一到两天的假期。清空你的头脑然后重新开始，常常就是你所需要做的一切。利用这段时间对自己的交易再做一次回顾，看看你是否可以找出任何在其中持续存在的问题。研究一下你的记录，看看是否你的其中一个以前常常奏效的策略如今不再产生相同的结果了。市场在改变，策略在改变，交易计划也需要及时跟进。

持续提醒你自己，你的工作就是无论何时都要确保最佳的胜算。不管你变得如何精于此道，依然会存在亏损的交易。不管胜算率有多高，依然会有交易出错的时候。始终记住，你的工作是最大化赢利面并妥善处理亏损面。

我在本书中许多次提到"真理只有一个"，现在你可能对这个概念有了一个更好的理解。接下来的最后一章就是对这一重要概念的总结，是你不可不读的一章。

第十六章　在市场上真理只有一个：

价格是王道

价格行为是市场上的唯一真理。事情就是这样简单和明白，以至于不太敢相信这是真的。大部分交易者花费了职业生涯的大量时间去寻找其他根本不存在的答案。自从交易几个世纪前出现在世界上，不管是怎样的交易，对于所谓圣杯的不懈追求就一直是交易者的一个内心渴望。不过，很显然，任何其他方法相对于价格而言始终都是第二位的。

价格是王

在此打一个简单的比方：你准备到西班牙出差，因为不懂当地语言，所以一个朋友建议你学习意大利语，因为意大利语跟西班牙语有些相近。另一个朋友建议你学习法语，因为那是西班牙邻国的当地语言。另一个朋友建议你学习拉丁语，因为那是西班牙语的基础语言。虽然所有这些建议都能帮上一点忙，但是一个很明显的疑问是：为什么不直接学习西班牙语呢？

虽然这可能看似一个很荒唐的比喻，但是那正是大多数交易者每天所做的事情。这些寻找技术指标或者特殊公式以预测价格行为的追求实际上都要在估算中使用到价格，那么为什么不专注于实际的价格行为本身去了解其动向呢？学习价格行为的语言是理解市场行为的唯一答案。

如果你曾经参加过交易展会或者投资博览会，你会注意到，拥挤的人群都围绕在那些叫卖最新指标或神奇公式的公司周围，这些公司号称这些指标或公式将成为下一个价格预测者。这一现象的原因在于人们对所谓圣杯的不断追寻。那种对赚快钱的渴望激发了人们的热情，使得他们不断地去寻找那些容易使用，几乎不需要多少思考、努力和培训的东西。

就像你可以想象得到的那样，生活中很少有这样的事情。记住，市场是一个零和游戏。从数学定义的角度看，那意味着任何一个指标都不可能同时给每一个人送去利润。有一个赢利者，就有一个亏损者，在市场上获胜的唯一方式就是要比其他一群人更聪明。这个现实永远也不会改变，而这也就是技术指标不能起作用、不能服务于大众的原因。市面上有些图表平台满载着超过200种技术指标，他们还声称，他们的网站上还有另外的800种技术指标可供下载。如果存在着1000种技术指标，那么哪一个才是正确的？哪一个是神奇的子弹？很明显，其中没有一个是有用的，否则人们就只使用一种技术指标了。简而言之：价格是王道。

公司的首席执行官会说谎。首席财务官所炮制的账本无法被信任或者完全是欺诈。新闻评论员信口说着那些别人叫他讲的话，或者对于昨天发生的事情做出过时的解释。什么人对一个公司说什么都无关紧要，重要的是大资金是否正在购买这只股票。当大资金在购买一只股票的时候，价格行为就会在那张图表上显示出来，它胜过了一切信息。当首席执行官说自己的公司前景远大，他迫不及待地要买入这只股票，但价格每天都在下跌的时候，你相信哪一个？分析师给股票的评级升级，这样他们的公司就可以将获利的股份卖给公众去接手。这样的事情一直在发生。你会站在哪一头？

任何真正值得去实现的事情都要付出一定的代价。解读价格行为就是一种需要学习的技术，又是一门需要把握的艺术，但它不是一个无法完成的任务。它需要一些勤奋和一些耐心，但是任何人都可以掌握它。这门技术的掌握有着不同的水平。事情可能会有一阵很顺利，因为你已经达到了一定的水平，但是不久随着事情变得更为复杂，你又变得困惑了。这有一个简单的解释，任何时刻市场上都有很多参与者。你可能对于股票的动向有着正确的判断，但是它不会在今天下午发生，可能它会在明天早上或者后天发生。你必须学习去辨认各种分析周期上的信号，这样就可以看得更为明白了。

讲到那个学习西班牙语的比喻，我们可以继续发挥一下。让我们假设你通过一套教你学西班牙语的 CD 为出差做准备。在一个星期的课程中，你学会了许多主要的短语，能够出发前往西班牙了。在饭店用餐，在商店购物，你都感到相当自信。但是，这样的一个语言训练足以让你参加一个在马德里举行的复杂的商业会议吗？回答是不行。这对技术分析也一样：你可能学到了一定的水平，但是在新的价格形态出现时又变得困惑不解了。这是正常的，最终随着你学得越多，交易得越多，整个谜题就会变得明朗起来。这在很大程度上是由于有了这样一个理解：每时每刻都有着各种资金来源在那里推动市场或股票运行。

一旦你理解了价格行为，你就会看到它很神奇，百分之百地可以解释所有的情况。当然，这个百分之百是在事后回头看的时候做的。一旦你理解了技术分析，你就可以理解为什么有些事情会那样发生。真正的技术来自看到价格形态实时涌现并明白哪个形态是优势形态。好的交易者可以在大部分时间里自信地做到这一点。而对那些想走捷径的交易者来说，这些形态是秘不可见的。

1. 高级趋势技术分析
2. 高级波段技术分析

作者：阿尔·布鲁克斯

这套丛书是写给严肃的交易者看的，阿尔的书最大价值在于，阐述了理解价格行为以及逐根K线分析走势图有助于追踪通常由机构所推动的形态，通过小止损、早入场，让机构为个人投资者"抬轿"并最终获利。

在这套丛书中，布鲁克斯主要通过5分钟周期的K线图来阐述一些基本原则，但也讨论日线图和周线图，书中也有如何将价格行为分析用于股票、外汇、国债期货和期权的内容。

丛书的第3本《高级反转技术分析》也将于2017年年底之前出版，敬请关注。

3. 日本蜡烛图技术

作者：史蒂夫·尼森

这是您一直想了解的日本蜡烛图技术细节，来自K线之父的经典教程，完美融合了日本蜡烛图和西方的交易技术。

证券交易经典基础知识书籍，全新的译本，全新的阐述，精选的内容。

4. 斐波那契交易法

作者：拉瑞·萨拉温托

帝纳波利之师，斐波那契交易技术的开创者，当今金融界倍受推崇的交易专家之一。

斐波那契交易法不是一个交易系统，而是一种准确判断力和纪律交易的方法，掌握了它，你就拥有了实现财务自由的更大把握。

5. 短线交易大师

作者：杰克·伯恩斯坦

瞬息万变的短线交易市场不存在准备充分一说，决策必须争分夺秒地做出，这就要求交易者利用能用到的好的交易策略和工具。

在高风险高回报的超短线交易中获取利润，就从阅读美国著名短线交易技术大师的书开始吧！

6. 建立稳固的交易系统

作者：基斯·费申

这是您一直想了解的日本蜡烛图技术细节，来自K线之父的经典教程，完美融合了日本蜡烛图和西方的交易技术。

证券交易经典基础知识书籍，全新的译本，全新的阐述，精选的内容。

7. 日内交易入门

作者：杰克·伯恩斯坦

　　超短线交易技术核心内容是稳固而且简单易学的。本书涵盖了短线交易的各个方面，解释为什么短线交易技术起作用，如何在金融市场中扮演恰当角色，如何引导风险。内容从基础开始，然后逐渐转移到高级话题。

8. 华尔街操盘手是怎样炼成的

作者：罗布·布克

　　这是一本通俗易懂、风格独特而又让人享受到阅读乐趣的书。作者以非常风趣的方式告诉我们在交易时如何避免犯下最常见的错误。如果您已经厌烦了阅读课本式的入门书籍，那么这本书非常适合您，强烈推荐这本书。

9. 低风险高收益动态交易指标

作者：马克·W.黑尔韦格
　　　戴维·C.司汤达

　　本书介绍了一种全新的蜡烛图——价值图。您可以凭借本书，尽情地学习这种革命性的交易指标，它已经为你打开了通往交易成功、风光无限的大门。本书可以说是股票和期货交易者必读之书。